AF500324

A
B

MÉMOIRES

et

LETTRES GALANTES

de

MADAME DU NOYER

(1663-1720)

OUVRAGES DU XVIIIe SIÈCLE

Restif de la Bretonne. — **Monsieur Nicolas** *ou le Cœur humain dévoilé*. Préface et notes de J. Grand-Carteret. (Reproductions d'estampes de Binet et illustrations exécutées d'après les indications laissées par Restif.).. 3 vol.

Restif de la Bretonne. — **Le Palais-Royal**. Introduction et notes de Henri d'Alméras. (Illustrations et documents de l'époque)........................ 1 vol.

Restif de la Bretonne. — **La Dernière aventure d'un homme de quarante-cinq ans**. Introduction et notes de Henri d'Alméras (Illustrations et documents de l'époque)........................ 1 vol.

Restif de la Bretonne. — **La Vie de mon père**. Introduction et notes de Henri d'Alméras (Illustrations de l'époque)........................ 1 vol.

Mémoires de Jean Monnet, directeur du théâtre de la Foire. Introduction et notes de Henri d'Alméras. (Illustrations et documents de l'époque)................ 1 vol.

Souvenirs de Mlle Duthé de l'Opéra (1748-1830). Introduction et notes de Paul Ginisty. (Illustrations et documents de l'époque)........................ 1 vol.

L.-S. Mercier. — **Tableau de Paris**. Préface et notes de Lucien Roy (Portraits, illustrations d'après les gravures de Dunker et documents de l'époque).......... 1 vol.

L.-S. Mercier. — **Le nouveau Paris**. Préface et notes de Lucien Roy. (Illustrations et documents de l'époque)........................ 1 vol.

Conteurs galants du XVIIIe siècle. Introduction et notices de Ad. Van Bever. (30 illustrations d'après les estampes de l'époque.)........................ 1 vol.

Contes et Facéties galantes. Introduction et notices de Ad. Van Bever (32 illustrations d'après les estampes de l'époque)........................ 1 vol.

Mémoires
et
Lettres Galantes
de Madame du Noyer
(1663-1720)

Avant-propos et Notes
par
ARNELLE

25 Illustrations d'après les documents de l'époque.

Louis Michaud
Éditeur
168, boulevard Saint-Germain, 168
PARIS

AVANT-PROPOS

❧ ❧ ❧ ❧

Mme du Noyer, *une des femmes assez rares du* xviie *siècle qui écrivaient pour le public, n'est cependant guère connue que des bibliophiles et de quelques érudits. Nous avons pensé qu'il serait intéressant de rendre à la curiosité d'un plus grand nombre de lecteurs son œuvre remplie de récits amusants, et de présenter celle-ci sous une forme plus restreinte. Car ses diverses éditions ne comprennent pas moins de neuf à douze volumes, in-12 ou in-18, il est vrai, mais qui n'en sont pas moins incommodes par leur multiplicité.*

Les Lettres Historiques et Galantes, *qui embrassent une période assez longue, ont été éditées à différentes reprises, au cours du* xviiie *siècle. Elles ont paru pour la première fois à Cologne en 1704, pendant que Mme du Noyer se trouvait à La Haye, où elle avait rejoint d'autres protestants français qui, comme elle, n'avaient pas voulu se soumettre à la révocation de l'Edit de Nantes. Cet ouvrage formait sept volumes in-12. On n'en trouve guère plus d'exemplaires.*

En 1710, paraissent ses Mémoires *en cinq volumes*

in-18 (1), *signés Madame de N... Selon l'usage du temps, chaque volume est dédié à un grand personnage. Le premier, au comte de Dohna Ferrassières, lieutenant-colonel d'un régiment suisse au service des Pays-Bas, dont il sera souvent parlé dans les* Mémoires ; *le deuxième, à Messire Arnaud de Bourbon, marquis de Miremont ; le troisième, à Mylord Galloway ; le quatrième, au duc de Marlborough ; le cinquième, au marquis de Pascale, commandant de la ville de Bruxelles. Ces volumes sont édités chez Pierre Marteau, à Cologne. Au commencement de chacun d'eux, M*[me] *du Noyer proteste faiblement qu'elle n'est pas la Madame de C..., auteur des* Lettres Historiques et Galantes, *et elle écrit à un M. Bernard au sujet de la critique parue dans* La République des Lettres *de 1709, où il se permet de ne pas trouver les* Mémoires *aussi intéressants que les* Lettres.

Le même éditeur fait paraître les Lettres Historiques et Galantes *signées de M*[me] *de C..., en sept volumes, dont trois en 1712, dédiés à M. Bogislas de Kameke, à Sa Majesté Auguste II, roi de Pologne, au seigneur Jean Gomez de Silva ; le quatrième, paru en 1713, est adressé au vicomte de Bolingbroke ; le cinquième, en 1714, au baron de Chalesac, chambellan du roi de Prusse ; le sixième, en 1715, au prince Eugène de Savoie ; le septième, en 1718, à don Emmanuel, infant de Portugal. Chacun de ces volumes contient une illustration de Pierre Husson, graveur à La Haye.*

De cet ouvrage, la ville de Cologne ne possède plus que le quatrième et le sixième volumes et n'a rien de la première édition.

(1) Bibliothèque de l'Arsenal, ainsi que l'éd. d'Amsterdam, 1720, 5 vol. in-12. — Celle de Cologne, 1733, même nombre de vol. — Celle de Londres, 1741, 6 vol. in-12.

Une édition des Lettres *fut faite à Nîmes, en 1713, chez Pastoureau, ainsi que celle de cinq volumes de* Mémoires.

Celle de 1720, parue à la fois à Cologne et à Amsterdam, chez Pierre Brunel (1), *contient pour la première fois les* Mémoires *de M. du Noyer, en même temps que ceux de Madame. Le titre des* Lettres Historiques et Galantes *est suivi de cette mention « de deux Dames de qualité, dont l'une était à Paris et l'autre en province », toujours par M*me *de C... Cette édition renferme une planche d'armoiries des pays ayant pris part au Congrès d'Utrecht et de leurs représentants. Il y en eut une autre à Amsterdam, en 1738. Dans celles de Londres, 1741 et 1757, il y a neuf volumes in-12, y compris les* Mémoires.

Il se peut aussi que ces diverses éditions aient été tout simplement tirées à Paris clandestinement, et que, pour éviter de demander un privilège qui n'aurait peut-être pas été accordé à cause de certaines hardiesses d'appréciation, on ait mis le nom d'une ville de l'étranger destiné à en dissimuler l'origine. L'édition de 1790, chez François Séguin, à Paris et Avignon, contient d'autres Lettres qui ne sont pas de l'auteur, puisqu'elles relatent des faits postérieurs à sa mort. On a cru bien faire en les publiant, à cause de l'intérêt qu'elles présentent, mais celles qui traitent de sujets plus personnels ont été non moins clairement ajoutées.

*En 1712, M*me *du Noyer étant à La Haye, collabora à deux feuilles de libelle périodique,* le Lardon *et* la Quintessence, *paraissant trois fois par semaine sous les deux titres, remplies, disait-elle, de ce qu'il y a de plus*

(1) Bibliothèque nationale, qui possède en outre le tome 2 de l'édition de 1710 et 1711, Cologne.

secret dans l'Europe. Un de ses biographes dit plus brutalement que ces journaux sont semés d'anecdotes dont la plupart sont fausses et hasardées. « Elle ramassait, ajoute-t-il, les sottises de la province et on les prenait dans les pays étrangers pour les nouvelles de la Cour. Elle écrivait avec plus de facilité que de délicatesse. Son style est diffus et ses plaisanteries pas toujours de bon goût. »

Elle en cite fréquemment, dans ses Lettres, *des vers de genre varié : madrigaux, énigmes, sonnets, adresses aux princes et aux princesses. Ils témoignent d'une facilité presque regrettable, allant souvent jusqu'à la platitude de l'expression et du sentiment.*

La Bibliothèque de l'Arsenal possède plusieurs années de La Quintessence, *depuis 1712 jusqu'à 1727; la Nationale n'a que celle de 1721. Ce journal, format in-folio, justifiait son titre par de brefs comptes rendus des événements publics dans diverses Cours, des anecdotes plus galantes que morales, des annonces de mariages, naissances, morts, intéressant les familles illustres, des vers et même de la musique sur une seule clé et sans accompagnement, selon l'usage du temps.*

Son œuvre renferme donc surtout deux ouvrages : les Lettres *et les* Mémoires. *Ces derniers ne sont pas moins intéressants, n'en déplaise au critique Bernard, car elle savait les embellir au besoin. Les mauvais ménages sont de tous les temps. Celui de Socrate est le premier qui soit venu à notre connaissance; encore n'est-il pas bien sûr que Xantippe n'ait eu d'excellentes raisons de jeter un pot d'eau sale à la tête de son époux. La vérité sur les difficultés conjugales de M. et Mme du Noyer est aussi peu facile à discerner, la différence de religion n'étant peut-être qu'un prétexte, et d'autres motifs pouvant avoir été cause du second séjour en Hol-*

lande. Quoi qu'il en soit, au lieu que les Mémoires *viennent à la suite des* Lettres, *ayant été écrits après, nous commencerons par eux, en les parcourant simultanément. Il nous a paru piquant de mettre en regard la manière contradictoire dont chacun donne sa version sur le même sujet. Le lecteur se fera ainsi une opinion sur l'un et sur l'autre et jugera lequel des deux il doit croire.*

Toutefois, il y a dans l'édition de 1790 une lacune importante. Les Mémoires *de Mme du Noyer remplissent cinq volumes dans les précédentes et deux seulement dans la dernière. Ils s'arrêtent à son deuxième voyage en Angleterre, alors qu'il y en eut trois, et pour une mère à qui ses filles paraissent si chères qu'elle les loue en maints endroits d'une façon presque excessive, on est surpris de la voir muette sur le chapitre de leur mariage. On sait à peine qui est ce Constantin, mari de l'aînée, vu seulement au travers des* Mémoires *de sa femme, et encore moins ce Winterfeldt qui épousa la cadette, et dont il n'est question que dans les* Mémoires *du père. Dans les* Lettres, *Mme du Noyer cite celles de Voltaire à Pimpette (1), en les mettant au compte d'une amie ; elle parle de Cavalier uniquement au point de vue de sa vie publique, sans dire qu'elle le connaît personnellement, ni faire aucune allusion à sa conduite vis-à-vis de sa fille et d'elle-même. Pourtant, le second volume des* Mémoires *de 1790 paraît bien être le dernier de tout l'ouvrage, car il est suivi d'une sorte de sommaire pour tout ce qui y est renfermé.*

Il semble donc que ce dernier éditeur n'aurait pas eu connaissance d'éditions antérieures plus complètes, ou qu'il a jugé suffisants les aperçus donnés sur ces

(1) Voir *Amours d'Hommes de Lettres*, par E. Faguet.

diverses questions. Cependant les premiers Mémoires *ne tournent pas aussi court, et c'est dans l'édition de 1711 que nous avons pu reconstituer ce qui concerne les filles. Nous y avons appris les troubles du ménage Constantin, le rôle joué par Cavalier au milieu de ces trois femmes, ainsi que celui de l'aventurier Winterfeldt, qui inspira la comédie du* Mariage précipité, *placée à la fin des* Mémoires *de M. du Noyer. Mais les aventures conjugales des deux sœurs dépassant encore celles de leur mère par la cupidité du mari de l'une et les avatars abracadabrants du mari de l'autre, méritent d'être le sujet d'une suite à donner au présent volume.*

Les événements racontés dans une partie des Lettres *et qui appartiennent à l'histoire, nous ont paru inutiles à reproduire, étant connus de tous ceux qui ont un peu d'instruction; nous n'en prendrons que les détails, peut-être moins répandus. Mais les autres* Lettres, *contenant des particularités sur certaines familles du Midi principalement, sont vraiment curieuses, et c'est d'elles surtout que nous donnerons des extraits. Aussi bien, ce remaniement pourrait-il s'intituler : « Potins de province au* XVIIe *siècle ».*

Mais comme les descendants de la plupart de ces familles vivent encore, nous nous excusons d'avance de divulguer ainsi ce qui était peut-être caché ou oublié.

Les deux ouvrages sont écrits d'une plume alerte, amusante, renseignée, spirituelle. Les longueurs qu'on pourrait reprocher à l'original tiennent à la manière d'écrire au grand siècle.

Mme du Noyer mourut en 1720, disent certains de ses biographes, en 1719, d'après d'autres, et aucun ne spécifie ni le mois, ni le quantième. On ne se doute qu'elle ne prend plus part au journal La Quintessence, *qu'en rencontrant, à la date du 7 mars 1720, ce participe passé mis au masculin : « Je suis* fâché *de faire attendre le public pour si peu de chose* », *et, au 18 mars, cette insertion :* « La Quintessence *annonce que les maisons de feue M*[me] *du Noyer, situées à Geesbruck, sont mises en vente à Woorburg. Avis aux acheteurs de s'adresser au secrétaire de Woorburg ou à M*[me] *de Winterfeldt à La Haye.* » *On peut s'étonner qu'il n'ait pas été fait mention de sa mort dans une publication à laquelle elle collaborait, si même elle ne la rédigeait pas entièrement. Il est probable que le libraire la continua.*

MÉMOIRES DE MADAME ET MONSIEUR DU NOYER

CHAPITRE PREMIER

Enfance et jeunesse de Mme du Noyer. — Les Dragonnades à Nîmes. — Fuite en Suisse. — La Tour des Rats. — Les Zurichoises.

Anne-Marguerite Petit, plus tard Mme du Noyer (les premières éditions portent ce nom écrit en un seul mot), nous apprend, dans ses *Mémoires*, qu'elle est née à Nîmes, en 1663, de parents protestants. Sa mère était de Montpellier, et la fille, pas mal vaniteuse, tient à nous faire savoir que sa famille maternelle était alliée à la meilleure société de l'endroit. M. du Noyer, plus brutal, raconte sans ambages qu'un certain oncle Cotton, dont il sera fréquemment parlé dans ces *Mémoires*, occupait la situation peu aristocratique de maître d'hôtel chez le maréchal de Lorges, et y avait fait une fortune assez considérable pour séduire les divers prétendants de sa nièce. Quant au père de Mme du Noyer, M. Petit, elle le dépeint comme un bon gentilhomme du Midi, « qui, sans avoir de grandes richesses et à l'abri de l'indigence, vivait commodément de son revenu ».

Mme Petit, née Cotton, que Mme du Noyer aime à croire de la même famille que le confesseur d'Henri IV, eut d'abord un fils qu'elle perdit, et, en 1663, une fille, l'auteur des *Lettres* et des *Mémoires*, dont la naissance lui coûta la vie. Mais elle l'avait recommandée à Mme Saporta, sa sœur, qui n'avait pas d'enfants, et « qui était la personne la plus accomplie de son temps. Elle joignait à une grande beauté, à un esprit et à un génie supérieurs, un cœur et des sentiments héroïques, en un mot une vertu et une piété exemplaires. De sorte que toutes ces qualités lui attiraient l'estime et la vénération de toute la province, ce qui était soutenu par de grands biens. ». Elle adopta donc la petite fille, se chargea de son éducation, et M. Saporta lui destina tout ce qu'il possédait. On songea de très bonne heure à la marier à un homme de bonne famille qui avait de très belles terres dans le voisinage de Nîmes, et M. Saporta chercha pour lui-même une propriété dans les environs. Obligé de partir pour Paris, il laissa chez des marchands la somme considérable qu'il voulait mettre à cet achat. Mais à Paris, il se laissa entraîner au jeu et subit des pertes importantes, pendant que les marchands auxquels il avait confié son argent faisaient banqueroute. Il apprit cette nouvelle à son retour, et se vit tomber tout à coup d'une extrême richesse à une grande indigence. Sa femme supporta héroïquement ce revers. Mais il y eut pis ; les fripons qui l'avaient dupé remirent ses billets à d'autres marchands qui le firent arrêter et mettre en prison. Mme Saporta s'efforça de l'en faire sortir, quoique ses meilleurs amis refusassent de le cautionner. — Ce qui prouve qu'en ce temps-là, comme au nôtre, ils ne l'étaient que jusqu'à la pièce de cent sous ; aussi La Fontaine a-t-il eu soin de placer les siens... au Monomotapa. — Les démarches de sa femme aboutirent pourtant ; M. Saporta rentra chez lui avant la nuit. Néanmoins on lui conseilla de se mettre en sûreté et de se retirer dans l'Etat d'Orange. Mme Saporta voulut emmener sa nièce : le père s'y refusa. A la fin, on trouva un arrangement assez particulier. M. Petit devait une certaine somme à sa belle-sœur. Elle la lui remit par un acte, moyennant quoi il se désistait de sa fille, que Mme Saporta devait nourrir et entretenir toute sa vie. Inutile de dire que le mariage projeté fut rompu, puisqu'il n'avait reposé que sur la question fortune.

On partit pour Orange, où Mme Saporta se lia avec Mme et M. Berkhofer, qui commandait pour le Prince. Peu de temps après, les Etats de Hollande ayant confisqué Berg-op-Zom, qui appartenait au comte d'Auvergne, le Roi lui donna en dédommagement et par représailles la Principauté d'Orange. On somma M. Berkhofer de rendre le château ; il refusa, et « le Comte de Grignan l'assiégea dans les formes. Il fit venir du canon, dressa les batteries, fit jouer les mines, et, deux ou trois jours après, les assiégés n'étant pas assez forts pour résister aux troupes de France, le château capitula et fut démoli. Il avait été bâti sous le prince Maurice ». Ce fut pendant ce siège qu'un boulet tomba aux pieds de Marguerite Petit, tout enfant, sans lui faire de mal. Elle en fut quitte pour la peur.

La vanité lui poussa de bonne heure, car elle raconte qu'en ce temps-là la grande duchesse de Toscane (1), passant par Orange, elle s'échappa pour s'en approcher et pénétrer dans son logis, où l'on avait ordre de ne laisser entrer personne. Un garde, cependant, l'introduisit dans la chambre des filles d'honneur de la princesse. « Il y en avait quatre assises sur un lit, qui déjeunaient avec du beurre d'Avignon. » On la mena à la grande duchesse, qui l'interrogea, et fut si charmée

(1) Sœur de l'Electeur de Bavière.

de ses réponses, qu'elle donna ordre qu'on lui fît présent d'une pleine corbeille de confitures. On l'emmena ensuite à la messe. Mais élevée dans un grand éloignement pour tous les mystères de la religion romaine, elle sentit de l'horreur de se trouver dans cet endroit, et, au moment de l'élévation, profitant du recueillement général, elle s'évada et revint chez sa tante.

M. Saporta, devenu infirme, succomba malgré les soins assidus de sa femme, six ans après son arrivée à Orange. Mme Saporta, ayant à recouvrer sa dot à Montpellier, repartit avec sa nièce pour Nîmes, où une sœur de M. Petit, Mme de Laval, était venue s'occuper de la maison de ce dernier. Il se plaignit beaucoup d'elle à sa fille et parut désirer qu'elle revînt prendre sa place. Il lui promit de la traiter avec tendresse, mais en même temps il la menaça, si elle refusait, de la considérer comme une étrangère, et lui remontra que sa tante n'avait plus de dot à lui donner. Il est à remarquer que la fortune joue déjà un grand rôle dans tous ces récits, et que M. du Noyer n'aura peut-être pas tort, plus tard, de reprocher à sa femme d'aimer l'argent. Elle répondit à son père qu'elle préférait perdre son affection plutôt que son estime, dont elle se rendrait entièrement indigne si elle abandonnait Mme Saporta dans son adversité. M. Petit, très mécontent, lui témoigna beaucoup de froideur, et elle partit avec Mme Saporta pour Montpellier.

Là, elles descendirent chez un parent qui les traita d'abord fort bien, espérant duper Mme Saporta et ne pas lui payer une somme qu'il lui devait ; mais voyant qu'elle ne se prenait pas au piège, il changea de conduite, leur fit mille avanies, les nourrissant fort mal et les accusant d'avoir gardé de l'argent qui appartenait à son oncle.

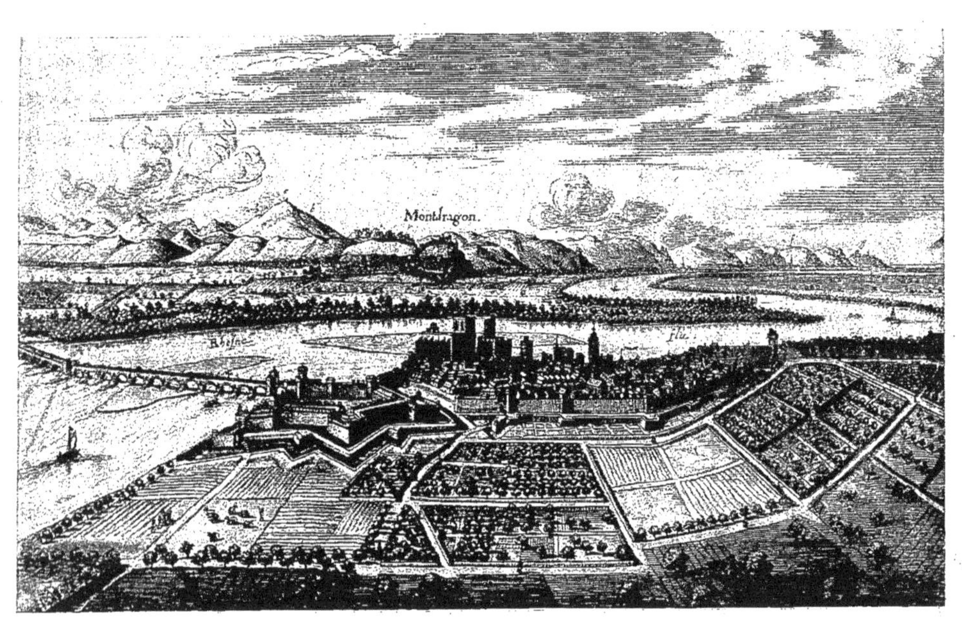

Vue du Rhône à Pont-Saint-Esprit (Gard).

a, Boulène; *b*, Mont-Ventour; *c*, Saint-Croix; *e*, Mornaz; *f*, Pioulene; *g*, Orange.

Ensuite elles retournèrent à Nîmes, où Mlle Petit passant pour une héritière d'importance, en l'attente des biens de son oncle Cotton, on chercha de nouveau à la marier à un M. de Beringhen. Mais comme elle était trop jeune, il eut le temps de s'attacher à une autre et de l'épouser. Il fut question aussi d'un M. de Saint-Félix, parent du comte du Roure, lieutenant général de la province ; ce mariage ne se fit pas non plus. « Les malheurs dont l'Eglise était menacée, faisaient qu'on ne songeait guère à des noces. On abattait tous les jours quelque temple par arrêt du Parlement. Nîmes tremblait pour le sien, après avoir vu tomber tous ceux de ses voisins. Ainsi l'on ne songeait qu'à prendre le sac et la cendre et à célébrer des jeûnes pour désarmer la colère du Ciel. Ce fut dans un de ces jours de solennité, qu'on vit entrer dans notre église un étranger bien mis et de bonne mine. Il se plaça vis-à-vis de moi, et lorsque je fus de retour au logis, on me dit que cet étranger si bien fait, était le fils de mon oncle Petit de Paris. Je courus d'abord chez mon père pour en savoir la vérité. J'y trouvai l'étranger qui, au lieu d'être le fils de mon oncle, comme on me l'avait d'abord dit, était le fils de sa femme. » Nous avons voulu laisser la parole à l'auteur pour raconter sa première impression sur un homme qui devait tenir de la place dans sa vie jusqu'au moment de son mariage.

Cet oncle Petit avait épousé la veuve d'un M. du Quesne, officier de marine, et le fils qu'elle en avait eu passait pour fort riche. Ce fils, l'étranger qui avait produit un si bon effet à Mlle Petit, âgée alors de quatorze ans, était enseigne de vaisseau et allait à Montpellier, dont la Faculté de médecine était déjà célèbre, « prendre des remèdes de ce fameux Prieur de Cabrières qui a tant fait de bruit et qui guérissait tant de maux.

M. du Quesne ne disait pas le sien, bien des gens s'en doutaient ». M. Petit l'ayant mené voir une dame de ses amies, sans lui dire ce qu'il lui était, le jeune homme lui plut fort et il la lui aurait soufflée, si M. Petit ne lui avait demandé de n'en rien faire et avoué la vérité. « Quoique je ne fusse pas dans la maison de mon père, j'y allais pourtant fort souvent. M. du Quesne me faisait bien des amitiés, il m'appelait sa petite cousine, et l'on dit bientôt dans la famille qu'il était venu pour se marier avec moi. Mais ce n'était pas chose prête, et M. du Quesne fut obligé de retourner à son département, qui était Toulon. »

Peu après, cet oncle Petit arriva à Nîmes avec sa femme et ses quatre enfants. On pensa que la diminution de son bien et de son crédit l'avait déterminé à sortir du service. Il fut question de marier la nièce héritière avec le fils aîné, mais cette proche parenté ne plaisait pas à la jeune fille, ni même à son père, et on reprit le projet en faveur de M. du Quesne. « Il était très bien fait, portait un nom à la mode, et était en beau chemin pour s'avancer. Ainsi autorisée par l'inclination de mon père, je ne songeai point à combattre celle que j'avais pour ce cavalier. »

Ce père étant devenu très malade, fut accaparé par son frère, qui chercha à écarter Anne-Marguerite de son chevet. En son absence, on fit venir un notaire. Le mourant laissait tout à sa fille, mais il lui substituait son frère, dans le cas où elle mourrait sans enfants. De plus, il donnait une petite terre à l'aînée des filles de ce dernier, au lieu de la laisser à la sienne. Mme Saporta ne put s'empêcher de reprocher à ce frère de n'avoir pas usé de son influence en faveur de sa nièce. Quant à celle-ci, elle écrit à ce sujet :

« Je vis signer cet acte par mon père ; ma cousine

vint l'en remercier en ma présence, sans que je fisse paraître le moindre mécontentement, et, malgré tout cela, on tâchait de faire entendre à mon père que je ne serais pas fâchée de sa mort. Je crois même qu'on lui en avait persuadé quelque chose, car il me dit un jour : « Vous serez bien aise, dans peu de temps, d'être une hé-« ritière. » Je fus si touchée de ce reproche, que je ne pus retenir mes larmes, et ma tante de Laval qui ne cherchait qu'un prétexte, me prit par les épaules et me jeta hors de la chambre. C'était un caractère de femme assez particulier. Elle aurait pu vivre heureuse, étant veuve, sans enfants, avec du bien, mais cette envie de régenter et certain air de domination qu'elle voulait usurper dans la famille, la rendaient souvent mécontente et lui faisaient toujours faire des mécontents, et elle me fit tout le mal qu'elle put. Cependant le mal de mon père empirait tous les jours, et comme dans ce temps-là on était obligé de déclarer devant un commissaire de quelle religion on voulait mourir, M. Séguier, évêque de Nîmes, et M. de la Beaume, conseiller, vinrent chez mon père pour recevoir sa déclaration. Mon père la fit d'une manière fort édifiante, et M. de la Beaume, qui était de ses amis, lui dit en s'en allant : « Hé bien ! puisque vous ne voulez pas vous faire bon catholique, dépêchez-vous de guérir afin que nous puissions boire ensemble ». Il n'y avait pourtant pas lieu de l'espérer. Il me fit des exhortations fort touchantes, il me donna tendrement sa bénédiction, et témoigna du regret de n'avoir pu me marier avec M. du Quesne, et recommandant fort qu'on eût soin d'achever cette affaire, il expira sans agonie, dans sa soixante-troisième année ; il y en avait quatorze qu'il était veuf. Cette perte me toucha vivement, puis je me consolai, non pas parce que j'allais être plus à mon aise, mais dans la vue de rendre à Mme Saporta le retour de tout ce qu'elle avait fait pour moi. Cette substitution me gênait bien un peu, parce qu'elle m'empêchait de vendre mon bien, et me faisait manquer des établissements avantageux, car il y a des maisons que l'argent arrange mieux que du bien en fonds. Mon oncle Petit n'était pas fâché de cela ; il n'avait pas trop envie que je me mariasse, et quoiqu'il fît mine de donner dans l'affaire de M. du Quesne, son intérêt et celui de ses enfants faisaient qu'il ne le souhaitait point. M. du Quesne n'était pas de cet avis : il vint à Nîmes peu de temps après la mort de mon père, dans le dessein de profiter des bonnes intentions qu'il avait eues pour lui, mais il ne put faire un long séjour dans cette ville : le roi le fit capitaine d'une galiote, et il fallut aller dans cette qualité au bombardement de Gênes, où l'on dit qu'il fit des merveilles. Mon oncle Petit resta encore un an, et, pendant ce temps-là, il fit le mariage du marquis du Quesne, fils du lieutenant général, avec la fille de M. Bosc de Montpellier, qui avait de grandes richesses. Ils s'épousèrent à Saint-Jean-de-Vedas, où l'Eglise de Montpellier s'assemblait depuis la démolition du temple. Ce lieutenant général était l'oncle de celui qui voulait m'épouser et l'avait fait élever.

« Mme Saporta écrivit à l'oncle Cotton pour l'engager à donner son consentement à mon mariage avec M. du Quesne et lui fit comprendre qu'il devait contribuer à cette affaire, en m'assurant quelque chose de son bien, parce que celui de M. du Quesne n'était pas considérable. Cet article gâta tout. L'oncle répondit que si les fortunes n'étaient pas suffisantes, il fallait attendre que celle de l'un des deux fût devenue meilleure ; qu'outre ce qu'il fallait pour soutenir un certain rang, on devait encore faire un fonds pour soutenir au jeu et aux débauches ; insinuant par là que M. du Quesne était joueur et débauché. Enfin il se retranchait sur le triste état de la Religion, qui était un obstacle à toute sorte d'avancement. Il fallut prendre patience. M. du Quesne en fut fort chagrin et suivit à Paris son oncle le lieutenant général, qui y allait passer l'hiver. Ce fut dans ce voyage que l'envie d'être capitaine de vaisseau et les persuasions de l'évêque de Meaux, le déterminèrent à changer de religion. Cette nouvelle fut un scandale, et je me félicitai alors de n'être pas sa femme. Mme Saporta en louait Dieu et savait gré à son frère d'avoir détourné l'affaire. On en proposa encore bien d'autres, mais mon oncle Cotton, craignant qu'on ne visât à sa bourse, répondit toujours sur le même ton.

« Il est vrai que les affaires de la Religion allaient de mal en pis dans le royaume. Nîmes, cette Eglise autrefois si florissante, était non seulement attaquée au dehors par nos ennemis communs, mais déchirée au dedans par la plus cruelle division de quatre ministres dont deux soutenaient qu'il fallait prêcher et s'assembler dans tous les lieux où on avait abattu les temples, au risque de se faire prendre. Deux autres prétendaient qu'il était du devoir de la prudence de se soumettre aux ordres du Roi, puisqu'on n'avait pas assez de force pour lui résister. On prétend même que le parti des Politiques avertit les Puissances que le peuple pourrait bien se soulever et que cet avis fut cause qu'on envoya des dragons dans la ville, pour châtier ceux qu'on appelait les séditieux et se saisir de leurs chefs qui étaient M. Peirol, M. Icard et M. Brousson qui commençait dès lors à signaler ce zèle qui l'a conduit depuis à l'échafaud et qui l'y aurait mené dans ce temps-là, si la marche des dragons, qu'on avait grand soin de lui cacher, n'avait été découverte comme par un miracle.

« Un marchand qui revenait d'Anduze avant le jour,

trouva, à un endroit qui s'appelle la Croix-de-Fer, M. de Rochemore, président de Nîmes, et quelques autres personnes du secret qui étaient à cheval, le nez dans leur manteau, comme des gens qui attendent quelque chose. L'un d'eux, que le marchand reconnut à sa voix être M. de Rochemore, lui demanda assez haut s'il n'était pas dragon. Le marchand ayant répondu que non, passa au plus vite, et se doutant bien à tout ce manège qu'il se tramait quelque chose, fut avertir les chefs dès qu'il eut mis pied à terre. On profita de son avis, et dans le moment la ville fut pleine de soldats avant qu'il y eût presque encore personne de levé. Dès que les dragons furent dans la ville, on en fit fermer les portes, et après avoir investi les maisons des trois proscrits, on envoya chez eux des archers pour les prendre. Ils les croyaient trouver au lit, mais ils furent bien étonnés d'avoir manqué leur coup. Les femmes de ces messieurs dirent qu'ils ne faisaient que de sortir. En effet, leurs places étaient encore chaudes. Mais quelques perquisitions qu'on pût faire, on ne put jamais les déterrer. Ils furent cachés quelque temps dans la ville et en sortirent ensuite déguisés, excepté M. Brousson, qui, à ce qu'on prétend, se sauva par un égout qui est auprès des Jésuites, qui le conduisit par où les immondices s'écoulent, hors de la porte des Carmes, dans les fossés de la ville. Ce qu'il y a de sûr, c'est que j'ai vu griller cet égout quelques jours après. Quoi qu'il en soit, ces trois messieurs arrivèrent en bonne santé en Suisse. Dès qu'on eut des nouvelles, on leur fit leur procès par contumace et ils furent pendus en effigie, sur la place du Marché. Les dragons sortirent ensuite de la ville, après en avoir désarmé et fort intimidé les habitants. Pendant que les protestants étaient visiblement pressés de toutes parts, que les prisons étaient pleines de ministres interdits et accusés d'avoir voulu inspirer la rébellion, ceux qui prêchaient la soumission au Roi, MM. Cheiron et Poullian, seuls ministres de Nîmes, s'applaudissaient d'avoir garanti leur Eglise par leurs ménagements ; mais sa perte n'était que reculée, et ce grand coup devait être frappé des derniers.

« Bientôt on commença de ne plus ménager les protestants ; on disait hautement que le Roi ne voulait qu'une religion dans son royaume et qu'il était résolu d'employer la force pour y réussir. Tout le monde commençait à trembler, mais personne ne croyait qu'on en vînt là où on en est venu, et, en effet, qui l'aurait pu croire? Je doute même que ceux qui en avaient formé le projet, eussent compté sur un résultat aussi prompt.

« Cependant, nos deux ministres nous préparaient par des sermons fort pathétiques à la perte de nos exercices, et il me souvient que Poullian, qui était un peu déclamateur, s'écria un jour en chaire : « Plus de Temple, plus de Vie! » et son collègue, qui prêcha la veille que le temple fut fermé, fit dans ce dernier sermon jurer tout son auditoire qu'ils seraient fidèles à leur religion. L'on vit à cette assemblée des millions de mains levées au ciel qui, quelques jours après, signèrent leur abjuration, et les pasteurs autorisèrent, par leur exemple, le parjure de leurs brebis. Ce fut M. de Montanègues, lieutenant du Roi dans la province, qui vint avec des dragons fermer le temple. On ferma aussi les portes de la ville jusqu'à l'arrivée de M. de Noailles (1), qui devait apporter des ordres plus précis et amener un plus grand nombre de troupes. Chacun connut alors le danger où il s'était exposé, mais on croyait encore que cela

(1) Maréchal de France envoyé contre les protestants rebelles, se montra conciliant et porté à la clémence.

ne regardait que le bien, et les bons protestants se préparaient à voir manger et dissiper le leur patiemment.

« M. et Mme de la Cassagne, les fidèles amis de Mme Saporta, après avoir eu la précaution, quelque temps avant, d'envoyer leurs enfants hors de la ville, étaient restés dans leur maison pour y attendre les soldats et avaient fait des provisions pour tout l'hiver, espérant qu'on ne s'en prendrait pas à leur personne. Mais non contents de jeter les provisions par les fenêtres, chez ceux qui les hébergeaient, les dragons les tourmentaient si cruellement, qu'ils les obligeaient enfin à faire ce qu'on souhaitait d'eux. Un des moyens dont ils se servaient le plus utilement, c'était d'empêcher les gens de dormir. M. de la Cassagne, qui avait résisté aux menaces et aux caresses, en eut cinquante chez lui, qui commencèrent par poser des sentinelles aux avenues de sa chambre pour l'empêcher de sortir et de parler à qui que ce fût ; après quoi ils allumèrent un grand feu et lui ordonnèrent de tourner la broche. Le bonhomme, qui avait attendu patiemment la garnison, croyant en être quitte pour voir dissiper son bien, fut très fâché de s'être laissé surprendre chez lui. Mais il n'y avait plus moyen d'en sortir. Sa femme, qui s'était trouvée chez nous ce jour-là et qu'on vint avertir de se cacher, me pria d'aller voir ce que faisait son mari. J'y courus, et après avoir eu de la peine à entrer, je trouvai toute la maison sens dessus-dessous, et M. de La Cassagne qui tâchait de composer avec eux, pour une heure de sommeil. Enfin ils traitèrent : moyennant dix écus qu'il fallut compter d'avance, on le laissa se mettre au lit et le grand bruit diminua un peu ; mais à peine l'heure fut-elle écoulée, que l'on commença à battre du tambour au chevet de son lit, d'une si grande force, que le bonhomme, qui ne faisait que de s'endormir, se réveilla en sursaut, et quelques prières qu'il pût faire, on ne voulut plus, à quel prix que ce fût, le laisser dormir et on le fit tant souffrir que son corps et son esprit s'en sont ressentis jusqu'à la fin de ses jours. Le bon M. de la Cassagne continua à souffrir toutes les cruautés des dragons qui, ayant sur les protestants le même pouvoir que le diable avait autrefois sur Job, imaginaient tous les jours quelque nouvelle manière de le tourmenter. Mme de la Cassagne n'avait eu garde de s'aller livrer à leur rage et, ne croyant pas notre maison un asile assez sûr, elle en était sortie de nuit dès le premier jour que la garnison était entrée chez elle. Elle fut d'abord se cacher dans un moulin, et craignant encore quelque surprise, elle alla à Villeneuve-les-Avignon chez une de ses parentes nommée Mme de Montefarques. Bref, M. de la Cassagne fit comme les autres et finit par signer. Mgr Séguier reçut son abjuration dans sa chambre et la garnison délogea dans le moment. L'évêque lui dit en sortant : « Vous voilà présentement en repos. » Mais le bon gentilhomme lui répondit : « Hélas! je n'attends de repos que dans le ciel et Dieu veuille que ce que je viens de faire ne m'en ferme pas la porte. »

« M. de Noailles ne tarda pas à venir. Cheiron et Poullian furent accusés, malgré leur politique, d'avoir prêché la sédition. On les menaça de la corde, et cette menace les fit aussitôt catholiques. Les dragons firent le même effet sur quantité d'autres personnes, et l'épouvante devint si grande, qu'on courait en foule pour se faire enrôler sous les enseignes de Rome. Il y avait des bureaux préposés pour cela dans plusieurs endroits de la ville, où, sans y faire beaucoup de façon, après avoir pris le nom des personnes, on leur donnait à chacun un certificat au dos d'une carte, et cette carte les mettait en sûreté. Le peuple appelait cela « la marque de la bête », sans laquelle on ne pouvait faire aucun commerce. Les uns, après l'avoir prise, étaient au désespoir, les autres en plaisantaient, et l'on n'a jamais vu tant d'hypocrisie et tant d'impiété. »

Cependant, Mlle Petit croyait qu'elle mettrait son bien en sûreté en le donnant à un catholique, par une donation entre vifs (elle avait seize ans et n'attendait pas le féminisme pour connaître la loi) à son parent M. de Perdrix, lieutenant criminel à Montpellier. Il fallait s'y rendre et, sans un billet de M. de Montanègues, elle n'aurait pu passer, le chemin étant rempli de dragons qui arrêtaient tout le monde. Quand elle arriva, son parent, nouvelle conquête, voulut lui faire changer la donation en un contrat de mariage. Son frère, qui était d'église, offrait de le bénir dans sa chambre (ce qui ne ressemble guère aux coutumes catholiques) ; mais quoique cette affaire, de son propre aveu, lui convînt fort, elle s'y refusa, et son parent, fâché de sa résistance, lui dit que puisqu'elle ne s'accommodait pas de sa personne, il n'avait que faire de son bien. Il lui rendit sa donation et elle retourna à Nîmes.

« Je trouvai Mme Saporta fort épouvantée et nous ne savions ni elle ni moi quel parti prendre, lorsque nous reçûmes des lettres de mon oncle Cotton qui nous donnèrent un peu de courage, car il nous marquait que le maréchal de Lorges, son bon ami, nous avait fortement recommandées à M. le duc de Noailles, qu'il fallait aller le voir dès qu'il serait arrivé et lui dire qui nous étions. Je courus à l'évêché où il logeait. Nous trouvâmes au bas de l'escalier MM. Cheiron et Poullian, et comme quantité de courtisans se mirent autour de moi pour me dire de suivre l'exemple de mes pasteurs, je répondis qu'il était écrit : « Faites ce qu'ils vous disent et non pas ce qu'ils font, » et que je m'en tenais à ce qu'ils avaient prêché. Poullian voulut s'approcher de moi, je lui dis : « Plus de Temple, plus de Vie ! » La protection de M. de Noailles nous attira l'envie de tous nos compatriotes. Notre maison fut seule, dans la ville, exemptée de logements. Lorsqu'il partit de Nîmes, M. de Noailles nous envoya un billet signé de sa main, dans lequel il y avait : « Il ne sera point mis de logement chez Mme Saporta et Mlle Petit, que je n'en aie donné l'ordre. »

Cependant la tante et la nièce continuaient à chercher le moyen de sortir du royaume, ce qui devenait impossible. Tout ce qu'elles purent obtenir fut un passe-port pour Paris, où les appelait l'oncle Cotton, et, se joignant à quelques personnes qui devaient se rendre en Suisse, elles partirent en passant par Uzès et Bagnols.

« Je vis sur notre route le château de Pilate, qui est auprès de Saint-Valier. Bien des gens prétendent que ce juge inique, ne pouvant soutenir son exil, ni ses remords du crime qu'il avait commis, se précipita du haut du château sur des rochers ; d'autres assurent qu'il se jeta du pont de Vienne dans le Rhône. Ce qu'il y a de sûr, c'est qu'il fut relégué par l'empereur Tibère, quelque temps après la mort de Notre Seigneur, dans cette ville, qui est une des principales du Dauphiné. On m'y fit voir la maison qu'il habitait, qui porte encore son nom. C'est une vieille masure dont il reste une tour, qu'on appelle Tour de Pilate. »

Arrivées à Lyon, le reste de la bande passa à Genève sans difficulté, ayant des passe-ports. Mme Saporta et sa nièce logèrent chez un tailleur et poursuivirent leur but de fuir à l'Etranger.

« Bien des gens s'en mêlaient, mais il ne fallait pas s'y fier ; on n'entendait parler que de meurtres qui se commettaient sous ce prétexte. Tout cela intimidait fort Mme Saporta. Notre séjour à Lyon devenait suspect à nos hôtes et nous craignions qu'ils ne nous jouassent quelque mauvais tour, lorsqu'on vint nous avertir qu'il y avait une occasion de passer, la plus sûre du monde. C'était un cabaretier de Seissel, ville frontière de Savoie, qui avait un passe-port de M. de Villeroi, archevêque de Lyon, pour s'en aller chez lui avec un petit apprenti cuisinier. Comme il ne pouvait donner que la place de cet apprenti, il ne pouvait mener qu'une seule personne, encore fallait-il qu'elle fût bien jeune pour pouvoir être travestie en garçon. J'étais dans le cas, et d'une taille fort différente de celle que j'ai présentement ; ainsi, cela me convenait parfaitement bien. Mme Saporta eut toutes les peines du monde à consentir que je profitasse de cette occasion ; elle ne pouvait se résoudre à me voir me séparer d'elle. Mais je lui en fis un cas de conscience et l'obligeai enfin à y donner les mains. On convint du prix avec l'homme, on lui donna la moitié de l'argent d'avance et l'autre moitié devait lui être comptée par M. Ham, à Genève, dès que j'y serais arrivée. Outre cela, on m'acheta un cheval que je devais lui donner aussi. En arrivant, il devait me mener dans sa maison à Seissel, qui n'est qu'à six heures de Genève, et me faire passer dans la nuit le Rhône, sur un pont après lequel on est en Savoie. Toutes choses étant ainsi réglées et ce marché ayant été conclu chez un honnête homme qui en avait été l'entremetteur, on fut à la friperie acheter un habit de garçon, chemise, cravate, souliers, chapeau et tout l'équipage. Mes cheveux étaient déjà coupés jusqu'autour de mes oreilles, et comme ils frisaient naturellement, cela avait assez l'air d'une tête de garçon. Mme Saporta fondait en larmes pendant ce déguisement. Dès que je fus achevée d'habiller, je lui demandai sa bénédiction, et la quittai dans une désolation qu'on ne saurait exprimer. Elle ne m'avait jamais perdue de vue depuis la mort de ma mère, et quoiqu'elle espérât me rejoindre bientôt à Genève, car mon conducteur promettait de venir la prendre dès qu'il m'y aurait menée, elle ne pouvait se consoler de me voir partir sans elle. C'était le premier de janvier 1680, après-midi.

« On me fit aller à pied jusque dehors la porte qu'on appelle La Croix-Rousse. J'eus beauconup de peine à m'y rendre, car cet habit de garçon, auquel je n'étais pas accoutumée, me gênait extrêmement. Je trouvai là mon guide sur mon cheval, je le suivis encore quelque temps à pied, et quand nous fûmes un peu loin de la ville, il me laissa monter et me suivit à son tour. Il me mena coucher à deux lieues de Lyon et m'avertit de lui parler fort respectueusement devant le monde si je ne voulais gâter tout le mystère. Il me nomma Claude, et après m'avoir fait mettre pied à terre, avant d'arriver au gîte, il entra en me commandant d'un ton de maître de mener son cheval à l'écurie. Je le fis et, après l'avoir recommandé à un valet, j'entrai dans la cuisine. L'hôtesse me vit, elle me trouva pâle, et dit que j'avais la voix bien faible. Cela me fit peur, je crus être découverte, mais je me tirai d'affaire en disant que j'avais la fièvre quarte, et, sur ce prétexte, mon prétendu maître me fit approcher du feu et me permit de manger avec lui. Comme je craignais les longs discours, dès que j'eus mangé un morceau, je demandai à m'aller coucher, et une petite servante fort éveillée vint m'accommoder un méchant lit que j'avais demandé seul à cause de ma fièvre. Ce qui m'embarrassait, c'est que je n'osais me déshabiller devant cette petite fille, et qu'elle restait là pour emporter la lumière. Enfin, croyant que pour paraître garçon il fallait être hardi, je m'avisai de lui conter mes raisons tout de mon mieux, et pour donner plus d'efficace à ce que je lui disais, je tirai un écu de ma poche que je lui offris et qu'elle refusa d'abord. Comme je n'avais pas envie d'être prise au mot, je ne la pressai pas beaucoup. Elle sortit, je quittai vite mes souliers et mon justaucorps et me mis dans le lit avec tout le reste. Un moment après, la petite fille rentra doucement, ce qui me fit beaucoup de peine. Je m'étais embarquée là dans une affaire dont je ne savais par où me tirer. Enfin je ne trouvai rien de mieux que de feindre d'être déjà endormie et de me réveiller en sursaut. Et comme je fis un grand cri dès qu'elle approcha du lit, elle me dit : « N'ayez pas peur, Monsieur, c'est moi. — Ha ! lui dis-je, il n'est plus temps, laisse-moi dormir en repos. » Cette fille, offensée de mon refus, se plaignit à sa maîtresse des propositions que je lui avais faites et la désabusa par là des soupçons que ma pâleur et le ton de ma voix lui avaient donnés sur mon sexe. Voilà comment je me tirai d'affaire cette première couchée.

« Le lendemain nous partîmes avant le jour et par le plus mauvais temps du monde, et fûmes dîner à Saint-Rambert, mon maître observant toujours de me faire descendre avant d'arriver au gîte, et, qui plus est, il me faisait mener le cheval par la bride, après lui. Quoique cette façon d'aller ne fût pas fort de mon goût, il fallait pourtant s'y accoutumer et aller faire boire le cheval. Comme je n'entendais pas du tout ce manège, je le faisais tout de travers, et cet homme, qui était fort brutal, me disait toutes les injures du monde. Au commencement je croyais que c'était pour mieux cacher son jeu, mais je m'aperçus bientôt qu'il y mettait beaucoup de naturel, car il me traitait tout de même quand il n'y avait personne et me menaçait, pour la moindre chose, de me livrer aux gardes ! Nous arrivâmes le second jour à Roussillon. En entrant dans la cuisine, je trouvai auprès du feu un marchand de Genève qu'on nommait, si je ne me trompe pas, M. de Saussure ; il y avait encore un prêtre et le juge du lieu. Ces deux-là faisaient de mauvaises plaisanteries au Genevois, qui, quoiqu'il eût son passeport, n'osait leur répondre. Le juge conta les personnes qu'on avait arrêtées ce jour-là et la manière dont elles étaient déguisées. Tout cela me faisait trembler. Mais ma frayeur fut encore bien plus grande quand, se tournant de mon côté, ils dirent : « Voilà un petit drôle qui pourrait bien être un huguenot. » Je fus très fâchée de me voir apostropher ainsi, cependant je répondis avec autant de fermeté qu'il me fut possible : « Je vous assure, Monsieur, qu'il est aussi vrai que je suis catholique qu'il est vrai que je suis garçon. » Mon maître confirma ce que je venais de dire et pour ne pas donner le temps à un plus long examen, je demandai promptement à me coucher. Je dis que j'avais la gale, afin d'avoir un lit à moi seule, et je me mis toute chaussée et vêtue dedans. Le lendemain, mon maître me demanda de l'argent pour payer, disant qu'il me le tiendrait en compte à Genève, et il fallut lui donner tout celui que j'avais. Après cela, il me fit monter une montagne fort haute, et, à la faveur de l'habit, il me mena chez les Chartreux qui habitent cette solitude, car on ne trouve point là de cabarets.

« Après-midi, nous entrâmes dans un grand bois, dont les routes étaient si difficiles, qu'il n'y avait pas moyen de passer à cheval. Mais ce fut bien pis quand il s'agit de descendre la montagne, marchant toujours sur la glace, ce qui faisait que je tombais coup sur coup. Mon maître jurait comme un charretier embourbé, parce que cela le retardait ; il me disait mille injures et me menaçait à tout moment de me casser la tête. Enfin,

Vue intérieure de la ville et du fond du lac de Zurich.
Dessin de Pérignon, gravé par Née.

lassée de l'entendre jurer et de tomber et de me relever si souvent, comme la descente était fort droite, je restai sur mon séant et me laissai couler de cette manière jusques en bas de la montagne, et après bien des peines et des travaux, nous trouvâmes Seissel. Il était nuit quand nous y entrâmes. Mon maître me mena chez lui et me donna un méchant grabat dans la chambre de sa femme. Il avait promis de me faire passer l'eau cette nuit-là et de me mener à Genève le lendemain matin; mais il voulut se reposer chez lui et m'y fit rester depuis le mardi au soir jusqu'au vendredi à pareille heure. Je passai tout ce temps au lit, de peur d'être reconnue par les gens qui entraient dans cette chambre, et j'avais grand soin de ne tousser, ni de ne donner aucun signe de vie et de tenir mes rideaux bien fermés. Ces gens-là étaient obligés par nos conventions de me nourrir jusqu'à Genève, mais ils me faisaient faire très méchante chère; j'étais presque toute la journée sans manger, et je voyais, au travers de mes rideaux, des gens qui mangeaient de bon appétit, sans oser me plaindre. Enfin, lorsque les étrangers étaient sortis et que je demandais quelque chose, on me donnait tout au plus des choux et des raves très mal accommodés en petite quantité et du pain noir comme la cheminée, le tout assaisonné par des injures et des menaces continuelles. Quand je voulais boire on me donnait l'eau dans la même écuelle où j'avais mangé ma soupe, sans prendre la peine de la rincer. Il fallait passer par là ou par la fenêtre, car dès que je voulais me plaindre, on me disait que ceux qui étaient dans les cachots n'étaient pas si bien que moi, et que si je raisonnais on m'y ferait mettre; ainsi je n'avais pas d'autre parti à prendre que de souffrir.

« Cela dura jusqu'au vendredi que l'on me fit lever en grande diligence, pour me mener de l'autre côté de la ville, où l'on me fit entrer dans une petite barque pour traverser le Rhône, car il n'y avait pas de sûreté à traverser le pont. Ceux qui menaient la barque étaient ivres et pensèrent la faire tourner, ce qui fut cause que je criai un peu. Mais mon brutal de maître, qui craignait qu'on ne nous entendît du pont, me menaça de me jeter dans le Rhône, et se mit quasi en devoir de le faire. Quand nous fûmes de l'autre côté de l'eau et que je demandai mon cheval, il me dit qu'il l'avait déjà vendu et que je pourrais aller à Genève à pied, puisqu'il n'y avait plus que six lieues. J'eus beau dire que je n'en pouvais plus, tout cela ne servait de rien, et il fallut marcher ou me traîner jusqu'au premier village qui était à une grande lieue de là. J'étais si accablée par le froid, la fatigue, la mauvaise nourriture et par toutes les frayeurs que j'avais eues, que quand nous fûmes à ce village, je n'avais plus la force de faire un pas et je priai mon maître, au nom de Dieu, de louer quelque monture quelle qu'elle pût être. Il me dit d'abord qu'il n'y en avait pas dans ce lieu-là ; enfin, après bien des misères, il dit qu'il fallait de l'argent ; je lui dis qu'il savait bien que je lui avais donné jusqu'à mon dernier sou, mais il me répondit qu'il m'avait vu une montre et qu'il fallait la lui donner ou aller à pied. Il fallut en passer par là, parce que la raison du plus fort, comme on dit, est toujours la meilleure. Je donnai ma montre, et on me fit entrer dans une méchante chaumière où je me reposai pendant qu'on m'accommodait mon équipage, qui fut un petit mulet avec un bât et des étriers de cordes. Je montai là-dessus avant le jour et nous fûmes sans débrider jusqu'à Genève, où nous n'arrivâmes qu'à trois heures après-midi, car les heures de ce pays-là sont fort longues et les chemins, qui sont très mauvais, étaient encore gâtés par les neiges. J'étais fort mal à mon aise sur mon bidet, de plus, à jeun, mais je souffrais tout cela dans l'espérance de me voir bientôt en repos, et je puis dire que je n'ai jamais de ma vie ressenti une plus grande joie que celle que j'eus lorsque je découvris le clocher de Genève, cette ville après laquelle je soupirais depuis si longtemps. »

Elle se rendit, ainsi qu'il était convenu, chez M. Minutoli, qui la reçut on ne peut mieux, mais quand il s'agit de régler le cabaretier, M. Ham lui demanda si elle en avait été contente et fut très surpris d'apprendre la manière dont on l'avait traitée. On voulait le châtier pour toutes ses duretés ; elle s'y opposa, parce qu'il lui avait rendu un grand service en la faisant sortir de France. On lui fit seulement rendre la montre. Quant aux injures, il parut fort surpris qu'on les lui reprochât, alléguant qu'elles ne faisaient pas de mal et qu'il en disait tous les jours autant à sa femme.

Mme du Noyer retrouva dans cette ville une partie de la famille de son père, M. et Mme Noguier et leurs enfants. Ils allaient partir pour la Hollande, et comme l'oncle Cotton continuait à appeler sa nièce à Paris, M. Noguier trouva qu'après l'héroïsme avec lequel elle avait fui le changement de religion — et l'on peut dire à la lettre qu'elle avait souffert pour ce qu'elle croyait être la justice — il ne fallait pas l'exposer de nouveau à la tentation, et lui proposa d'aller avec eux retrouver son oncle Petit, qui était à La Haye. La comtesse de Dohna lui promit de lui chercher une place dans les cours d'Allemagne et s'adressa à la comtesse de Frise, sa sœur, mais il ne paraît pas que ces recherches aient abouti. Elle alla rejoindre son oncle Noguier à Lausanne, après avoir traversé Coppet et Morges. Ensuite elle se rendit à Berne. « On nous fit remarquer, auprès d'un

La Haye, vue d'hiver vers la campagne ouest
par J. C. Scheurleer.

lieu nommé Vanges, un pilier antique sur lequel une cigogne vient tous les ans faire son nid, et ce fut là où je commençai à voir pour la première fois ce genre d'oiseaux, qui, à ce que disent les habitants de ces pays-là, ne se plaisent que dans les républiques, puisqu'on n'en voit point dans aucun royaume. En effet, j'en ai trouvé des quantités en Hollande, mais point en Angleterre. » Nous donnons cette réflexion pour ce qu'elle vaut.

Après une visite à la fosse aux Ours, les voyageurs se dirigèrent vers Francfort et Mayence. « Nous passâmes devant une vieille masure qu'on appelle la Tour des Rats. On prétend qu'un évêque de Mayence étant, par un châtiment du ciel, poursuivi par ces insectes (!), avait fait bâtir cette tour dans le Rhône, croyant que les rats ne pourraient y aborder, parce qu'elle forme une espèce de petite île. Mais dès qu'il s'y fut retiré, on vit une quantité prodigieuse de ces animaux qui le suivirent à la nage et l'allèrent dévorer dans cet asile. Quoi qu'il en soit, ce reste de tour s'appelle encore la Tour des Rats, et ce passage est très dangereux. »

Ils avaient passé deux jours à Zurich, où « les filles laissent pendre leurs cheveux nattés par grosses tresses et les femmes les cachent sous la cappe, qui est une coiffure de peau, faite à peu près comme les perruques d'abbé ; ainsi, du premier coup d'œil on démêle une fille d'avec une femme sans s'y méprendre. Mais l'habillement des dames de Zurich est quelque chose de terrible ; il est d'un gros drap noir plissé et ample comme les frocs des religieux bénédictins avec des manches pendantes sur les côtés. Elles croisent leurs bras dans de grandes manches ; elles ont sur leur tête un bandeau qui descend jusqu'aux yeux et un grand linge épais par-dessus et sous le menton une autre linge plissé comme un essuye-mains, qui leur couvre jusqu'à la lèvre de dessus, si bien qu'on ne leur voit que le bout du nez. Elles vont à l'église et en reviennent toutes en bande deux à deux, la vue baissée, et on dirait à les voir marcher dans cet ordre, que c'est une procession de moines noirs. Après cela, elles se renferment chez elles. Les ménages sont fort unis dans ce pays-là ; on y marie les gens fort jeunes et la sévérité des lois fait que chacun s'en tient à sa chacune, et quand on n'a pas ce qu'on aime, il faut aimer ce qu'on a, car l'adultère y est puni de mort et on n'y entend pas de raillerie ; ainsi une femme peut compter sur la fidélité de son époux, et par là elle est à l'abri de la jalousie, maladie si cruelle chez les autres nations. On nous fit voir l'Arsenal et la Bibliothèque, qui est ce qu'il y a de plus curieux à Zurich. Il me souvient que j'y vis la peau d'une femme préparée comme un chamois ; il y avait quantité de squelettes et cent autres choses qu'on estimait beaucoup et que je trouvais fort peu réjouissantes. »

De là à Schaffouse et en Souabe, où il n'y avait que de très mauvais gîtes et où il ne fallait pas penser à coucher dans des lits, mais dans un grand poêle ouvert des quatre côtés et dont les murailles n'étaient que des vitres.

« On ne donne jamais dans ces pays-là ni couteaux ni fourchettes et l'on suppose que chacun en doit porter avec soi. On ne connaît pas non plus l'usage des serviettes et tout ce que vous pouvez faire c'est de vous essuyer la bouche avec les bouts de la nappe. On apportait de la paille qu'on étendait par terre et c'est là où nous devions coucher sans couvertures. »

Ensuite à Mayence par le Rhin, « sur lequel il y a une quantité de ponts volants où les personnes, les voitures, tout entre, après quoi le pont s'en va de l'autre côté de l'eau, déposer sa charge et en prendre une autre, et ce manège dure le long du jour ». Puis à Cologne, à Nimègue, à Rotterdam, à Delft, et enfin La Haye, où son oncle Petit parut fort content de la voir.

« Quelques jours après, mon oncle me donna à la Kermesse, — qui est une manière de foire où l'on se promène en masque et où l'on donne et l'on reçoit sans scrupule de petits présents, — il me donna, dis-je, dans cette occasion, des tablettes à filagramme d'argent doublées de verd et garnies fort galamment de petits rubans de même couleur qu'il savait être la mienne. Il n'y avait rien de si joli que la manière aisée dont on se promenait à cette Kermesse. Mme la princesse d'Orange se faisait un plaisir de ses divers déguisements ; je l'ai vue changer jusqu'à sept fois dans une matinée et toute sa joie consistait à n'être pas reconnue. »

Mais, là encore, des influences diverses se disputèrent la conscience de Mlle Petit. M. du Quesne écrivait de Constantinople à sa mère, que si sa nièce se décidait à changer de religion, il lui offrait tous ses soins et de la reconduire à Paris où Mme Saporta avait fini par aller rejoindre l'oncle Cotton. Elle résista à cette nouvelle tentation, car ce du Quesne lui tenait toujours au cœur. On lui proposa alors d'entrer dans une société de demoiselles pauvres, fondée par la princesse d'Orange, où elle serait plus à l'abri des entreprises ayant pour but sa conversion. Elle l'écrivit à Mme Saporta et à son oncle, qui en furent très alarmés, considérant cette société comme une sorte de couvent dont elle ne pourrait pas sortir. Ils lui défendirent d'en faire partie et lui ordonnèrent de venir les rejoindre, lui promettant qu'on ne la tracasserait pas sur la religion. Elle y consentit enfin et se mit, pour faire le voyage, sous la protection de

M. Skelton, envoyé du roi Jacques, qui était nommé à Paris. Mme Skelton la prit avec elle, et comme ils devaient d'abord aller en Angleterre, ils s'embarquèrent dans le mois d'octobre 1680 pour aller à Rotterdam, où le yacht du roi d'Angleterre les attendait.

CHAPITRE II

Londres. — Mœurs anglaises. — Pendaisons. — A Paris. — M. du Noyer. — Le mariage. — Entrevue de Mme du Noyer avec Louis XIV. — « Mlle Girgoule ». — M. du Noyer grand-maître des Eaux et Forêts.

Mlle PETIT visita Londres, et raconte, entre autres choses, que la tradition anglaise veut que ce soit saint Pierre qui ait consacré l'abbaye de Westminster. « On prétend qu'on vit un soir un bon vieillard de l'autre côté de la Tamise, qui passa dans un petit bateau, et quelque temps après Westminster parut tout en feu. Cette illumination ayant attiré beaucoup de monde, on trouva le bon vieillard qui officiait et qu'on reconnut, à des marques infaillibles, être ce grand apôtre. Je crois qu'on peut pourtant être sauvé sans croire cela. » Et plus loin : « Le sang y est très beau, les femmes y ont la taille enchantée. Elles sont toutes blanches et ont les cheveux d'un blond souvent un peu trop doré. Elles marchent de bonne grâce, mais leur beauté ne dure pas. Elles perdent leurs dents de bonne heure, et la maladie du pays, qu'on appelle consomption, dont elles sont presque toutes attaquées, les dessèche et les change extrêmement. Je crois que la manière dont on vit dans ce pays-là contribue beaucoup à affaiblir la constitution. On n'y mange presque point de pain, mais grande quantité de viande moitié crue, et beaucoup de confitures et de douceurs, jamais de soupe ; on n'y fait qu'un repas par jour, qui est le dîner, et après cela on ne mange plus de tout le jour, ce qui fait qu'on mange beaucoup plus qu'on ne devrait. Ce fut du temps de Cromwel qu'on supprima les soupers pour payer quelque impôt, et comme on a vu qu'on pouvait s'en passer, on ne les a plus rétablis, si bien que dans les meilleures maisons où vous serez depuis trois heures après-midi jusqu'à minuit, on ne vous donnera autre chose que du thé, café, chocolat et une autre drogue qu'ils appellent « rambourt », qui est composé avec du vin d'Espagne, des blancs d'œufs, de la cannelle et du sucre. Tout cela échauffe le sang et je crois qu'une aile de poularde vaudrait mieux pour la santé. Le matin on prend encore du chocolat et à dîner on mange pour vingt-quatre heures. Les messieurs boivent beaucoup ; ils sont naturellement galants, mais la constance n'est pas une vertu dont ils se piquent ; ils n'aiment pas la peine en amour et la conquête la plus aisée est celle qui leur fait le plus de plaisir. Les dames aiment avec plus de délicatesse et de violence, et l'infidélité d'un amant suffit pour les engager à se pendre ou à se jeter dans la Tamise.

« Du reste, on trouve tous les jours des personnes noyées dans la Tamise avec leurs poches pleines de plomb, afin d'aller plus tôt au fond de l'eau. On apprend aux enfants, dans les écoles, à composer une harangue pour réciter sur les échafauds ou le gibet, car ils sont tous préparés à y monter, et y montent même sans peine, soit que les crimes ou les révolutions de l'Etat les y conduisent, et c'est là où ils brillent. La mort du duc de Monmouth n'édifia pas le public, parce qu'il ne se piqua pas d'une grande éloquence en cette occasion. Outre toutes celles qu'ils ont de perdre la vie, ils en cherchent encore d'autres où ils l'exposent fort légèrement, car dans la débauche on fait partie de se battre pour une bouteille de vin, tout comme on ferait partie de la jouer ailleurs, et c'est le vaincu qui la paie ; et il ne faut pas compter qu'on se batte pour rire ; ils y vont de tout leur cœur, et il y a bien des gens estropiés à ce petit jeu-là, car il ne faut pas croire qu'ils aient moins de dureté pour les autres que pour eux-mêmes. Ils se donnent dans ce pays-là une espèce de plaisir qui, selon moi, est quelque chose de barbare, qui est d'assister à des combats de gladiateurs. Chacun est là pour son argent, comme à l'Opéra, et ces gladiateurs paraissent sur le théâtre en habit de combattants, et, après avoir bu ensemble un moment auparavant, ils se battent comme s'ils étaient ennemis mortels et risquent de perdre leur vie pour trouver les moyens de l'entretenir. Celui qui tue son compagnon est pendu, s'il le tue sur le théâtre, ce qui fait que dès qu'il le croit blessé à mort, il lui donne un coup de pied et le fait tomber en bas, et pourvu qu'il meure à terre, il n'en est pas parlé. On voit là des hommes tout criblés de coups et couverts de sang, et lorsque ces malheureux s'arrêtent un moment pour reprendre haleine, le peuple leur crie : Play, play ! Quand on pend dans ce pays-là, ce n'est jamais pour un seul ; ils vont en bande au supplice et chacun prie ses parents et ses amis comme pour des noces et les régale de son mieux. On n'y fait pas d'autres façons que de ranger les criminels les uns auprès des autres dans une charrette, et après avoir attaché leurs cordes au gibet, on fouette les chevaux qui entraînent au plus vite la charrette, et ces malheureux restent en l'air. C'est alors que leurs femmes et leurs amis vont les tirer par les pieds. Il y en eut une pendant que j'étais à Londres, qui suivit son mari dans un fiacre et dès qu'ils furent arrivés elle en descendit et le vint embrasser. Elle portait une petite bouteille dont elle lui fit boire. Quand il fut prêt à être pendu, elle l'embrassa encore fort tendrement ; ils burent encore de bonne amitié, et dès qu'on lui eut mis le mouchoir sur le visage, comme on fait dans ce pays-là, pour qu'on ne voie pas les grimaces et les contorsions que font les pendus, cette femme rentra dans son carrosse, s'appuya sur la portière pour mieux regarder, et n'en bougea point que tout ne fût achevé. Le lieu du supplice est ordinairement Tyburn. Les amis ont un ruban à leur chapeau de la couleur de celui du patient et des gants blancs qu'il leur donne aussi. Ceux qui ont permission d'y aller en carrosse, quand ils doivent y être enterrés, portent leur cercueil derrière en guise de valise. »

L'auteur parle aussi de « Mylord maire » qui est toujours un marchand des plus riches. Les rois et les reines assistent à son installation. Le roi même se range sous la bannière d'un des corps de métier qui, tous, suivent le cortège avec leur drapeau. A cette époque, la reine Anne faisait partie de la Compagnie des Couturières. Ces élections n'ont pas lieu sans disputes des partisans, ni combats. « Car, dit-elle, ce peuple ne fait pas plus de cas de sa vie que de celle de son prochain. Il y avait un jour deux femmes dans un Ale-house, — les femmes de ce pays ne faisant pas de façon d'aller au cabaret et de fumer comme les hommes, — ces deux femmes donc se prirent de querelle dans ce lieu-là ; elles se battirent et lorsqu'on fut pour les séparer, on en trouva une qui venait d'avoir un œil crevé et qui mangeait le bras de son ennemie. Mais manger et non pas mordre seulement, car cette malheureuse avait l'os du bras découvert jusqu'au coude, toute la chair en était mangée, et elles étaient si acharnées l'une contre l'autre, qu'elles paraissaient moins sensibles à leur état qu'au désir de se venger. Généralement le peuple y est fort cruel. Les Français y sont fort haïs, et cette antipathie jointe à l'humeur des Anglais, fait que l'on entend dans les rues : « French dog », c'est-à-dire, chien de Français. Mais c'est parmi les petites gens, car les personnes de qualité y sont très polies et d'un bon commerce. »

Après six semaines passées à Londres, le bateau à voile qui les amena en France ne mit pas moins de dix jours à traverser le détroit et faillit faire naufrage. Ils en reprisent un autre à Dieppe pour remonter la Seine, passèrent à Rouen, où ils virent Mme la duchesse de Bouillon (1), chez laquelle on trouva que Mlle Petit ressemblait beaucoup à la duchesse de Mazarin, puis à Saint-Denis, où ils visitèrent les tombeaux des rois et arrivèrent enfin à Paris. L'oncle Cotton reçut sa nièce avec plaisir ; quant à Mme Saporta, qui habitait rue du Mail, leur réunion fut des plus attendrissantes. Mais malgré la promesse de respecter la liberté de conscience de sa nièce, l'oncle lui demanda tout au moins de se laisser instruire. Elle ne s'y refusa pas et s'exposa de nouveau aux efforts des convertisseurs, ne voulant pas être accusée d'un zèle opiniâtre et sans connaissance de cause. M. du Quesne, arrivé à Paris peu après elle, s'offrit au rôle de missionnaire, ce que l'oncle n'accepta point, sachant bien à quoi il emploierait son zèle. A ce moment, si on doit l'en croire, le maréchal de Lorges venait constamment chez M. Cotton et désirait vivement la conversion de la jeune fille.

Une de leurs amies, Mme de Conte qui, voulant rester fidèle à la foi protestante, avait été enfermée d'abord au Châtelet en compagnie de gens destinés au gibet ou à l'échafaud et mise ensuite chez Mme de Miramion, fon-

(1) Mlle Mancini, nièce de Mazarin.

datrice d'une communauté de filles qu'on appelait les Filles de Sainte-Geneviève, sur le quai de la Tournelle, finit par en sortir et voulut ramener Mlle Petit en Hollande. Mme Saporta désirait toujours aussi passer à l'Etranger ; mais il ne pouvait en être question pour le moment et ses larmes empêchèrent sa nièce de la quitter une seconde fois. On chercha aussi à la convertir aux Nouvelles Catholiques, mais rien ne put l'ébranler. Cependant la persécution n'était pas finie ; on essaya de nouveau de l'intimider. Un certain Lausillon vint les arrêter et les emmena chez lui près de la porte Montmartre, où elles retrouvèrent d'autres personnes de Nîmes, compagnons d'infortune. Cette sorte de prison était d'ailleurs très confortable, et les repas surtout, payés par le roi, étaient exquis et plantureux. On pouvait recevoir des visites et se promener dans un joli jardin ; mais ce n'en était pas moins la privation de la liberté.

« Dans cette pensée, je roulai dans ma tête quelque moyen de pouvoir m'échapper et je m'avisai enfin que les fenêtres de notre chambre donnaient sur la rue, qu'elles étaient assez basses et qu'il y avait un auvent qui pouvait faciliter mon dessein. Ainsi, sans en rien communiquer à personne, je me résolus à l'exécuter la nuit suivante. Mais je fus bien surprise de voir venir après que nous fûmes couchées, une servante qui ferma les fenêtres avec des cadenas et comme on n'avait pas accoutumé de le faire ; j'aurais cru être trahie si je m'en étais ouverte à quelqu'un, ou que l'art magique s'en serait mêlé, si j'avais été aussi crédule que d'autres sur ces sortes de matière. »

Cependant, l'influence du maréchal de Lorges obtint qu'elles puissent sortir de cette maison au bout de dix jours. Elles reprirent de plus belle leur projet de fuite, et, aidées d'un ami, elles parvinrent à prendre le coche pour gagner Dieppe et de là l'Angleterre. Dans cette dernière ville, Mlle Petit retrouva M. du Quesne à l'hôtel où elles étaient descendues. Elle voulait d'abord ne pas s'en laisser reconnaître, mais lui ayant été signalée, elle dut subir ses supplications de ne pas sortir de France, car il avait compris leur intention ; il les menaça même de les dénoncer. Aussi, lorsqu'elles furent arrêtées le lendemain, l'en accusèrent-elles, mais à tort, car c'était l'oncle Cotton qui, furieux de leur départ, s'était arrangé pour les empêcher d'aller plus loin. On les ramena à Paris et on les mit chez les Nouvelles Catholiques, où l'oncle vint leur faire mille reproches sur leur obstination. Pendant ce temps, M. du Quesne intrigua si bien qu'il fit dire à cet oncle que le roi lui-même désirait son mariage avec sa nièce. On peut vraiment douter que Sa Majesté Louis XIV mît un aussi grand prix à leur conversion. Sans doute n'était-ce là qu'une de ces exagérations vaniteuses dont Mme du Noyer donnera bien d'autres exemples. L'oncle Cotton, pour faire sa cour au roi, renonça à ses préventions, et consentit. Sa nièce, très tentée, mais craignant l'enfer, résolut de se laisser mourir de faim. L'oncle en fut averti et lui amena M. du Quesne pour vaincre ses dernières résistances. Elle finit par s'y décider, et rien n'était plus assuré que cette union, lorsqu'une maladresse du fiancé vint tout détruire. On lui persuada d'obtenir que M. Cotton donnât de suite une partie de ses biens à Mlle Petit. M. de Seignelay fut chargé de lui en parler et reçut un assez mauvais accueil. Cotton, furieux, s'en prit à sa nièce, à l'instigation de laquelle, pensait-il, cette démarche avait été faite. Il refusa de nouveau son consentement, et M. du Quesne connut, mais trop tard, qu'il aurait mieux fait de ne pas soulever cette question. Il retourna à ses occupations, et sa fiancée voulut plus que jamais se

Vue de Londres du côté du jardin de Somerset
d'après le tableau de Canaletti.

laisser mourir. Ayant été saignée, elle arracha le bandage pour perdre tout son sang. Il n'en vint plus une goutte, et elle dut se résigner à vivre.

On les changea de couvent pour l'Union Chrétienne, rue Saint-Denis, où M. du Quesne continuait à lui écrire des lettres fort tendres. Puis un jour on vint leur faire part de la décision du roi, qui ordonnait à tous ceux qui n'avaient pas encore changé (c'est ainsi qu'on appelait la conversion), de s'y décider ou de sortir du royaume. Notre héroïne prit naturellement cette dernière résolution. Toutefois, le lendemain, elle alla en visite chez une amie, et rencontra dans son salon M. du Noyer, dont le régiment était à Maintenon, et qu'elle trouva « très joli », selon sa propre expression.

« C'est un grand homme de bonne mine, bien fait, qui a les yeux très vifs, la physionomie fine et la bouche et les dents d'une beauté enchantée; la petite vérole a un peu travaillé sur son teint que quelques boutons ont achevé de gâter et c'est là tout ce qu'il a de laid. Il a un tour d'esprit fort agréable et me demanda le sujet de ma mélancolie. Je lui dis, pour éviter une plus longue discussion, que j'étais incommodée. Il me proposa d'abord quantités de remèdes, et entr'autres de boire tous les matins un verre d'eau du fleuve d'Oubli. Je compris par cette ordonnance qu'il était instruit de mes affaires. »

C'était peut-être l'oncle Cotton qui les lui avait racontées, car il le connaissait. Il prétendit aussi connaître du Quesne, et le blâmait de s'être montré trop intéressé. Il demanda à Mlle Petit la permission d'aller la voir au couvent, et en devint bientôt le commensal assidu, s'étant mis dans les bonnes grâces de la supérieure et de toutes les religieuses. Bien plus, il doubla l'ecclésiastique chargé d'instruire Mlle Petit, et lui faisait les sermons les plus persuasifs pour l'amener à se faire catholique. Mais quand on les laissait seuls, il l'entretenait de toute autre chose, et son désir de l'épouser devenait évident. Il pria le père La Chaise, jésuite, confesseur de Louis XIV et très influent, de s'entremettre dans ce mariage, ce qu'il fit plus volontiers que pour M. du Quesne. Enfin, quand on vint chercher la brebis récalcitrante pour la mener à la frontière, M. du Noyer demanda un sursis, en se portant garant pour elle. Mlle Petit écrivit ce qui se passait à M. du Quesne, qui arriva aussitôt. « Ils furent tous deux surpris de se trouver là, et M. du Noyer quitta la place. M. du Quesne me dit que s'il l'avait cru auprès de moi, il ne serait pas venu, qu'il était sans congé et qu'on pouvait lui faire des affaires si on savait qu'il fût à Paris. Il me parla, après cela, des nôtres, et comprit bien par la manière dont je lui reprochais son indolence, qu'on m'avait gâté l'esprit sur son chapitre. En effet, on m'avait fait comprendre qu'il avait eu des manières trop intéressées avec mon oncle et qu'il ne s'était pas assez mis en peine de ce que je deviendrais, puisque, si M. du Noyer n'avait pas répondu pour moi, on m'aurait menée en Hollande. M. du Quesne répondit à cela qu'il avait des amis au Bureau qui l'avertissaient de tout, et que si j'étais partie, il aurait été en poste me prendre à la frontière. A l'égard de l'intérêt, il ne croyait pouvoir mieux se justifier qu'en y renonçant, et qu'il prierait M. de Seignelai de dire à mon oncle Cotton qu'il ne lui demandait que son amitié. Je trouvai qu'il prenait le bon parti, et le désir que j'avais de le justifier me fit trouver ses excuses les meilleures du monde.

« Cependant, M. du Noyer ne s'amusa pas à bouder, et quoiqu'il fut sorti mécontent du parloir, il ne laissa pas d'y revenir et d'engager M. du Quesne à dîner avec lui et quelques autres de leurs amis. Quand ils furent en pointe de vin, M. du Noyer dit à M. du Quesne qu'il savait bien qu'il était venu pour se marier avec moi, qu'il l'en félicitait, et qu'il avait beaucoup parlé de lui à mon oncle Cotton. M. du Quesne ne jugea pas à propos de lui dire ses affaires à table et répondit qu'il ne songeait pas à se marier, que sa fortune n'était pas assez bonne pour cela et qu'il m'estimait trop pour me rendre malheureuse : « Mais, ajouta-t-il d'un ton railleur, cette affaire vous conviendrait mieux, et on dit que la demoiselle ne vous déplaît pas. » M. du Noyer prit d'abord la balle au bond, et, touchant dans la main de M. du Quesne : « Je suis bien aise, dit-il, que vous me cédiez vos droits ; votre considération m'avait empêché de songer à cette demoiselle, mais après ce que vous venez de me dire, je vais la rechercher sans scrupule et faire ce que je pourrai pour l'obtenir. » M. du Quesne riait de tout son cœur, et M. du Noyer parlait fort sérieusement. Ils vinrent tous les deux me voir après le dîner, et M. du Noyer ne manqua pas de me dire que M. du Quesne m'avait cédée à lui. M. du Quesne, qui croyait l'avoir berné, me regardait et pliait les épaules. Je leur dis que j'étais fort étonnée qu'ils disputassent ainsi de la chappe à l'évêque et je grondai fort M. du Quesne de cette mauvaise plaisanterie qui servit dans la suite à disculper M. du Noyer ; car, lorsqu'on l'accusa, dans le monde, d'avoir trahi son ami, il soutint que M. du Quesne lui avait cédé ses droits en présence de témoins. Sur le soir ils furent à l'Opéra et M. du Noyer en sortit pour venir me voir et me faire valoir ses empressements ; au lieu, disait-il, que M. du Quesne cherchait des divertissements étrangers. Le soir, il proposa une partie de souper chez une demoiselle de leur connaissance, où il lui donna à manger gras, quoique nous fussions dans le carême, et il le laissa seul avec cette belle, sous prétexte d'aller donner ordre au souper, et vint me conter cette dernière aventure. Il disait cela avec tant d'adresse et d'un air si ingénu, que toute la terre aurait condamné M. du Quesne. Je n'étais pourtant pas fort disposée à cela, et quoique j'eusse beaucoup d'estime pour M. du Noyer, il ne laissait pas de m'être un peu suspect. M. du Quesne fut le lendemain à Versailles, mais M. du Noyer l'y avait si bien servi que, dès que M. du Quesne parut, on lui demanda pourquoi il avait quitté son poste sans congé et on lui ordonna de s'en retourner, sous peine d'être mis à la Bastille. Le pauvre M. du Quesne partit fort chagrin du mauvais succès de son voyage, et nous nous dîmes alors le dernier adieu, car je ne l'ai pas revu depuis. On me dit tant d'autres choses pour me persuader qu'il avait tort que, comme outre cela les absents l'ont toujours, je le condamnai bientôt.

« Dès que M. du Noyer s'aperçut que je commençais à balancer, il fut se nantir d'un ordre du roi et de toutes les dispenses nécessaires, afin de pouvoir profiter du premier moment favorable qu'il trouverait chez moi. A l'égard de la religion, il me promettait de ne jamais me contraindre à rien, m'assurant qu'il n'en voulait nullement à mon âme (1).

« Enfin, un mardi, dix-huitième de mai, l'an 1688, pendant que j'étais à la récréation dans le jardin, on vint m'avertir qu'on me demandait au parloir. J'y trouvai M. du Noyer avec deux jésuites, la supérieure de notre maison et la sous-prieure. Ces deux dames me firent monter en carrosse avec elles, sans me donner le temps de me reconnaître, et M. du Noyer se mit dans un autre avec les jésuites. Je ne savais à quoi devait aboutir cette promenade, lorsqu'on nous débarqua à la

(1) En effet, il n'en voulait qu'à sa bourse, car Mme du Noyer ne paraît pas avoir été jolie, ce qu'elle n'aurait pas manqué de nous dire.

porte de l'église Saint-Laurent. Le curé vint nous recevoir et nous conduisit dans une salle fort propre ; c'était un bien honnête homme et fort mitigé sur la religion. Ce fut là où M. du Noyer me proposa de nous marier. Les jésuites m'exhortaient à me laisser conduire par le père La Chaise, qui souhaitait cette affaire et se chargeait de la faire approuver à mon oncle Cotton dès qu'elle serait faite. J'avais beau dire que je voulais au moins le consentement de Mme Saporta, on me répondit qu'il n'y avait pas apparence qu'elle le donnât et serait bien aise qu'on eût fait cette affaire indépendamment d'elle et de ne pouvoir pas se reprocher d'y avoir contribué. Les religieuses m'embrassaient et me disaient : « Courage mon enfant, c'est le plus beau jour de votre vie ». Le curé ne demandait qu'un oui, pour les deux affaires. On ne me faisait voir ni messe, ni autel, j'étais jeune, j'avais envie de me venger de M. du Quesne, et M. du Noyer avait assez de mérite pour qu'on pût imaginer beaucoup de douceur dans cette espèce de vengeance ; il me disait les plus jolies choses du monde. On me fit dire que je croyais tout ce que l'Eglise catholique, apostolique et romaine croyait, et comme je disais que l'Eglise romaine était une église particulière, on en rit beaucoup sans s'y arrêter, et, après quelques mots latins, je me trouvai mariée. »

Ainsi donc, après cette résolution indomptable de ne pas se faire catholique, cette fuite à l'étranger et cette résistance à toutes les tentatives et même les persécutions, Mlle Petit céda ; peu et de mauvaise grâce, il est vrai, par dépit de ne pas « épouser son premier sentiment », malgré qu'un de ses biographes assure qu'elle était fort éprise de du Noyer. Mais cette agitée fut loin de se tenir tranquille dans le mariage. Bien qu'elle essaye de nous faire croire le contraire, elle n'eut pas d'amour pour son mari, sans quoi elle ne l'aurait pas quitté ; et ses scènes de jalousie ne provinrent que de sa vanité, froissée qu'un homme qui lui devait tout, se permît de s'occuper d'autres femmes. Pour le moment, il faut en revenir au premier temps de son mariage.

On la mena rue de la Roquette, au faubourg Saint-Antoine, où logeait la mère de M. du Noyer qui lui parut fort belle, quoique n'étant plus de la première jeunesse, ainsi que sa sœur. Toutes deux lui firent le meilleur accueil. Peu de temps après elle tomba malade. Mme Saporta, alarmée, vint la voir, et, dans son trouble pour sa santé, ne songea pas à lui faire de reproches. Quant à l'oncle Cotton, du moment que celui-ci, instruit par l'expérience de l'autre, ne lui demandait pas son argent, il était satisfait.

Quand Mme du Noyer fut remise, le ménage se rendit à Versailles pour remercier le roi de l'intérêt qu'il avait pris à leur union et du brevet de six cents livres de pension que Sa Majesté avait accordé à la jeune femme. Elle le vit d'abord dans le jardin, « entouré de tous ses seigneurs » ; puis, avec la dame qui l'accompagnait, elles résolurent d'aller au château assister au souper royal. « Le roi ne se met à table qu'après dix heures, et il avait déjà commencé de souper, quand nous arrivâmes, et la foule était si grande autour de lui, que je ne croyais pas pouvoir en approcher. J'y parvins pourtant, et à la fin, je me trouvai insensiblement, à force de pousser, tout auprès de la table et vis-à-vis du roi, que je reconnus avec plaisir être le même que j'avais distingué au parc. Je ne sais s'il s'aperçut de l'application que j'avais à le regarder ou ce qui put lui donner de la curiosité sur mon chapitre, mais il demanda qui j'étais et le demanda si haut que, comme on ne pouvait pas satisfaire sa curiosité parce que je n'étais pas connue, je me crus obligée de le faire moi-même. Et après avoir dit mon nom de fille, j'ajoutai que je l'avais changé depuis peu en épousant M. du Noyer par ordre de Sa Majesté au sortir des couvents où elle m'avait fait enfermer pendant neuf mois. Le roi me reconnut parfaitement bien à tout cela et me répondit avec beaucoup de bonté qu'il espérait que je lui saurais gré de tout ce qu'il avait fait pour moi ; que le séjour du couvent contribuerait à mon bonheur éternel et qu'il souhaitait que je trouvasse le temporel dans le mariage qu'il m'avait fait faire. Après cela il se tourna du côté de Madame la Dauphine et lui conta mon histoire, mon retour de Hollande, la peine qu'on avait eue à me persuader d'être catholique, et après avoir fait quelque digression à mon avantage, il dit qu'il m'avait mariée à un de ses officiers. Tout le monde était si attentif à ce récit, qu'on n'entendait pas le moindre bruit dans la salle, et les yeux de tous les courtisans étaient si fort attachés sur moi, que si je n'avais pas eu un peu de fermeté, je me serais bientôt déconcertée. Chacun, croyant faire sa cour, disait quelque chose d'obligeant sur moi et donnait des explications heureuses à toutes les réponses que je faisais, et si j'avais eu de la vanité, elle aurait été bien remplie à ce moment là. »

M. du Noyer n'a pas précisément les mêmes récits sur tous ces faits. Ses *Mémoires*, pour répondre, dit-il, à ceux de sa femme, sont d'une méchanceté infâme, et le dernier éditeur s'excuse d'avoir à les faire paraître. Car si elle se répand en vanteries qui, par le fait, ne font de mal à personne, lui ne recule pas à son sujet devant des propos injurieux jusqu'à l'ignoble et dépassant leur but, avec également beaucoup de contentement de lui-même.

Il nous dit d'abord que ce fameux oncle Cotton, qu'il avait rencontré à l'Hôtel de Mantoue, rue Montmartre, lui avait été signalé comme un vieillard très riche ayant une nièce à marier, et il avait fait sa connaissance sans retard. Il insinue que ce maître d'hôtel avait rendu au maréchal de Lorges des services d'un ordre très privé et que le bien qu'il a ramassé dans cette maison en est la preuve convaincante. D'après lui, ce serait cet oncle lui-même qui l'aurait présenté à Mlle Petit, vantant son désintéressement en comparaison de la conduite de M. du Quesne.

« M. Cotton, dit-il, alla le lendemain sonder les sentiments de sa nièce ; ils lui parurent partagés ; il ne remarqua plus ce grand empressement pour M. du Quesne, et conclut de là que ma présence avait tant soit peu écorché son cœur : « Il faut battre le fer pendant qu'il est chaud, me dit-il en sortant de table ; allez voir votre maîtresse, je suis persuadé que vous serez bien reçu. » Les soins que Mlle Petit avait pris de s'ajuster, me donnèrent à penser que ses réflexions nocturnes avaient renversé une partie de ses fermes résolutions et éloigné de son esprit son cher du Quesne. Je sus profiter des petits avantages que je pus entrevoir et poussai si vigoureusement ma pointe qu'en sept ou huit jours je réduisis la belle à consentir à me donner la main. »

Quant au voyage à Versailles, il paraîtrait que ce ne fut pas tant pour remercier que pour demander autre chose et présenter deux placets, l'un pour réclamer le bien confisqué de la femme lors de sa sortie du royaume, l'autre pour solliciter une récompense des services du mari. « Les petites vivacités que j'avais reconnues depuis le peu de temps que nous étions ensemble, me firent appréhender qu'elle ne les fît éclater en public. Je lui donnai donc les instructions que je crus les plus nécessaires pour venir à bout de nos desseins, mais elle voulut faire à sa tête et me faire connaître entièrement son caractère. Le maréchal de Noailles lui ayant dit que personne ne présentait de placet sans la permission du capitaine des Gardes du quartier : « Vous le voyez bien, Madame, lui dis-je, je suis fâché que vous ne vouliez faire qu'à votre tête. » Je ne pus me retenir de lui parler un peu haut, une foule de courtisans s'assemblèrent autour de nous ; il se trouva parmi le grand nombre un jeune officier qui la regardait attentivement. « Non, oui, je ne me trompe pas, c'est elle-même, on m'a dit qu'elle était revenue de Hollande ; que diable vient-elle faire ici ? La voilà parée comme un autel du jeudi béni. — De qui veux-tu parler ? dit cet ami. — Hé, cadédis, c'est de Mlle Girgoule (1) ; ne la reconnais-tu pas ? Dieu me damne ! c'est elle-même. » D'autres Gascons entrèrent dans la conversation et s'écrièrent : « Hé parbleu, ce n'est pas la mal nommée et jamais figure n'a mieux ressemblé à Girgoule. » Ce fut un éclat de rire général qui, malgré le respect que portait l'endroit où nous étions, vint jusqu'aux oreilles du roi, qui en demanda le sujet. Quelques seigneurs lui expliquèrent le nom de Girgoule. « Je l'ai vue en passant, dit-en souriant Sa Majesté. Le maréchal de Noailles m'a même dit qu'elle voulait me présenter un placet. » Quant à Mme du Noyer, elle s'approcha de son Gascon, lui raconta qu'elle était mariée depuis quelques jours à un des plus jolis garçons de Paris, premier capitaine du régiment de Toulouse ; et elle me montrait du doigt, en ajoutant qu'elle avait enfin abjuré et venait demander au roi la restitution de ses biens.

« L'impatience me prit, je m'approchai d'elle, je la priai de cesser tous ces mauvais discours et de venir avec moi. » Le soir ils retournèrent au château. « Elle ne

(1) Champignon qui vient dans le Languedoc.

parut pas plus tôt aux appartements, que tout le monde la reconnut pour celle dont la présence avait endossé la risée du matin ; chacun se disait à l'oreille : « Place à Mlle Girgoule, place à Mlle Girgoule ! » tellement que la place lui fut si bien faite, qu'elle se trouva plantée vis-à-vis du roi. Sa figure, cet air riant qui était peint sur tous les visages, donnèrent quelque curiosité à Sa Majesté. Il se tourna du côté du maréchal de Noailles et lui demanda si ce n'était pas cette demoiselle Champignon qu'il avait vue le matin. Le roi jeta en même temps la vue sur Mme du Noyer, qui prit d'un air fort gaillard la parole : « Sire, dit-elle, je demande bien pardon à Votre Majesté. Mon nom de fille est Anne-Marguerite Petit, qui est celui de mon père ; celui de ma mère est Cotton, de la même famille du père Cotton, confesseur d'Henri IV, le grand roi votre aïeul ; Girgoule est un sobriquet qu'on me donnait autrefois lorsque j'allais à l'école, parce que j'ai toujours été courte et grosse. » Le roi, les princes et toute la cour firent un éclat de rire, qui fut, comme le dit parfaitement bien Mme du Noyer dans ses *Mémoires*, tant que nous fûmes à Versailles, « l'Evangille du jour ». Il n'est pas question de cet incident dans les *Mémoires* de Mme du Noyer.

Toutefois, elle fit parvenir son placet au roi, qui, au sortir de la messe, l'assura qu'on lui rendrait son bien et ses revenus. « Comme cette scène se passa aux yeux de toute la cour, cela augmenta les égards qu'on avait déjà pour moi et je me vis en peu de temps fort à la mode, » nous dit-elle modestement. Mais elle ne s'attarda pas à ce succès et partit pour Nîmes avec M. du Noyer. Là, elle recouvra ses biens et conçut le projet de faire nommer son mari consul (1) de cette ville. Elle était am-

(1) Maire.

bitieuse et aurait volontiers sacrifié une partie de ses biens, auxquels elle tenait pourtant, dans le but de lui faire avoir une situation en vue, qui la flatterait encore davantage. Sur son avis, il se rendit à Montpellier pour se présenter à M. de Broglio, Commandant de la province, et à M. de Baville, qui en était l'Intendant. M. du Noyer se trouva fort bien au milieu des réceptions magnifiques de ces représentants du pouvoir. Les habitants ne songeaient qu'à se divertir et on jouait beaucoup, distraction à laquelle le nouveau venu n'était pas insensible. Malgré quelques difficultés avec M. de Baville et des pertes au jeu qui mirent sa femme en fureur, M. du Noyer fut nommé consul, ce à quoi il tenait infiniment moins que son épouse, la vie de province n'ayant pour lui qu'un médiocre attrait.

Voici ce qu'il nous dit à ce sujet : « Comme je n'ai point mis la plume à la main pour me seringuer de louanges, je renverrai s'il lui plaît, le lecteur aux *Mémoires* de Mme du Noyer ; il y verra l'éloge de mon digne consulat. Je dirai cependant que je m'en acquittai d'une manière que je n'oserai le dire ; mais je fus fait syndic, autre emploi où ma probité fit mettre mon nom en lettres d'or sur le crocodile (1) que M. l'évêque de Nîmes, Fléchier, fit pendre à l'hôtel de ville ; honneur, à la vérité, aussi vain qu'inutile auquel j'aurais préféré mille et mille fois mes deux cents pistoles » — somme qu'il avait envoyée à Mme du Noyer pour lui faire prendre patience.

C'est à cette époque, en mars 1692, que naquit leur fille Olympe, connue sous le nom de Pimpette. L'aînée était venue au monde également en mars 1689, et l'oncle

(1) En souvenir sans doute du crocodile qui figure dans les armoiries de la ville Nîmes.

Cotton mourut, laissant à sa nièce les biens qui avaient fait l'envie de tous ses prétendants. Le consulat de M. du Noyer étant près de finir, il rapporta de son voyage à Paris, en plus de la succession, une petite charge qui l'engageait à visiter quatre fois par an les bords du Rhône et à habiter Villeneuve-d'Avignon, à sept lieues de Nîmes, où il devait revenir, toutes les semaines, s'occuper des affaires de la ville jusqu'à la fin de sa mission. Il prétend que les extravagances de sa femme et sa folie des grandeurs furent surtout le motif qui lui fit quitter Nîmes.

« Cette qualité de Mme la Consule, dit-il, l'avait rendue si orgueilleuse, qu'elle se croyait la première moutardière du Pape. Mais à propos du Pape, je dois dire et avouer à sa louange que depuis la Dragonnade, jamais nouvelle convertie n'a été plus exacte aux devoirs de l'église romaine, qu'elle affecta tant d'avoir en horreur. Il n'est pas difficile d'en pénétrer à présent le sujet. Le plaisir de s'entendre dire : « Voilà Mme la Consule qui entre, place à Mme la Consule, ouvrez vite le banc de Mme la Consule, » en étaient de très sensibles pour elle. » Ils passèrent trois ans dans cette petite ville charmante, et y eurent un fils.

Le consulat étant terminé et le cardinal de Bonzi, évêque de Montpellier, ayant chargé M. du Noyer d'apporter au roi le *cayer* de la province (1), Mme du Noyer, qui aimait à se frotter aux grandeurs, prit ce prétexte pour écrire à l'évêque. Il lui fit une réponse élogieuse qu'elle nous fait connaître, ainsi que celle de Fénelon, archevêque de Cambrai. Elle voulut accompagner son mari et solliciter pour lui une nouvelle place. Ils se ren-

(1) Mémoires que rédigeaient les divers ordres pour exposer leurs plaintes et leurs vœux aux Etats généraux.

dirent à Rouanne pour s'embarquer sur la Loire. Malgré les fièvres malignes qui, en cette année 1694, multipliaient les enterrements, ainsi qu'une sorte de famine ayant fait monter le pain à sept sous la livre, ils y emmenèrent leurs enfants et la vieille tante Saporta, qui vivait chez eux. Les démarches de Mme du Noyer obtinrent à M. du Noyer la charge de Grand-Maître des Eaux et Forêts de la province du Languedoc, qu'elle paya quatre-vingt-dix mille livres, et ils quittèrent les bords du Rhône pour ceux de la Garonne, car il devait résider à Toulouse. Il était tenu de visiter une fois par an Villemur, Mazamet, Castelnaudary, Quillan, Montpellier et Villeneuve-de-Berc, avec deux grueries (1), Albi et Mende. « Il vendait les forêts du roi à l'extinction des feux, c'est-à-dire qu'on allume une bougie et l'on met un prix aux bois d'une forêt, chacun enchérit là-dessus, tant que la bougie brûle, et celui qui a parlé le dernier lorsqu'elle s'est éteinte, demeure maître du marché. »

« Cette situation, dit Mme du Noyer, le mettait à même de rendre service à tout ce qu'il y avait de gens de qualité. Il souhaitait que je l'accompagnasse dans ses tournées, et je puis dire que c'était là le temps le plus agréable, car nous voyagions en grands seigneurs. Deux gardes des forêts avec la bandoulière étaient à cheval à côté de notre carrosse ; le secrétaire, le cuisinier, et une partie du domestique allait d'avance au gîte où nous trouvions tout prêt en arrivant, et partout la noblesse du pays venait au-devant de nous et nous accompagnait, si bien que nous avions quelquefois trente personnes à manger chez nous. Il ne nous en coûtait pas beaucoup,

(1) Juridictions inférieures qui prononçaient sur les délits forestiers.

par la quantité de gibier que tous les gentilshommes nous envoyaient. Il y avait des temps où, ne sachant que faire de tant de perdrix rouges, je les faisais mettre dans le pot et servir sur le potage en guise de chapons. Nous avions une si grande quantité de sangliers, qu'après en avoir mis en pâtés et à toute sorte de sauces, je m'avisai, pour en profiter, de saler les jambons et de faire des saucisses du reste. »

Là encore, les récits de M. du Noyer diffèrent quelque peu. « Bon Dieu, dit-il, quand j'y pense, quelle description romanesque de l'équipage avec lequel Mme du Noyer nous conduisit dans les lieux où nous allâmes faire les visites ! N'est-ce pas quelque chose de fort glorieux que d'avoir à côté de son carrosse deux misérables paysans revêtus d'un surtout de toile avec une mauvaise bandoulière de gardes de bois. Notre secrétaire, une chancellerie où toutes les affaires du royaume devaient se décider ! Quelle vaine ostentation ! Quel galimatias que ces charrettes chargées de jambons de sanglier, digne éloge enfin de l'économie de la sage Mme du Noyer ! Elle prétendait en imposer à la noblesse, sa langue était des plus venimeuses, elle ne trouvait rien de bien fait, rien de bien dit, rien ne lui plaisait. Je fus enfin si mortifié de ses mauvaises manières, que je résolus, à quelque prix que ce fût, de me défaire de ma charge. »

« La première fois que je fus en tournée, reprend Mme du Noyer, nous commençâmes par Quillan, qui est une petite ville dans les Pyrénées, frontière d'Espagne, située sur la rivière Daude et dans le pays du monde le plus scabreux, car on n'y avait jamais vu de carrosse avant le mien ; encore pensa-t-il m'en coûter la vie pour avoir voulu le mener. On m'avait fait si grand peur de ce pays-là, qui n'était habité, à ce qu'on me disait, que par des ours, que j'y fus en cornette de nuit et en robe de chambre, ne croyant pas devoir me coiffer et m'habiller pour ne voir que des bêtes féroces ; mais je fus bien surprise quand je vis la quantité de noblesse qui descendit de toutes les montagnes qui en sont comme la pépinière. Les marquis de Leren, de Chalabre, de Sainte-Colombe et quantité d'autres vinrent nous voir à Quillan et faire, comme ils le disaient, leur cour au Grand-Maître, qui est le seul magistrat qu'ils ont intérêt à ménager, car la plus grande partie des biens de ces messieurs, consistaient en forêts, et, suivant les Ordonnances, ils ne sauraient faire couper un arbre sans avoir l'attache du Grand-Maître. Il y avait aussi un baron Daxat, qui avait beaucoup de mérite. Il était capitaine de dragons et ne faisait que de revenir de l'armée, quand nous arrivâmes à Quillan. Toutes ces personnes formaient chez nous la société du monde la plus agréable. On jouait à l'hombre, au lansquenet, nous faisions bonne chère et grand feu. Le bon vin ne manquait pas, et malgré la situation du lieu et les neiges qui nous renfermaient au logis, nous ne laissions pas de passer fort agréablement le temps. Toute la bonne compagnie s'affligea de notre départ, chacun se retira, comme dit Scarron, dans sa chacunière.

« De Quillan nous allâmes à Castelnaudari, ville un peu plus célèbre que Quillan, mais que je ne trouvai pas plus agréable. L'autre l'emporterait chez moi par le grand nombre de gentilshommes qui descendent de ces montagnes, au lieu que celles qui environnent Castelnaudari ne servent que de piédestaux à un grand nombre de moulins à vent. Je n'en ai jamais tant vu qu'en cet endroit-là, et le grand Don Quichotte aurait trouvé à y exercer sa valeur.

« Ce fut là où celle du pauvre duc de Montmorency succomba, et je ne saurais pardonner à MM. de Castelnaudari la dureté qu'ils eurent de lui fermer leurs por-

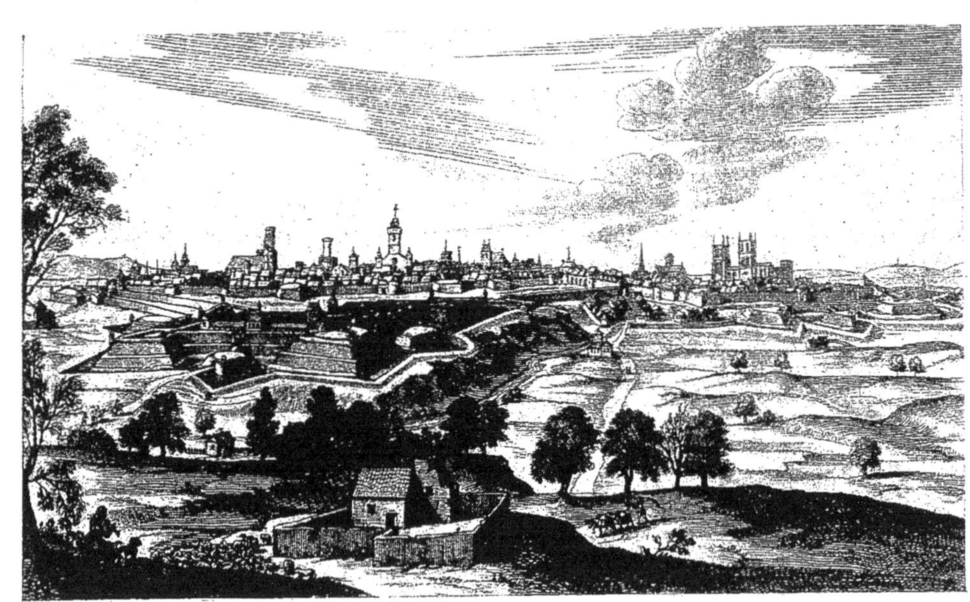

Montpellier.

tes. Il y a une Sénéchaussée (1) et un Présidial (2), tout ce qui fournit bonne compagnie et l'évêque de Saint-Papoul, qui n'est qu'à une heure de là, vient de temps en temps l'augmenter. C'est le prélat (3) du monde le plus charmant par les agréments de sa personne et de son esprit. Après que M. du Noyer eut achevé ses ventes à Castelnaudari, il fallut les aller commencer en un lieu appelé Mazamet. Nous passâmes par Revel et nous arrivâmes dans les pays voisins de la Montagne Noire, autrefois remplis de protestants. De là nous fûmes à Castres, puis à Lavaur voir l'évêque, et de là à Villemur. C'est une assez jolie petite ville située sur la rivière du Tarn ; les habitants en sont très riches ; il y avait tous les jours une grosse partie de lansquenet chez nous, mais beaucoup moins de noblesse que dans les Pyrénées. Il nous en venait quelquefois de Montauban, qui n'est pas loin de là — et qui n'en est pas proche non plus — et la personne la plus qualifiée de celles qui résidaient à Villemur était Mlle de Saint-Feriol, sœur du marquis de Saint-Feriol que j'avais vu à Quillan. »

De retour à Toulouse, Mme Saporta vint à mourir, toujours fidèle à la religion protestante. On ne sait pourquoi M. du Noyer prétend avoir appris à Paris, où il se trouvait, que sa femme avait voulu la soustraire à la sépulture romaine, en mettant dans le cercueil une bûche à la place du corps, ce qui causa du bruit, mais fut arrangé par des amis. Mme du Noyer dit au contraire qu'il était si bien présent, qu'il apporta dix louis au curé de Saint-Etienne pour que les funérailles ne souffrissent pas de difficultés.

(1) Division judiciaire. Le sénéchal était le premier président, son lieutenant, le procureur.
(2) Tribunaux institués en 1551 pour abréger la longueur des procès.
(3) Mgr de Grammont.

Mme du Noyer avait déjà raconté un incident entre son mari et le lieutenant général de la Table de marbre (1) pour une question de visite que l'un croyait lui être due par l'autre. Elle avait trouvé un moyen pour qu'ils se rencontrassent chez l'un d'eux, sans que cela passe pour une visite. Mais cet expédient n'avait pas été du goût de du Noyer, qui saisit la première occasion qui se présenta d'humilier son adversaire. Celui-ci alla à Paris, où il accusa de mauvaise administration M. du Noyer. Ce dernier, poussé par d'autres, était prêt à s'y rendre aussi, lorsque sa femme, qui redoutait la dépense de ce voyage, finit par les mettre d'accord.

Mais de nouveau la situation se gâta peu d'années après. « Malgré les soins que je m'étais donnés pour me procurer un établissement solide, celui-là fut bien dérangé. Des esprits brouillons, qui avaient aigri M. du Noyer contre le lieutenant général, fâchés de voir que les choses se pacifiaient, formèrent entre eux une ligue offensive et défensive. M. du Noyer ne les ménagea pas beaucoup et en bon Parisien les traita de fripons devant des gens qu'ils avaient apostés et qui le leur rapportèrent. M. du Noyer donnait dans tous les panneaux que ces Gascons lui tendaient. Un de ces marauds, pour se venger des outrages qu'il croyait avoir reçus de M. du Noyer, prit le parti de porter plainte au Conseil et de l'accuser aussi de mauvaise administration. Ce fripon lui envoya un grand mémoire qui me fut d'abord communiqué. Il aurait été encore temps de pacifier les choses, si M. du Noyer eût suivi mes conseils, mais il ne voulut point y entendre. J'aurais bien voulu étouffer

(1) Juridiction qui tirait son nom d'une grande table de marbre située dans le Palais de Justice. Les trois désignées sous ce nom étaient celles de l'Amirauté, de la Connétablie et des Eaux et Forêts.

une affaire que ses ennemis pouvaient faire devenir sérieuse, et je savais que les plus faibles ont souvent la force de nuire, témoin la fable du Lion et du Moucheron, mais il n'y eut pas moyen ; le Conseil fut obligé de donner ordre à M. de Baville d'informer là-dessus.

« M. du Noyer ne pouvait pas plus mal tomber, car quoi qu'il eût été réconcilié avec lui lors de son consulat, il l'avait si peu ménagé comme Grand-Maître qu'il avait réveillé la vieille rancune dans l'âme de ce dévot. Si donc M. du Noyer m'en avait cru, en bon politique, il aurait cédé quelque chose à cet homme absolu ; mais il n'a jamais su ce que c'était que de plier, il a toujours voulu opposer la force à la force, et il n'en a pas toujours eu assez pour parer aux coups qu'on lui a portés.

« L'Intendant lui manda qu'il avait ordre de la cour de lui faire un procès. Je courus à Montpellier dans la saison du monde la plus rude, au travers des glaces et des frimas ; je me chargeai de toutes les iniquités et j'allai m'accuser à M. de Badille de tout ce dont on accusait M. du Noyer. Comme il ne me haïssait pas, il me dit de faire venir M. du Noyer à Montpellier et qu'il accommoderait l'affaire. Il y fut, mais il s'occupa beaucoup plus à jouer qu'à gagner l'esprit de l'Intendant, qui lui dit d'aller à la Cour se justifier des accusations qu'on avait portées contre lui. M. de Baville, qu'un Grand-Maître clairvoyant et indocile comme M. du Noyer incommodait dans sa province, écrivit en Cour pour le recommander, comme on dit, au prône. Celui-ci trouva le Bureau très mal disposé pour lui et des amis lui conseillèrent de se défaire de sa charge. »

Ce qu'il fit, en effet ; il la vendit à un Toulousain, M. Anceau, pour la somme de cent dix mille livres.

« J'écrivis aussitôt cette nouvelle à Mme du Noyer. Le tonnerre, les éclairs, toutes les malédictions les plus diaboliques furent sa réponse. J'étais le plus scélérat, le plus grand malheureux des hommes, d'avoir ainsi abusé de la procuration générale qu'elle m'avait donnée. Je la laissai pester, jurer et se plaindre tant que bon lui sembla. Je lui marquai que je ne manquais ni d'estime ni de considération pour elle, mais que j'étais absolument résolu de ne plus retourner en province essuyer les mêmes chagrins et calomnies auxquels j'avais été en butte, qu'elle pouvait m'apporter sa réponse elle-même à Paris, que j'avais pris maison, qu'à son arrivée elle trouverait un appartement préparé, qu'elle n'avait qu'à disposer de sa maison et de ses meubles toulousains comme elle le jugerait à propos, qu'à l'avenir j'entendais être homme. »

Elle ne prit pas cette décision si au tragique et il semble que sa mauvaise humeur portât plutôt sur l'emploi qui fut fait de l'argent de cette vente. Elle revint à Paris, où d'autres tribulations l'attendaient.

M. du Noyer perdit pas mal d'argent dans des affaires diverses, en ajoutant les parties de bassette et de pharaon. C'est vers cette époque qu'il parle avec son venin accoutumé d'une comédie de Dangeau (1) : *Les Vendanges de Suresne*, dans laquelle sa femme était ridiculisée, sous les traits d'une Mme Thomasso. Il prétend qu'elle assista à la première représentation, crut se reconnaître et sortit aussitôt. Selon lui, elle vint lui demander de la venger, ce dont il n'eut garde, et alla au contraire voir cette pièce pour en rire. Mme du Noyer n'en fait pas mention.

(1) C'est M. du Noyer qui l'attribue à cet auteur.

CHAPITRE III

Infidélités de M. du Noyer. — Pugilat à l'Opéra entre Mme du Noyer et la Boutrave. — Mme du Noyer travestie en laquais et rossée par un cocher. — Fâcheuse aventure de Mme du Noyer.

M. du Noyer fréquentait entre autres maisons celle d'un M. Boulanger, qui lui avait fait perdre pour cinquante mille francs de billets, et dont la femme, à qui il rendait souvent visite, excitait, dit-il, la jalousie de la sienne. Il raconte qu'un jour Mme du Noyer se déguisa en laquais et s'introduisit dans l'écurie de cette dame, où le cocher, l'apercevant, la prit pour un voleur et lui administra des coups de fouet. Quand elle dit être venue chercher son mari, il se confondit en excuses, mais elle ne les écouta pas et s'enfuit. Elle ne convient de sa jalousie qu'à propos d'une demoiselle Boutrave, fille du lieutenant général d'Orléans, dont il avait fait la connaissance chez la comtesse douairière de Noyan. Cette personne, ayant reconnu l'avantage de tailler la banque, s'était mise à tenir cet emploi et avait offert à M. du Noyer d'être son associé. On allait jouer chez Mlle Périchon. Cette fameuse marchande de la rue Saint-Honoré avait au faubourg Montmartre un très beau jardin, le rendez-vous tous les soirs d'une quantité de personnes bien posées. Les associés faisaient de fructueuses opérations, mais Mme du Noyer trouva mauvaise l'attitude de son mari à l'égard de la susdite.

« Lui qui, depuis près de treize ans que nous étions mariés, n'avait jamais découché du logis, découchait alors trois ou quatre fois par semaine ; je crois bien qu'il ne passait pas ces nuits-là qu'à jouer ; mais, quoi qu'il en fût, la chose n'était pas édifiante, ses parents en étaient fort scandalisés. Son frère, qui était fort honnête homme et qui savait à quelle redresseuse il avait affaire, lui parla fortement là-dessus et lui en fit tant de honte qu'il fut obligé de garder dans la suite un peu plus de mesure. Si bien que voulant passer une nuit chez elle, il y fut le soir en revenant de Versailles, et pour m'en donner à garder, il m'écrivit le lendemain matin une grande lettre antidatée par laquelle il me marquait que ses affaires l'avaient retenu, qu'il serait à midi au logis et qu'il me priait de m'habiller pour aller ensemble à l'Opéra. Comme je me doutais du fait, je menai le petit décrotteur qui l'avait apportée dans une chambre où il y avait beaucoup de portraits ; il alla droit à celui de M. du Noyer et s'écria : « Le voilà ! » d'où je conclus qu'il l'avait vu ce matin-là à Paris et non la veille à Versailles. Il rentra un moment après, je le turlupinai là-dessus, il voulut me désabuser sur mes soupçons, mais ils étaient trop bien fondés ; je ne lui en fis pourtant pas plus mauvaise mine.

« Nous dînâmes et fûmes ensuite à l'Opéra, où je ne fis pas beaucoup d'attention, car le temps de mon départ approchait, et je ne pouvais, sans me faire une grande violence, me séparer d'un fils qui m'était infiniment cher et qui méritait bien de l'être, ni quitter sans chagrin un mari pour lequel, malgré ses dissipations, j'avais beaucoup d'attachement ; ces réflexions me rendaient fort rêveuse et il n'y eut que l'apparition de ce monstre de boiteuse — la Boutrave — qui me réveilla. Elle vint se placer vis-à-vis de notre loge d'un air triomphant, menée par un chevalier d'industrie qu'on nommait Dubuisson. Cet objet me mit de très mauvaise humeur, et, sans consulter que mon premier mouvement, je sortis de ma loge sous prétexte de quelque besoin, et j'allai dans la sienne. Elle me sourit d'abord et il me semblait que je voyais le diable qui se radoucissait, tant tout ce qu'elle faisait était désagréable. Cependant, comme je voulais avoir un prétexte pour l'insulter, je fus à son oreille lui dire des injures un peu fortes, comptant qu'elle me répondrait tout haut, ce qui ne manqua pas d'arriver ; je ne manquai pas non plus de prendre la balle au bond. Je lui arrachai sa coeffure, si bien qu'elle resta tête nue et échevelée, au milieu de la plus nombreuse assemblée qu'on pût trouver. Ce spectacle attira les yeux de toutes les personnes qui étaient à l'Opéra et jamais créature n'a essuyé un plus sanglant affront. Elle ne savait que devenir ni comment sortir de sa loge, car j'étais à la porte dans le dessein de la régaler encore. Il n'y avait pas moyen de se recoeffer ; rester tignonnée dans un premier banc et devant la Cour et la Ville, c'était quelque chose de bien honteux ; elle ne pouvait ravoir son tignon et ses fontanges qui servaient de jouets aux petits-maîtres du parterre, où je les avais jetés ; ainsi cette malheureuse était dans une cruelle situation. L'opéra finit pendant ce temps-là, et, après avoir bien rempli ma vengeance, comme j'avais envie de m'en aller, je dis à quelques personnes qui me priaient de la laisser sortir, qu'elle le pouvait et qu'assurément je ne la toucherais pas. Je leur tins parole, car je n'en ai jamais manqué à personne, mais je voulus avoir le plaisir de la voir passer en revue devant moi. Quelqu'un lui avait prêté une coeffe de taffetas dont elle se couvrit la tête et le visage. Je lui demandai, en passant, des nouvelles de

« Je consentais bien que les moines partageassent les charmes de mon épouse... qu'ils bussent mon vin. » (pag. 75.)

quelques bâtards qu'elle avait eus d'un valet de chambre de sa parente, et ainsi finit la comédie. M. du Noyer voulut un peu bouder quand je fus de retour au logis, mais comme il savait peut-être mieux que personne que je n'avais pas tout le tort, il s'apaisa bientôt et fut le premier à rire de l'aventure, qui en fit rire bien d'autres. »

Cette scène ne fait pas précisément honneur à la délicatesse de son instigatrice, même dans un temps où personne ne s'en effarouchait. Mme du Noyer elle-même la qualifie de folie. Son mari assure qu'on put l'empêcher de se livrer à de pareilles extrémités et que c'est lui-même qui, en la souffletant, fit voler sa propre coiffure.

Mme du Noyer avait repris ses projets de passer de nouveau la frontière et on les accorde mal avec ses accès de jalousie. Quand on tient tant à son mari, on ne le quitte pas pour courir ailleurs. Elle y fut encouragée par le comte de Dohna, venu en France pour rentrer dans des terres qu'il avait eues en Bresse et confisquées pendant la dernière guerre. Mme du Noyer avait fait sa connaissance chez Mlle D'Aleirac, et fut bien aise de lui rendre ce que sa famille avait fait pour elle à Genève, en engageant son mari à l'inviter et ensuite à le soigner d'une dangereuse maladie. Elle s'était entretenue avec lui de son intention de repartir, et il l'y avait poussée, lui promettant de lui faire avoir une pension par son crédit, et, en cas d'insuccès, lui offrant de partager sa bourse avec elle. Il lui proposa aussi de se charger de ses effets, ce qu'elle n'accepta pas. Elle ajoute : « Je n'aurais jamais cru que sa protection et son amitié dussent faire le plus grand de mes crimes et causer mes plus grands chagrins. »

Ici il faut dire que, dans l'opinion de certains, le véritable motif de ce second départ n'a pas été autant le désir de soustraire ses filles à la religion catholique, ni celui de préparer le mariage de l'aînée avec son cousin, que d'obéir aux secrètes instructions diplomatiques du comte de Dohna et de lui servir d'espionne.

Quoi qu'il en soit, elle ne parlait à son mari que d'un voyage à Nîmes, en avait obtenu une procuration pour toucher six mille francs, ainsi que l'autorisation d'emmener ses deux filles, et lui faisait prendre le change sur le surplus des ressources pécuniaires qu'elle mettait de côté dans ce but.

« J'avais cependant l'œil à mes affaires, dit-il. Deux religieux de l'église des Grands Cordeliers, où Mme du Noyer ne manquait pas une grand'messe, venaient quelquefois au logis. Les commencements ne m'inquiétèrent point. Il faut avouer que nous autres Parisiens nous sommes de bons humains. Nous aimons à avoir les coudées franches, la jalousie n'est pas notre vice dominant, nous lâchons librement la bride sur le col de nos femmes, et je puis avec justice avancer que Paris est le centre des bons maris. Je consentais bien que les moines partageassent les charmes de mon épouse, mais comme ces sortes de commerce, surtout avec de laides femmes, se trouvent toujours beaucoup plus dangereux pour la bourse que pour cet honneur que les hommes y ont attribué, je fis sentinelle à tout. Qu'ils bussent mon vin, mangeassent ma soupe, je traitais cela de bagatelle; mais Mme du Noyer ne s'en tenait pas là; je voyais tous les jours mon argent diminuer, ma table rognée, quelques diamants égarés, et insensiblement, si je n'y eusse mis ordre, je crois que la maison aurait bientôt été démeublée. Je lui en fis de très vives plaintes. Elle me répondait d'un air simple et modeste, que je n'ignorais pas que le principal chemin du Ciel, dans notre religion, était de faire du bien à l'Eglise; qu'elle avait eu quelque apparition du bienheureux saint François d'Assise; qu'elle s'était engagée à faire du bien à ses disciples; que depuis qu'elle avait mis en pratique ces sortes de bonnes œuvres, elle avait ressenti une grâce toute singulière et qu'enfin elle ne doutait nullement que le temps et les exhortations de ces vénérables pères ne détruisissent entièrement le peu de penchant qui lui restait pour le calvinisme, et me parut une des meilleures et des plus zélées catholiques romaines. Ses paroles étaient voilées d'une si grande modestie, elle me donna en apparence de si bonnes raisons, qu'il fallut m'en contenter et examiner de plus près sa conduite.

« Ce pernicieux et diabolique commerce ne parut que trop tôt. Mme du Noyer le ressentit vivement ; son teint rembruni devint livide et abattu. Elle était accablée de maux de tête, de reins, et quelquefois si fort que j'eus peur d'une paralysie ; mais l'épilepsie étant venue au secours, je conjecturai d'abord la vérité de ses maux ; j'envoyai chercher médecins, chirurgiens, elle ne voulut point avouer la dette. Mais M. Vellière, le plus habile homme pour ces sortes de maux, la tourna et retourna si bien, qu'elle avoua qu'elle se trouvait très mal, mais qu'elle ne savait d'où cela provenait, « car je suis « trop honnête femme, lui dit-elle, pour être capable « d'une infidélité à mon cher époux. — Cela pourrait « bien être lui-même, lui repartit M. Vellière, qui vous « aurait fait ce joli présent ; vous ne seriez pas la pre- « mière à qui cela serait arrivé ; M. du Noyer pourrait « fort bien en tenir sa part ; mais il n'y a point à vous « flatter, vous n'avez qu'à vous résoudre à faire le « grand voyage, car si vous n'y mettez pas ordre, vous « courrez grand risque d'aller rendre visite à votre oncle « Cotton. »

« Elle traita d'abord cela de vision, dit qu'elle se portait fort bien, jura par tous les saints et saintes du paradis qu'elle était la femme du monde la moins infidèle et enfin qu'elle était la plus malheureuse de toutes les créatures. Il fallait cependant voyager, tant en Suède qu'en Bavière. Je voulus bien ignorer la qualité du mal et les remèdes qui y étaient appliqués. J'évitais même à lui donner aucuns soupçons que je fusse convaincu de la vérité. Je lui donnai les mêmes soins que si c'eût été dans une autre maladie et, grâce au divin Mercure, qui tous les jours ressuscite tant d'honnêtes gens, et à mes bons soins, elle se trouva après cinquante-deux jours rétablie et se portant à merveille, du moins à ce que le chirurgien l'en assura et moi aussi. Elle voulut venir prendre place dans mon lit ; mais je lui représentai que la considération et l'amitié que j'avais pour elle, ne me permettaient pas d'altérer si tôt ma santé. Elle me reprocha un faux attachement pour Mme Boulanger. Je mis tout en œuvre pour la désabuser, mais il n'y eut aucun moyen, et elle me protesta de s'en venger et sur elle et sur moi. »

Toutes ces circonstances l'empêchaient de se rendre compte des intentions secrètes de sa femme et il avoue qu'il ne se serait jamais douté du mauvais tour qu'elle voulait lui jouer.

Enfin, après avoir été prendre congé de la supérieure des Carmélites du faubourg Saint-Jacques et s'être fait présenter à Mme de La Vallière, sœur Louise de la Miséricorde, elle alla à Versailles.

« Je fus, avec ma fille aînée, rendre mes derniers hommages à Sa Majesté, qui, avec sa bonté ordinaire, me fit l'honneur de me parler pendant son souper et de dire bien des choses avantageuses pour ma petite fille, qu'Elle trouva fort grandie depuis le carnaval. La Cour était encore un peu triste de l'absence de M. le duc d'Anjou, qui était parti pour prendre possession du royaume d'Espagne, et l'on attendait le retour des princes ses frères qui l'avaient été conduire sur les frontières. Comme ma fille était connue dans ce pays-là, où on l'avait vue danser avec le jeune monarque d'Espagne, dans les bals que l'on avait donnés à Madame la duchesse de Bourgogne, elle reçut mille caresses des personnes de la Cour. On lui demanda si elle ne voulait point aller à Madrid pour se faire rendre un menuet que le nouveau roi lui devait et on lui fit tant d'honnêtetés que je crois que si je lui eusse alors communiqué le dessein que j'avais de sortir de France elle s'y serait bien opposée. »

A peu de jours de là, Mme du Noyer partait pour Lyon, à la fin d'avril 1701, avec ses deux filles. L'aînée était âgée de onze ans, l'autre de neuf.

Sous prétexte de se rendre à Aix, en Savoie, pour prendre les eaux, Mme du Noyer demanda et obtint, à Lyon, un passe-port pour elle et ses filles. Alors elle leur fit part de ses véritables intentions et de son dessein d'aller à Genève, où elles pourraient pratiquer librement, toutes les trois, la religion protestante. La plus jeune répondit que rien ne les séparerait. L'aînée dit avec franchise que la religion romaine l'attirait davantage, et sa mère lui promit toute liberté à cet égard.

Après avoir consulté, dit-elle, tous les Pasteurs de cette ville pour s'assurer que son devoir lui permettait de soustraire ses enfants à l'obéissance paternelle et avoir reçu leur assentiment, elle craignit qu'il ne fût possible à M. du Noyer de réclamer ses filles si près de la frontière, et résolut de traverser la Suisse pour gagner un pays plus éloigné. Elles se rendirent donc à Morges par le bateau, de là à Lausanne et à Berne, ensuite à Bâle, où le ministre français l'engagea à choisir la Hollande, la Prusse ou l'Angleterre, comme étant des asiles plus sûrs. La Hollande l'attira de nouveau, elle retourna à La Haye où se trouvaient une grande quantité de réfugiés.

Pendant ce temps, M. du Noyer ayant appris que les voyageuses s'étaient dirigées sur Aix, cette nouvelle fut pour lui un coup de foudre, et il se rendit compte de la tromperie qui lui avait été faite. D'autre part, une vingtaine de marchands vinrent lui apporter des notes dues par Mme du Noyer, se montant à vingt-six mille francs environ, qu'il refusa de payer.

« Le crédit, ou plutôt le vol manifeste que Mme du Noyer venait de faire à son départ, me fit examiner de près ma maison. Je n'y trouvai à la vérité rien de dérangé dans le ménage. La vaisselle d'argent se trouva complète, il n'en fut pas de même de mon cabinet. J'allai visiter un petit bureau où j'avais, dans un tiroir, deux billets de mille écus chacun, payables au porteur, et les diamants de mariage de ma femme. Je ne sais comment elle s'y était prise ; la serrure ne me parut point forcée, mais je ne trouvai pas les billets, non plus que les pierres. Accablé de tant de malheurs d'un côté, la banqueroute de M. Boulanger, les deux mille écus de billets, voir tous les marchands crier après moi, la perte de mes chères filles, accablé, dis-je, de tant d'afflictions, je tombai dans une mélancolie si extraordinaire que je ne me connaissais plus et sans la patience et la grâce divine, auxquelles je me remis entièrement, je ne sais ce que je serais devenu. J'aurais encore pris quelque consolation, sans la connaissance parfaite que j'avais du caractère de Mme du Noyer qui, je prévoyais, allait précipiter mes chères filles dans l'abîme des malheurs où elles ont été.

« J'étais toujours dans l'attente de quelques-unes de leurs nouvelles, lorsque les affaires de M. Boulanger se trouvèrent de jour en jour plus mauvaises, ce qui par conséquent ne rendait pas meilleures les miennes. L'échéance des billets que j'avais souscrits arriva. On me fit appeler en justice. On obtint des sentences par corps contre moi. Je ne jugeai pas à propos de me laisser mettre la main sur le collet ; je me retirai sagement au Temple, lieu de refuge pour les personnes qui, par les malheurs d'autrui ou les leurs propres, tombent dans la décadence. Je louai un appartement et y établis avec mon fils un nouveau ménage. »

Au bout de quatre mois d'absence, Mme du Noyer écrivit à son mari les raisons de conscience qui l'avaient décidée à emmener ses filles. Il lui répondit par une lettre de reproches qu'elle donne dans ses *Mémoires*, en les mélangeant de protestations affectueuses qui ne sont pas contenues dans la reproduction de cette épître par lui-même. Il lui dit au contraire que si elle ne lui renvoie pas ses filles, il jettera au feu toutes celles qu'elle lui écrira dans la suite.

CHAPITRE IV

Mme du Noyer en Hollande. — En Angleterre. — Les *connétables*. — Mariage du capitaine Dunoyé. — Souper chez le comte de Dohna.

Mme du Noyer, en arrivant à La Haye, où se trouvaient déjà un grand nombre de réfugiés, commença par solliciter du Grand Pensionnaire (1) un secours annuel pour faire subsister ses « jeunes prosélytes », autrement dit, ses filles. Il lui accorda d'abord de les protéger contre M. du Noyer, quant à la pension, il ne lui cacha pas qu'elle n'avait pas beaucoup de chance d'en obtenir, l'Etat n'étant plus en humeur d'en donner, et, quelque temps après, on lui fit présent de cent cinquante florins pour passer en Angleterre, ce dont elle n'avait nul dessein. On lui conseilla, en tout cas, de partir pour Schiedam, résidence plus sûre pour ses enfants et où elle pourrait faire partie de la société fondée par Mlle de Dangeau (2) pour les réfugiées. Elle y séjourna six mois et y fit, à l'en croire, une foule de brillantes relations, entre autres la comtesse de Tilly, Mme Lillierooth, ambassadrice de Suède, Mlle de la Moussaye, nièce du grand Turenne, « que j'aurais eu peine à reconnaître pour la parente de plusieurs rois,

(1) Premier ministre, ainsi nommé en Hollande, qui, entre autres charges, surveillait l'administration des finances.

(2) Sœur du marquis de Dangeau.

si mes yeux, qui commençaient à ne se plus tant attacher à l'écorce, ne me l'avaient fait envisager du côté que je le devais. Cette demoiselle, qui était déjà très âgée, était en deuil de Mme de Bordage, sa sœur, et son deuil n'était rien moins que galant. Elle avait un corps de jupe qu'on me dit être fait depuis dix-sept ans, et le reste de l'ajustement n'était pas d'un goût plus nouveau; les meubles de sa chambre convenaient très bien à l'arrangement de sa personne, et il n'y avait rien là dedans qui sentît la mondanité. » Elle fit aussi la connaissance d'une Mme de Beringhen, « personne d'un mérite et d'une vertu extraordinaires », avec laquelle elle se lia plus qu'avec les autres. Mais Mme du Noyer ne dit pas si c'était une parente du Beringhen dont il avait été question pour elle.

« Cette société se compose ordinairement d'environ vingt demoiselles (1) dont il y en a très peu qui paient pension; les autres y sont gratis; elles ont une chambre à deux. Le matin elles se lèvent à sept heures, et dans un négligé très négligé descendent les unes après les autres dans la cour, armées de leurs pots de chambre et crachoirs, qu'elles vont vider et rincer. Comme j'étais tous les matins à l'affût de la laitière, j'assistais à cette procession. Cet exercice de propreté étant fait, on s'assemblait pour celui de piété, qui commençait par la lecture d'un chapitre de la sainte Ecriture et se terminait par la prière. Chacune se retirait ensuite dans sa chambre pour s'habiller et faire ses petites affaires jusqu'à onze heures et demie, que la cloche avertissait de descendre au réfectoire où on lisait encore un chapitre et chantait un psaume. On se mettait à table précisément à midi,

(1) On sait qu'à cette époque on donnait aussi ce qualificatif à des femmes mariées.

car la dévotion ne durait pas plus d'une demi-heure. Le dîner consistait un jour en un pot-au-feu avec du bouilli, le lendemain du rôti et une soupe au beurre, un autre jour du poisson. Après le dîner on était encore libre jusqu'à sept heures du soir qu'on sonnait le souper ; après quoi on pouvait aller promener lorsqu'il faisait beau jusqu'à neuf heures, où on recommençait l'exercice de piété du matin. »

Elle retourna à La Haye, ayant entendu dire que le roi d'Angleterre, Guillaume III d'Orange, allait y venir et désireuse de lui demander un secours. Elle s'adressa pour cela à Mylord Galloway (1) qui l'accompagnait, mais quoique le roi la louât de sa belle conduite, ses paroles ne furent pas suivies d'effet, et il repartit sans qu'elle en eût rien obtenu. L'Etat lui donna encore deux cents florins et lui fit espérer qu'il en serait de même tous les six mois. Son cousin Cabin, prétend-elle, faisait partie de la suite du roi ; il lui parut fort bien et elle reprit le projet de lui faire épouser sa fille aînée, qui semblait lui plaire, désirant la mettre le plus tôt possible en sûreté contre la séduction de la France et des promesses de son père. Le jeune homme écrivit à M. du Noyer pour le prier de donner quelque bien à sa fille ; celui-ci répondit que jamais il ne consentirait à ce mariage avec un protestant.

Mme du Noyer n'avait donc plus qu'à reprendre la route de Schiedam, et, se rendant chez Mme de Beringhen pour la remercier de ses bontés, elle ne trouva que son fils qui ne lui cacha pas qu'il la blâmait fort d'avoir enlevé ses enfants à leur père, seul maître d'en disposer. Ces reproches l'attristèrent grandement, mais elle se réconforta en apprenant que le Consistoire la jugeait

(1) Général en chef des troupes britanniques.

éprouvée dans sa foi et qu'elle avait besoin d'une double mesure de grâces, pour la soutenir dans ses tentations.

M. du Noyer n'était nullement de cet avis, et les *Mémoires* de sa femme, dont il avait entendu parler, ne lui inspiraient aucune confiance. Il ne lui écrivait plus et déclare que toutes les lettres qu'elle a insérées, comme venant de lui, sont fausses et supposées.

« De même que l'imagination creuse qu'elle a eue que mes filles eussent dansé avec Messieurs les Princes de France, je ne vois pas qu'on puisse extravaguer de la manière et avoir l'effronterie, au surplus, de dire qu'elle s'en alla, avant de partir, prendre congé du roi. Ne faut-il pas être possédé de quelque esprit follet pour écrire de semblables sottises? La figure de Mme du Noyer n'est-elle pas d'une belle dégaine pour briller à la Cour de France? Sa Majesté aurait été apparemment inconsolable si madame fût allée faire son tour à Nîmes sans venir lui offrir ses services. Je m'étonne qu'elle n'a pas aussi embelli ses beaux *Mémoires* de quelques lettres de consolation au roi sur la perte qu'il avait fait d'un aussi excellent esprit; je ne doute nullement que Sa Majesté n'y eût répondu par de fortes exhortations et impatiences d'avoir le plaisir de la revoir. On m'assure cependant que ces miraculeux *Mémoires* ont eu un grand cours. Je ne m'en étonne point, il y a mille désœuvrés qui se plaisent à des bagatelles, mais je crois cependant que tout homme de bon sens, saura parfaitement démêler le vrai d'avec le faux de Mme du Noyer. N'est-ce pas un beau relief pour une femme qui prétend faire claquer son fouet si haut, qui répète tant de fois : « Une femme comme moi », une femme de qualité qui a eu de si beaux rangs dans le monde, de se voir réduite au beau et illustre titre de Dame Pasquine publique? Ce n'est pas le titre que je veuille attribuer à celui qui a le privilège de composer *la Quintessence*, qui est, à ce que je crois, ce qui a interrompu ces magnifiques *Mémoires*. Tout éloigné que je suis des Souverains qui ne lui ont accordé ce privilège que pour faire part au public de ce qui se passe dans le monde, et comme l'on ne voit cette *Quintessence* remplie tous les jours que de pasquinades ou des sottises les plus plates, j'ai cru pouvoir donner avec justice le célèbre nom de Dame Pasquine à madame ma très chère épouse. »

L'entourage de Mme du Noyer continuait à trouver qu'elle avait tort de ne pas passer en Angleterre rejoindre la partie de sa famille qui habitait Londres. Jalousée par les réfugiées qui n'avaient vu en elle qu'une suppliante de plus venant diminuer leurs secours, il n'y avait pas de calomnie qu'on n'inventât sur son compte. Une lettre de son cousin, M. Petit des Etangs, qui l'engageait à venir et lui promettait une pension du roi, jointe aux instances du comte de Dohna, la décida à se remettre en route. Elle prit des places sur un vaisseau marchand qui allait de Rotterdam à Londres, et quoique la nouvelle de la mort du roi Guillaume l'ait fait hésiter à cause des nouvelles démarches à tenter auprès de son successeur, elle partit quand même. Son arrivée n'eut pas lieu sans divers désagréments. Il lui fallut d'abord laisser fouiller ses malles par la *Coutume*, qui était la douane de ce temps-là, et les commis ne se privèrent pas de la voler. Ensuite, comme il fallait aborder, une barque s'offrit à transporter ses bagages et la débarquer. « Cinq ou six satellites, en se saisissant de mes coffres, me firent de grandes menaces dans une langue que je n'entendais point et me contraignirent d'entrer dans un cabaret où mes coffres furent apportés. Mon coquin de conducteur, qui venait de me jouer le tour, parut alors avec un carrosse, et faisant fort l'empressé, me dit que les gens de la Coutume avaient le droit de saisir les hardes qu'on passait sans les déclarer ; qu'il était fâché d'avoir tant tardé, mais qu'il n'avait pu venir plus tôt. Cependant on envoya chercher les connétables (1). Ce nom-là me donna d'abord une grande idée de leur charge, mais leur personne ne la remplit pas beaucoup, car au lieu des Montmorency et des Lesdiguières, jadis connétables de France, les connétables en question sont des gens de métier qui font à Londres l'office de sergents. Ils ont, pour se faire respecter, un petit bâton de commandement avec lequel ils vous touchent comme autrefois Assuérus lorsqu'il tendait sa verge d'or, mais dans des vues bien différentes, puisque la verge de ce roi de Perse donnait la grâce, et que l'attouchement de celle des connétables de Londres fait perdre la liberté. On m'arrêta de cette manière dans ce cabaret où, après avoir fouillé et refouillé dans mes coffres et dans mes poches et jusque dans les cheveux de mes enfants, on s'avisa de vouloir regarder dans mon corps (2), où j'avais justement caché mes bijoux crainte des voleurs, les croyant là plus sûrement que dans mes coffres. Je les avais cousus dans un mouchoir sur mon estomac et je n'aurais jamais cru qu'on se fût avisé de les chercher là (3). Dès que ces loups béants eurent aperçu cette proie, ils la dévorèrent des yeux, et pour témoigner leur joie, ils firent apporter des bouteilles de vin qu'il me fallut ensuite payer, et, dans le temps qu'ils songeaient à me couper la bourse, ils buvaient civilement à ma santé. Cela me faisait enrager : j'avais encore le sang français, et je leur aurais jeté de bon cœur le verre qu'ils me présentaient à la tête.

(1) *Constables.*

(2) Corsage.

(3) En ce temps on n'avait pas, comme au nôtre, la décence de faire fouiller une femme par une autre femme. Mme du Noyer le fut donc sans vergogne par les employés de la coutume, *custom*

Ma fille aînée voulut se plaindre de ce qu'on se saisissait ainsi de ce qui était à nous, mais un de ces raisonneurs lui dit avec un ton qui aurait fait trembler de plus hardis, et en très méchant français, qu'elle était bien insolente de murmurer contre la justice, que tout ce que j'avais là serait confisqué à la reine, puisque j'avais voulu frauder les droits et que nous n'en serions peut-être pas quittes pour cela. La pauvre enfant se mit à pleurer et à crier : « Ha ! ma mère, où nous avez-vous menées ? » Je la rassurai autant qu'il me fut possible et je demandai qu'il me fût permis de faire venir mes parents. On ne voulut pas me laisser sortir, mais on consentit que ma fille aînée allât les chercher. Mon cousin des Etangs et son frère Cabin vinrent dans le moment me trouver et jugèrent à propos de laisser mes hardes dans les mains de ces gens-là, qui s'obligèrent de les présenter le lendemain à la Coutume. Ils m'emmenèrent chez eux avec ma petite Olympe, l'aînée y étant restée avec ma tante. »

Les satellites, qui n'étaient que d'infâmes voleurs, ayant usurpé la qualité de douaniers pour dévaliser ces trois femmes seules, auraient préféré qu'intimidée par leurs menaces, la mère entrât en composition avec eux, mais ses cousins ne furent pas de cet avis et le lendemain on lui rendit ses effets.

Ici se terminent les *Mémoires* de Mme du Noyer : nous en avons donné les parties les plus intéressantes. On peut toutefois y ajouter un passage des *Lettres*, dans lequel, cédant à l'instinct qu'ont tous les écrivains qui se servent de leurs souvenirs personnels pour les faire figurer dans leurs œuvres, elle raconte le mariage d'une jeune fille de sa connaissance avec un Dunoyé.

« Vous connaissez Dunoyé, capitaine dans le régiment de T. (1). Vous savez que, bien loin d'être riche, il s'en faut plus de dix mille francs qu'il n'ait un sou : il vient pourtant d'épouser une fille de condition, jeune et jolie, qui ne manque pas d'esprit, avec cinquante mille écus de bien et une pension du roi, d'environ cent pistoles. Voyez si ce n'est pas être heureux ! J'en suis ravie, car il est bon enfant, mais je ne l'aurais jamais cru assez habile pour faire un coup comme celui-là, car il ne doit cette bonne fortune qu'à lui seul. La petite personne était, pour cause de religion, dans la communauté des Filles Catholiques. Elle avait un amant (2) qui était un ami de Dunoyé et qui était au service. Dunoyé eut occasion de voir cette demoiselle par rapport à son bon ami. Elle était orpheline, et par conséquent maîtresse d'elle-même, et n'avait à ménager que quelques parents desquels elle attendait du bien et que Dunoyé eut l'adresse de mettre dans ses intérêts. Mais le cœur de la belle n'était pas si aisé à gagner, étant déjà prévenu en faveur d'un autre. » Après avoir démoli ce rival auprès d'elle en le noircissant à ses yeux, Dunoyé resta maître du champ de bataille. « Il fit présent à la demoiselle d'une bourse où il y avait deux cents demi-louis et d'un collier de trois cents pistoles ; il la mena, dès qu'il l'eut épousée, chez la dame sa mère, où l'on avait tout recrépi et où elle trouva une maison qui, quelque peu délabrée, aurait pourtant pu passer pour belle.

« Un repas assez propre lui donna encore une bonne idée de l'opulence de la dame du logis, mais elle ne resta pas longtemps dans cette agréable erreur. A peine les jours de noces étaient-ils passés, que la petite femme vit arriver un carrosse rempli de dames et de messieurs.

(1) Toulouse.
(2) Le mot signifiait aussi amoureux, fiancé.

Entrée de La Haye par le canal de Delft
par J. C. Scheurleer.

Cette troupe inconnue, qu'elle crut de la connaissance de sa belle-mère, entra sans façon dans une salle basse, et, après quelques petits compliments de civilité, passa dans le jardin. La nouvelle mariée les y suivit. On se promena quelque temps ensemble ; mais quelle fut sa surprise, lorsqu'elle vit arriver des bouteilles de vin, des pâtés et tous les apprêts d'un régal qui ne paraissait pas fait pour elle. Elle prit alors congé de la compagnie, qui parut fort aise de la voir partir et ne fit nul effort pour l'arrêter. Elle fut dans sa chambre rêver à cette aventure où elle ne comprenait rien, et dès que Dunoyé entra, elle lui en demanda l'explication. Il lui répondit, sans se déferrer, que sa mère avait bien voulu prêter ce jour son jardin à des personnes pour une partie qui, quoiqu'elle eût l'air d'une partie de plaisir, n'avait pourtant pour but qu'une réconciliation entre parents et était par conséquent une bonne œuvre. Cette réponse parut juste et la jeune femme s'en accommoda.

« Mais le lendemain, on vint détendre la tapisserie de sa chambre. C'était une verdure très propre dont on lui avait beaucoup exagéré le prix et qu'elle trouvait fort à son gré. Ce nouvel accident lui fit peine, mais on l'apaisa en lui disant que, comme on approchait de la Fête-Dieu, on était obligé de fournir des tapisseries pour la procession et qu'on avait accoutumé de faire servir tous les ans celle-là à ce saint usage. Il n'y avait pas le petit mot à répliquer, aussi n'y répliqua-t-on point : une vieille bergame fut substituée à la place de la verdure. La petite femme aurait mieux aimé qu'on n'en eût point mis, afin qu'on eût eu plus d'empressement de la lui rendre ; mais on lui fit comprendre qu'il faudrait qu'elle servît encore huit jours après la petite Fête-Dieu, et que la chambre serait trop longtemps dégarnie : ainsi elle laissa tendre la bergame.

« Quelques jours après, Mme Le Normand, tante de Dunoyé, étant venue voir la jeune femme qui était incommodée, et ayant trouvé le collier sur sa toilette, le mit à son cou et dit à une personne du logis : « Ma nièce a présentement reçu des visites, ainsi je crois qu'elle n'a plus besoin de ce collier. » La nouvelle mariée n'avait point entendu ce discours : ainsi elle fut fort alarmée lorsqu'elle ne retrouva plus son collier. Elle crut qu'on le lui avait volé, et elle aurait fait un bruit terrible si on ne lui avait dit que Mme Le Normand l'avait pris. Dunoyé ajouta d'abord que c'était pour le faire voir à un jouaillier et en acheter un de même. Cela passa de même. Mais enfin, Dunoyé ayant été faire un petit voyage, sa femme fut obligée, pendant son absence, de donner de l'argent à quelqu'un. Il fallut pour cela ouvrir un cabinet des Indes où elle avait enfermé sa bourse de deux cents demi-louis et deux cents florins, dont le roi lui avait fait présent quelques jours auparavant pour une année de sa pension. Elle avait serré tout cela précieusement, et c'était à regret qu'elle se décidait à toucher à ce magot ; mais ce fut bien pis lorsqu'elle ne trouva que la bourse et les sacs. Tout était vide, les oiseaux étaient dénichés, il ne restait plus que les nids. Cette dernière aventure lui fit ouvrir les yeux. Le collier ni la tapisserie ne revenaient point, et les prétendus parents brouillés faisaient tous les jours de nouvelles parties dans le jardin : ainsi elle demanda aux domestiques tout ce que cela signifiait et apprit enfin que sa belle-mère n'avait que la moitié de la maison et du jardin et que le reste appartenait en propriété à ceux qui venaient souvent y faire des parties ; que la tapisserie avait été empruntée pour la noce, de même que le collier et les demi-louis, et que son époux avait joué le reste de l'argent à l'hôtel d'Aumont. Ce dernier fait fut attesté par un valet qui avait été témoin de la perte ; ainsi la pauvre femme se trouva obligée de décompter.

« Elle a su ensuite que les quarante mille écus de Provence n'étaient établis que sur les brouillards de Seine, et que Dunoyé avait fait à sa mère un contre-billet de l'argent qu'elle s'était obligée de lui donner dans son contrat de mariage. Le rôtisseur qui avait fait le repas des noces vint aussi fort humblement présenter son mémoire, le tailleur, le chapelier, la blanchisseuse, et jusques aux mémoires pareils à celui de Margot de la Plante, dont il est parlé dans la comédie du *Joueur*. Tout tomba sur le corps de la pauvre petite personne, qui a été obligée de payer pour plus de dix mille francs de dettes que son mari avait contractées longtemps avant de la connaître, et même ses fredaines.

« Heureuse encore si elle n'en souffre que du côté de la bourse, car, comme on dit : « Plaie d'argent n'est pas mortelle », et la chronique scandaleuse veut qu'elle s'en soit ressentie autrement. Quoi qu'il en soit, elle a pris son mal en patience et ne s'est plainte à personne d'un mariage dont elle n'avait lieu de se prendre qu'à elle-même et dont elle ne devait accuser que sa trop grande crédulité. Elle a dit à ceux à qui elle a pu parler librement qu'elle n'aurait jamais pu être la dupe d'un autre que d'un Parisien contre lequel elle n'était nullement sur ses gardes, ne croyant pas que, si loin des bords de la Garonne, on pût trouver des Gascons. Voyez pourtant qu'on en trouve partout, et qu'il faut se méfier de tout le monde. Elle a mené son époux dans ses biens en province, et on dit que, malgré la tromperie qu'il lui a faite, elle ne laisse pas de bien vivre avec lui et de lui procurer mille agréments dans ce pays par les protecteurs qu'elle a à la Cour. Ainsi je trouve que Du-

Une partie galante au XVIIIe siècle.

noyé est encore plus heureux par rapport à la personne que par le bien, quoique, comme je vous l'ai dit, elle lui ait donné plus de cent cinquante mille écus. Il lui a promis une grande fidélité et de renoncer pour elle à sa passion du jeu, mais je doute qu'il lui tienne parole, car, comme vous savez : Qui a bu boira, et ainsi du reste. »

Cette histoire est probablement embellie, mais qui peut en répondre ?... Elle est en tout cas fort vraisemblable, malgré la réserve de Mme du Noyer en ce qui concerne son mari.

Mais les *Mémoires* de M. du Noyer reproduisent deux lettres qu'un M. Paris de Bellesbat lui écrivit de Londres. Dans l'une, il parle de ce qui s'est passé avec les prétendus commis de la douane et dit qu'on reproche à Mme du Noyer de s'être fait donner une pension de vingt guinées, alors qu'on la croit en possession de plus de vingt mille écus. Il ajoute que sa tante Petit s'est brouillée avec elle à cause de cette pension et lui a renvoyé sa fille aînée dont elle avait voulu se charger. Dans la seconde, il annonce qu'on ne lui continuera pas de secours parce qu'elle a surpris la bonne foi de l'évêque de Londres ; il dit qu'elle est le sujet de toutes les conversations, que toutes les dames s'empressent de la fuir et plaignent ses filles, mais il se refuse à enlever ces dernières pour les lui renvoyer, ainsi qu'il le lui demandait.

Ces *Mémoires* renferment un récit beaucoup plus restreint de la fille aînée, Mme Constantin.

Elle raconte à son père leur voyage à La Haye, à Schiedam, à Londres, lui parle de M. de Bellesbat, qui lui avait remis à l'insu de sa mère une lettre de M. du Noyer. Mme du Noyer l'ayant fait avouer à sa fille, avait accablé le messager de reproches, si bien qu'il ne revint pas. Elle lui explique comment son mariage avec son cousin Cabin n'ayant pas abouti, sa mère s'était adressée au comte de Dohna pour lui trouver un autre établissement. Il lui proposa M. Constantin, lieutenant de cavalerie en garnison à Nimègue, fort riche et d'un âge avancé. Il ne semble pas que sa femme l'eût accepté avec grand plaisir, et, pendant qu'il était en campagne, il revint aux oreilles de ce guerrier qu'elle se divertissait plus qu'elle ne l'aurait dû, en compagnie de sa mère et de sa sœur.

Le comte de Dohna, qui, entre temps, avait acheté un diamant à Mme du Noyer pour la somme de mille écus, invita un jour à souper la mère et les filles. Voici ce qu'en dit Mme Constantin :

« Le comte avait eu ses intentions en me donnant un époux ; ayant cru faire l'acquisition d'une maîtresse, il me pressait vivement et nous invita à souper. Il s'imagina sans doute que lorsque j'aurais quelques verres de vin dans la tête, ma mère et ma sœur également, il trouverait mieux son compte. Il se trouva apparemment, pour cet effet, seul avec nous trois ; ordinairement il avait toujours quelques-uns de ses amis. Je ne sais si on avait mis quelque drogue dans le vin, mais nous n'étions point encore au dessert que ma mère tomba en faiblesse sous la table, ma sœur un moment après ; je les suivis dans le même instant. Nous étions toutes les trois dans un état pitoyable. De vous dire ce qui se passa dans ces vineux moments, je ne le puis, et tout ce que je saurais vous en rapporter, est que, me sentant tourmenter, je me réveillai avec une surprise extrême de voir un page qui se mettait en devoir d'exécuter ce que j'aurais horreur de vous nommer. Ma mère et ma sœur se réveillèrent aussi. Nous demandâmes à parler au comte, ses domestiques ne voulurent point le réveiller, et nous fûmes contraintes de nous en aller assez matin, chez nous, à pied. »

Elle convient d'ailleurs qu'un honnête homme devait avoir l'opinion qu'a eue son mari sur sa conduite et celle de sa mère, et accuse celle-ci d'être cause qu'à la religion près, elle n'a pu vivre heureuse à ses côtés. Elle ajoute que si la mort de M. Constantin survenait, elle serait heureuse de reprendre sa liberté pour faire les volontés de son cher père. Mme Constantin raconte aussi qu'elle a su résister à des propositions déshonnêtes que lui fit un grand personnage dont elle ne dit pas le nom. Elle raconte également que Mme du Noyer étant revenue à La Haye en même temps que Cavalier, chef des Camisards, arrivait d'Espagne, tout le monde courait pour le voir ; elle fit mieux, elle alla le trouver et l'amena dîner chez elle. La jeune Pimpette, alors âgée de quatorze ans, s'en éprit (elle était d'ailleurs pleine de dispositions galantes pour son âge) ; ledit Cavalier fréquenta la maison pendant deux ans, puis se retira, menacé, croyait-il, par les attentions particulières de sa future belle-mère.

Pourtant il semble qu'à ce moment, toujours d'après sa fille, elle était occupée d'un officier sans emploi qu'elle avait connu à Nîmes et qu'elle comblait de cadeaux. Du reste, on peut s'étonner que Mme du Noyer sollicitât des pensions quand elle avouait avoir acheté trois maisons, posséder des diamants pour quinze mille livres, deux mille écus de billets, des effets sur la Banque d'Angleterre, en tout environ quarante mille livres. Mais on a déjà vu qu'elle était toujours très préoccupée par la question d'argent.

M. du Noyer donne aussi, à la fin de ses *Mémoires*, deux lettres d'un ami qu'il s'excuse de ne pas nommer et qui pourrait bien n'être que lui-même, lui apprenant le mariage de la dite Pimpette avec un prétendu comte de Winterfelt, inventé par Cavalier pour se venger de la fille et de la mère. L'éditeur de 1790 a jugé sans doute qu'elles suffisaient à faire comprendre la signification du *Mariage précipité*, comédie jouée à Utrecht en 1713, malgré les efforts de Mme du Noyer pour échapper au ridicule dont cette pièce la couvrait, ainsi que sa fille cadette. Elle figure au dernier volume, et n'est ni spirituelle ni même amusante dans sa grosse farce.

CHAPITRE V

L'abbé de la Bourlie. — Le laquais-femelle de M. du Noyer. — La fureur d'une « petite personne ». — La Courtisane amoureuse. — Colère de Mme du Noyer.

D'AUTRES détails se rapportant au ménage du Noyer sont contenus dans la *Suite des Lettres Nouvelles,* dont le style n'a rien de la souplesse et de l'agrément qui jusqu'alors font le charme de la correspondance de Mme du Noyer. Le ton en est agressif, s'aigrit dans les personnalités et finit en dispute. En plus, il est étonnant de voir Mme du Noyer revenir hardiment sur les aventures galantes de son mari et montrer, en ce qui concerne ses propres affaires, un caractère violent que la jalousie aurait pu faire excuser.

Après une interruption plus ou moins longue, les relations épistolaires reprennent entre les deux prétendues amies. La dame qui est supposée écrire de Paris se plaint du silence de sa correspondante de l'Etranger, c'est-à-dire de Mme du Noyer.

« Ce n'était point, Madame, ce que vous m'aviez fait espérer. Notre petit commerce, me disiez-vous, en sera plus agréable surtout dans un pays qui ne vous était pas inconnu et par le séjour que vous deviez faire dans des cours aussi brillantes que galantes. Eh quoi! Madame, pas une seule fois de vos nouvelles : il faut que le hasard m'enseigne où vous êtes. Ce n'est point que malgré votre négligence je ne m'en sois plusieurs fois informée. Ce fut même la première demande que je fis à M. du Noyer que j'allai voir dans sa retraite au Temple, mais il me parut si affligé des chagrins que la vôtre lui avait causés, aussi bien que de la récente perte de votre cher fils, que je n'osai, dans ce premier temps, lui faire connaître l'empressement que j'avais de vous donner de mes nouvelles et de recevoir les vôtres. Je ne savais plus à qui m'adresser, lorsqu'en revenant il y a quelques jours, du Palais, je vis approcher de mon carrosse un grand homme d'une figure assez extraordinaire qui me demanda si je voulais acheter des livres de Hollande, « de ces livres, me dit-il, madame, qui sont défendus ». Vous connaissez la curiosité des Français et surtout celle de notre sexe là-dessus : je lui dis de me suivre et sitôt que je fus arrivée chez moi, je lui fis retourner un grand sac qu'il portait sous son bras. Le premier de ces livres qui me tomba sous la main, ce fut le premier volume de vos *Lettres Galantes*. « Il y en a deux, me dit cet homme ; ils sont de cette savante et illustre Mme du Noyer. En voici encore trois de ses *Mémoires*, il n'y a rien au monde de mieux écrit. » Vous me rendrez assez de justice, Madame, pour croire que je n'avais pas besoin de l'approbation de ce marchand, pour en rendre une parfaite aux beaux talents dont la nature a pris tant de soin de vous pourvoir. J'examinai tous ces livres, je n'y trouvai non seulement rien de meilleur, mais même qui approchât de la délicatesse et du style de vos ouvrages. Et, sitôt que mon marchand fut parti, je commençai à parcourir vos *Lettres Galantes*; je ne fus pas, je vous l'assure, peu surprise de m'y reconnaître pour votre fidèle correspondante : je tremblai, à chaque feuille, d'y trouver mon nom. Je n'étais pas moins surprise que vous ayiez rendu public un badinage que nous n'avions établi que pour notre plaisir : je ne puis même m'empêcher de vous représenter que vous avez un très grand tort de n'avoir pas masqué les personnages dont elles sont remplies. Je ne puis même comprendre l'intention que vous avez eue de faire imprimer toutes ces bagatelles. Pour moi, je vous l'avoue, je ne serais jamais si hardie. J'aurais toujours, quoique femme, présent à mes yeux ce fameux Boileau, dont en pareil cas les épaules furent cruellement affligées. Dans quelque pays, dans quelque Etat du monde où je me trouverais, je ne serais jamais sans appréhension. Je veux croire, Madame, que celui que vous habitez jouit d'une grande liberté, qu'on y est à couvert de la vengeance de ses ennemis. Il me semble même que vous n'avez pas eu sujet de vous louer des personnes de votre nation et religion. Je m'étonne fort qu'une personne de votre mérite n'ait pas fait plus d'impression sur leur esprit ; ils auront sans doute été jaloux de vos belles qualités ; peut-être n'auront-ils pas été contents de vous avoir vu postuler des pensions, lorsqu'ils auront appris l'abondance dans laquelle M. du Noyer a pris soin de publier que vous étiez partie. Au surplus, Madame, ce n'est pas à moi d'examiner les motifs que vous avez eu, aussi bien que ceux qui vous ont engagée, de mettre au jour tous ces ouvrages. Mon intention n'est pas de les critiquer. Celle que j'ai, est de vous marquer le sensible plaisir que je ressens de vous avoir recouvrée, et, si la vérité de vos disgrâces se trouve telle que vous la dépeignez dans vos mémoires et que ceux de M. du Noyer ne se trouvent pas justes, vous m'obligerez infiniment de vous servir de moi comme de vous-même. »

Puis, sur cette mercuriale, reprenant leurs anciennes habitudes, elle lui fait le récit de diverses aventures.

Réponse.

« Votre lettre, Madame, m'a fait un sensible plaisir ; elle m'a tirée de l'erreur où j'étais, que vous m'aviez, comme toute la terre, entièrement oubliée. Je me sentais encline à vous pardonner votre silence, d'autant plus que j'étais parfaitement informée des mesures que M. du Noyer a pris dans les commencements de ma retraite pour faire surprendre mes lettres. Vous savez, Madame, que c'est la coutume en temps de guerre, à Paris, d'ouvrir toutes celles qui viennent du pays étranger. Ainsi, ne vous étonnez plus, Madame, de ma prétendue négligence, rendez-moi un peu de justice. Votre lettre, à la vérité, m'a très agréablement surprise, mais je ne puis m'empêcher de vous reprocher certaines idées qu'il me semble que les plaintes de M. du Noyer vous avaient pu inspirer. Je crains que vous n'y ayez ajouté plus de foi qu'en bonne amie vous n'auriez dû. Je rends grâces cependant au hasard de m'avoir procuré votre lettre ; je vous suis très obligée de vos applaudissements à mes petits ouvrages ; vous devez vous en attribuer une partie. Le petit défaut que vous y trouvez, Madame, est, pour me servir du proverbe de notre pays, la rocambole de toutes ces bagatelles ; si on n'y trouve pas quelque chose qui intéresse, on y est insensible, et lorsqu'on y rencontre quelqu'un de connaissance, l'espérance d'en trouver quelque autre vous occupe agréablement jusqu'à la fin. Si, par exemple, votre grand homme au sac ne vous eût point annoncé mon nom, et que vous en eussiez trouvé de barbares au lieu de ceux qui sont dans mes petits ouvrages, n'est-il pas vrai, Madame, que vous ne les auriez point achetés ? Je vous remercie des offres obligeantes que vous me faites ; je n'ai, grâces à Dieu, besoin de personne.

Permettez-moi de ne point entrer dans le détail des plaintes de M. du Noyer. »

Elle lui raconte ensuite l'histoire, qui n'a rien de galant d'ailleurs, de l'abbé de la Bourlie, passé au service de l'Angleterre sous le nom de marquis de Guiscard et qui fut accusé de trahison.

« Le marquis se trouva si outré des reproches injurieux qu'on lui faisait, ou soit qu'il se sentît coupable, qu'il tira son canif, se jeta à corps perdu sur le ministre et le perça de deux coups dont il courut quelque danger. Les personnes qui se trouvaient dans la chambre, voyant la fureur du marquis, le sang couler à ce ministre, mirent l'épée à la main, percèrent le marquis de plusieurs coups dont deux lui passèrent à travers du corps. Sa fureur redoubla lorsqu'il se sentit frappé ; on eut une peine extraordinaire à se saisir de sa personne ; l'assemblée se sépara ; le marquis fut conduit à la Tour ; ses blessures furent trouvées mortelles. Il ne vécut que deux jours : il fut mis dans une cuve d'eau marinée, dans laquelle il fut exposé au public comme quelque monstre marin. Tout le monde s'était attendu à ce qu'on ferait le procès à son cadavre ; mais soit que le marquis ne s'est point trouvé coupable de quelque grand crime, ou que les lois d'Angleterre ne permettent point de juger les morts, on ordonna de le faire enterrer...

« Je suis surprise que vous ne me parliez pas de ma fille Constantin ; ma chère Pimpette, qui entre à ce moment, m'en fait souvenir. Quoiqu'elle n'ait qu'une idée confuse d'avoir eu l'honneur de vous voir, elle me prie de vous faire ses compliments. »

Dans sa lettre suivante, la correspondante de Paris revient sur le sujet de M. du Noyer. « Je ne puis me dispenser de vous faire part d'une petite scène qui se passa dans les premières années que je suis arrivée ici, quoique ce soit aux dépens de M. du Noyer. Je ne vous crois plus assez bien ensemble pour ne pas en rire comme les autres. Vous verrez même que, malgré votre absence, il passa agréablement son temps. C'était dans celui de son refuge au Temple. C'est un endroit, comme vous le savez, Madame, très borné pour les plaisirs, puisque, outre un certain nombre d'honnêtes banqueroutiers, il s'y trouve peu d'honnêtes gens. M. du Noyer avait chez lui formé une petite assemblée des plus huppés. On y jouait à l'hombre tous les après-midi, on y soupait presque tous les soirs et surtout lorsqu'il s'y rencontrait quelques amis du dehors. Nous nous y trouvâmes un soir, l'avocat général du grand Conseil, sa chère compagne Mme Lador, Mlle Colinet, deux de ces honnêtes banqueroutiers, M. du Noyer et moi. Je ne crois pas que Mlle Colinet vous soit connue : c'était dans ce temps-là une jeune blonde de vingt à vingt-deux ans, d'une taille médiocre ; elle n'a nulle beauté régulière, elle joue à l'hombre, fouette le champagne et le bourgogne, chante le petit vaudeville ; elle est, je vous assure, fort divertissante à table ; je veux croire qu'elle l'est ailleurs, j'en laisse la décision à M. du Noyer. Nous jouâmes l'après-midi à l'hombre, nous allâmes sur le soir nous promener dans le jardin de l'abbé de Chaulieu, nous revînmes souper. Nous nous étions parfaitement bien réjouis la journée, lorsque notre joie fut troublée par deux accidents assez risibles.

« Le laquais de M. du Noyer, en nous versant à boire, tomba en faiblesse à nos pieds. Nous crûmes que ce garçon était attaqué du haut mal, l'épouvante nous prit à tous, un chacun courut de son côté. M. du Noyer et Mlle Colinet, comme les plus intéressés, restèrent charitablement pour le secourir, ils le portèrent sur un lit ; cette charitable demoiselle crut qu'en lui déboutonnant ses habits il respirerait et reviendrait de sa faiblesse. Mais quelle surprise ce fut pour elle de voir bondir deux gros tétons ! Elle tomba de son côté à la renverse. M. du Noyer, occupé du sien à secourir son laquais, ne s'apperçut de la déboutonnade que lorsqu'il vit à la renverse Mlle Colinet. Je ne crois pas que jamais homme se soit trouvé dans un tel embarras ; il ne savait à laquelle des deux il devait courir, il nous appela au secours, nous y vînmes tous, nous portâmes la laquaise sur son lit : elle ne revint pas plutôt de sa faiblesse qu'elle jeta les hauts cris. M. du Noyer nous avoua le malheureux penchant qu'il a pour le sexe, qu'il y avait près d'un an qu'il gardait cette malheureuse sous ce déguisement, nous dit qu'elle était grosse et prête d'accoucher. Il envoya aussitôt chercher une sage-femme, qui, après l'avoir visitée, nous assura que les affaires étaient en bon train. Pendant ce temps-là, Mme Lador et l'avocat général étaient restés auprès de Mlle Colinet, qui était également revenue de son évanouissement, si faible cependant qu'elle n'avait pas la force de faire éclater son ressentiment. Elle nous demanda ce qu'était devenue cette fille déguisée ; nous voulûmes lui persuader qu'elle s'était trompée ; elle tourna la tête de côté et d'autre. M. du Noyer prétendit également la désabuser ; mais la petite personne lui sauta au visage et, avec ses belles petites mains, le déchira en plusieurs endroits. Elle y était même si acharnée, que ce ne fut pas sans peine que nous la retirâmes. Nous fîmes signe à M. du Noyer de lui laisser passer les premiers mouvements et de se retirer. La petite personne voulait à toute force s'en aller ; nous employâmes notre rhétorique à la retenir et la consoler. M. du Noyer revint à ses genoux, voulut lui demander pardon. La petite personne se baissa tout doucement, tira une de ses mules, signal pour M. du Noyer qui le fit retirer encore une fois, et la petite personne ne voyant plus son infidèle sur qui décharger sa colère, elle se rua sur cette belle glace qui était sur une de vos cheminées et se retourna si promptement sur votre grand miroir qu'elle brisa l'un et l'autre en mille pièces. Le bruit de ce petit carillon rappela aussitôt M. du Noyer, qui se mit à son tour si fort en colère contre la petite personne, que nous ne pûmes empêcher qu'elle ne reçût quelques soufflets et coups de pied au cul, la traita cent fois de gueuse, de putain, lui demanda si elle prenait sa maison pour un mauvais lieu. La petite personne, de son côté, écumait de rage, elle faisait tous ses efforts pour lui arracher les yeux ; tout ce qu'elle trouvait sous ses mains, elle le brisait et le lui jetait à la tête. C'était ce qui se peut appeler un carillon de tous les diables. Je ne crois pas qu'aucune maison se soit trouvée en pareil désordre. La petite personne modéra enfin ses transports, nous pria instamment de la laisser sortir, se contenta de nous prendre tous à témoins de ce qui s'était passé et de dire à M. du Noyer qu'elle lui apprendrait à traiter de cette manière une fille de qualité.

« Aussitôt qu'elle fut sortie, nous exhortâmes M. du Noyer à lui écrire le lendemain et lui faire quelques honnêtetés. Il n'en voulut rien faire. Elle lui tint parole, elle alla porter ses plaintes chez le maréchal d'Estrées. Ce maréchal ordonna sur-le-champ à un exempt d'aller prendre les informations, et quoique nous n'ayons pas voulu les uns ni les autres accuser la vérité, sur la simple déposition de la petite personne, M. du Noyer fut condamné à lui demander pardon à genoux en présence de la même compagnie et de lui signer un écrit par lequel il la reconnaissait pour une demoiselle d'honneur.

« Cette sentence ne fut cependant point exécutée :

l'amour de M. du Noyer se réveilla. Un sincère repentir lui fit écrire la lettre du monde la plus respectueuse et soumise qui fit tant d'impression sur le cœur de cette belle, qu'ils se raccommodèrent, à condition, néanmoins, de chasser la laquaise de la maison et à celle aussi d'avoir soin de la mère et de l'enfant. Cette pauvre créature est morte depuis un an, et son enfant, qui est un petit garçon, est actuellement chez M. du Noyer, qui lui tient lieu du vôtre ; Mlle Colinet occupe dans son cœur la place que vous y possédiez autrefois.

« Je crois que si le Seigneur disposait de votre âme, il unirait par les sacrés liens du mariage leur amour qui me paraît si bien cimenté. Il a consulté même plusieurs avocats pour faire dissoudre votre mariage. Il ne s'en est pas trouvé un de cet avis.

« Je ne sais si vous êtes informée que son frère, le trésorier général de l'armée de Flandres, s'est retiré de tous ses emplois et vient d'épouser la concubine qu'il entretenait depuis quinze ans. Je crains que ce mariage ne fasse tort à votre postérité et surtout à votre aimable fille, Mme Constantin. Je ne l'ai pas vue il y a très longtemps, je ne manquerai pas de l'aller voir et de vous donner, par ma première, des nouvelles. »

Réponse.

« Vous avez raison, Madame, de croire que je ne suis plus si bien avec M. du Noyer, pour ne pas rire avec vous de l'aventure que vous m'écrivez. Elle est toute des plus facétieuses ; ma chère Pimpette, malgré le respect qu'elle conserve pour son père, en fait de si grands éclats de rire, que j'ai cru qu'elle tomberait malade.

« Il y a longtemps que j'étais informée de ses amours avec Mlle Colinet, aussi bien que des démarches qu'il a faites pour notre divorce. Je n'ai jamais connu cette demoiselle.

« Sur le portrait que vous m'en faites, il faut qu'elle soit terriblement amoureuse, pour s'être si facilement raccommodée, après avoir été si rudement maltraitée; la vertu de M. du Noyer à entretenir deux personnes à la fois, n'y a, à ce que je crois, pas peu contribué. Pour moi, je ne l'ai jamais éprouvée, tant que j'ai vécu avec lui; il m'a souvent même obligée, quoique contre mon inclination, d'observer des jeûnes qui ne sont point assurément dans le calendrier de l'Eglise romaine.

« Je plains le sort de cette malheureuse que son déguisement lui avait attachée. Vous m'obligerez sensiblement, Madame, de l'exhorter de ma part à prendre soin de ce petit innocent, tendre fruit de leurs amours.

« Je ne suis point fâchée, n'étant plus à portée ni en âge, qu'il tienne lieu de celui que la mort nous a enlevé.

« Le déguisement de cette pauvre créature me fait souvenir d'une certaine mascarade (1) que je fis il y a quelque temps avant mon départ, que bien des personnes m'ont reproché avoir oubliée dans mes *Mémoires*.

« Je sortis seule un matin à pied, sans vouloir être suivie d'aucun domestique; j'allai à la friperie où je fis emplette d'un habit de livrée que je crus convenir à ma taille; j'envoyai mes filles chez la belle Mme Langlois, je donnai des commissions à tous mes domestiques; et lorsque je me vis seule, je me revêtis de cet habillement, qui, je vous l'avouerai très naturellement, avec ma petite taille grosse et courte, mon teint basané, me donnait une assez ridicule figure. Je n'ignore pas

(1) L'aventure de Mme du Noyer travestie en laquais et bâtonnée dans une écurie.

que dans le monde on me donne le nom de Mme Thomasso ; mais si l'on m'avait vue dans cet équipage, je vous assure que le titre de chevalier de cette maison est le seul qu'on aurait pu m'attribuer. »

Elle convient sans difficulté des coups de bâton qu'elle a reçus dans l'écurie de Mme Boulanger et ajoute qu'elle ne se reconnut que dans son lit.

« Je vous avouerai franchement, continue Mme du Noyer, que si j'ai déguisé au public les sommes que j'ai emportées, je n'ai pas cru que ce fût un cas de conscience de ne les point accuser. J'ai laissé assez de bien en France pour les payer. Si j'ai postulé des pensions dans les cours étrangères, je prévoyais bien que la décadence de la belle Boulangère causerait celle de M. du Noyer, et qu'en manifestant ce que j'avais emporté, on ne manquerait point de me l'attribuer. J'aurais cru, en femme prudente, conserver une poire pour la soif.

« De vous faire un détail, Madame, de tous les marchands chez qui j'ai emprunté, cela serait inutile, puisque M. du Noyer peut vous en montrer les mémoires ; je m'étais attendue qu'il les aurait acquittés et ne doute qu'il ne le fasse lorsque ses affaires seront rétablies.

« D'ailleurs, quand il ne serait point dans l'intention de le faire, je me flatte, toute ruinée que je suis, dans la réputation fameuse où sont mes ouvrages, d'épargner de quoi les contenter.

« Vous ne savez peut-être pas que je suis seule qui aie le privilège de nos seigneurs des Etats de composer, faire imprimer et débiter la *Quintessence des nouvelles*. C'est une petite feuille volante qui, deux fois la semaine, se donne au public, remplie de tout ce qu'il y a de plus curieux et secret dans l'Empire. Elle me donne aussi un revenu à proportion de son mérite et assez suffisant pour nous soutenir avec honneur, ma chère Pimpette et moi.

« Vous devez avoir remarqué, à la tête de chaque volume de mes ouvrages, des épîtres dédicatoires qui, sans vanité, outre qu'elles me font honneur, m'ont procuré des présents assez considérables pour me dédommager des friponneries des escrocs qui m'ont redressée tant de fois.

« Me croiriez-vous assez bonne pour passer les jours et les nuits, si je n'étais aux gages, et très bons, d'un libraire qui a un soin très exact de me payer les bagatelles que je prends la peine d'écrire et lui de débiter au public ?...

« Sitôt que j'eus pris mes petites mesures, je représentai à M. du Noyer qu'après mon aventure, je me faisais une peine de rester à Paris, que je le priais de me permettre d'aller avec mes filles passer cinq ou six mois à ma terre.

« L'empressement qu'il eut de ne plus voir aucun obstacle à ses amours, non plus qu'à sa frénétique passion du jeu, fit qu'il m'accorda tout ce que je lui demandai. »

Lettre de Paris.

« Vous commencez, Madame, à vous rendre justice ; il y a du plaisir de vous voir devenir traitable. Ce n'est point assez de vouloir prétendre turlupiner tout l'univers. Il faut quelquefois, pour faire goûter la turlupinerie ou turlupinade (je ne sais lequel des deux), commencer par soi-même, et principalement si vous prétendez passer pour celui des esprits le plus turlupin. Vous m'attribuerez à votre tour la qualité de turlupine. Suspendez votre turlupinade, vous y joindrez celle de moraliste.

« Je vous dirai très sincèrement que, quelque tendresse et attachement que j'eusse eu pour feu mon époux, la jalousie ne m'aurait jamais entraînée dans une écurie pour m'y faire rouer de coups de bâton ; elle ne m'aurait pas non plus engagée d'emporter le bien de tant d'honnêtes marchands, dans l'espérance qu'il les eût payés. Vous auriez beaucoup de peine à me persuader que vous n'êtes pas convaincue que vous avez donné une furieuse entorse à votre conscience.

« Vous n'ignorez pas, Madame, que les femmes en pouvoir de mari ne sont point capables d'assurer des créditeurs, et en votre place j'aurais mieux aimé passer quelques mois à votre terre avec la qualité de banqueroutière innocente que de sortir du royaume avec celle de frauduleuse.

« Vous devez connaître à présent la vérité du proverbe que bien mal acquis ne fait nul profit. Vous avez assez fait voir que vous avez été la dupe de tout le monde. N'attribuez-vous point cela aux châtiments du Ciel ? Ne le trouvez-vous pas entièrement accompli ?

« Vos espérances sont vaines : M. du Noyer n'est nullement dans l'intention de satisfaire vos créanciers ; je m'y suis, comme votre amie, employée ; il est cependant en état plus que jamais. Les emplois considérables qu'il a eus en Espagne l'ont remis dans celui d'oublier ses malheurs passés. « Vous me parlez, me dit-il, lorsque je « lui en fis la proposition, pour une malheureuse qui « a levé le masque à l'honneur et qui se joue de Dieu « et des hommes ; je ne suis point surpris qu'elle m'ait « abandonné après tous ses changements de religion ; « elle m'a voulu persuader que c'était le seul motif qui « l'y avait engagée. Où l'a-t-elle fait paraître ? C'est « la débauche, Madame, où elle a voulu se plonger : « vous devez le reconnaître dans toutes les sottises

« qu'elle a écrites. Croyez-vous en bonne foi Mme du « Noyer assez bonne de prêter de l'argent à des mal- « heureux qu'elle saurait sans aucune ressource, s'ils « ne lui avaient pas servi dans ses débauches ? Ne de- « vrait-elle pas s'être contentée de m'avoir plongé le « poignard dans le sein, en conduisant dans le préci- « pice mes deux filles, sans m'assassiner une seconde « fois par leurs mariages, et surtout l'infâme et hon- « teux de ma cadette ?

« Vous m'obligerez sensiblement, Madame, de ne « m'en parler jamais, continua-t-il, à moins qu'elle ne « soit dans le dessein de se ranger à son devoir. Malgré « tous les chagrins qu'elle m'a causés, qu'elle vienne « dans la communauté où est ma fille aînée, qu'elle amène « ma seconde ; je veux bien encore leur donner des mar- « ques que je suis l'époux de l'une et le père de l'au- « tre. »

« Je n'oserais, Madame, vous proposer d'accepter ce parti ; je ne sais s'il serait de votre goût ; en tout cas, si vous vous trouviez dans ces sentiments, nous tâche- rions, vos anciennes amies et moi, d'adoucir par nos fré- quentes visites votre solitude, et si vous étiez toujours dans le goût d'exercer votre esprit et votre plume, vous auriez une entière liberté, et même sur des sujets plus sérieux et meilleurs que vous n'avez jusqu'à présent fait.

« Je suis allée voir Mme Constantin, je lui ai fait part de votre souvenir ; elle vous assure de ses très hum- bles respects et embrasse, de tout son cœur, Pimpette, sa chère sœur. Je lui ai communiqué les propositions de M. du Noyer ; elles sont fort de son goût. « Je se- « rais ravie, me dit-elle, que ma mère voulût les accep- « ter. J'ai cependant peine à croire qu'elle veuille s'y « résoudre. Peut-être que le Seigneur lui inspirera de

« bons sentiments ; tout ce que j'appréhende c'est que « ce ne soit un quatrième changement de religion, qu'elle « serait obligée de faire, qui la pourra retenir. »

Réponse.

« Il faudrait, Madame, qu'il ne me restât pas l'ombre de raison, si je faisais la moindre attention à ce que vous m'écrivez : je ne puis, avec tout l'esprit que vous m'attribuez, pénétrer le dessein qui vous engage à m'accabler d'une si belle morale et de vos fatigants et pernicieux conseils.

« Je n'ai, en vérité, nulle envie d'aller occuper une place aux Petites-Maisons ; si je ne suis pas si bonne que vous pourriez vous l'imaginer, je ne suis pas non plus de ces jeunes renards qui donnent facilement dans les pièges qu'on leur dresse.

« Ma fille Constantin est une plaisante sotte de se joindre à vous pour me donner des conseils ! Je me flatte qu'un jour viendra, auquel je lui ferai ressentir de m'avoir si lâchement abandonnée. Si je m'en suis informée, Madame, ce n'était pas mon intention de lui demander ses petits avis ; il convient à une jeune cervelle éventée comme la sienne, d'applaudir à de tels projets.

« Vous imaginez-vous aussi, Madame, que si vous continuez sur le même ton, ce petit commerce dure fort longtemps ? Vous connaissez assez mon petit tempérament : je sais à merveille prendre patience, mais lorsque la bile se remue, je lâche la gourmette et personne n'est à couvert de mon ressentiment. Ainsi, Madame, croyez-moi, cessez toutes vos bontés ne vous imaginez pas que j'aie l'âme assez basse pour sacrifier ma conscience et mon honneur au plaisir de vous voir.

« Si j'ai changé trois ou quatre fois de religion, je

sais le ridicule que cela me donne, et je ne veux de ma vie m'exposer à un autre, ne vous en flattez nullement. Si vous vouliez engager M. du Noyer de proposer au roi de nous remettre dans nos anciens privilèges, je m'estimerais la femme la plus glorieuse du monde d'avoir un époux qui eût mis la main à ce grand œuvre. Vous, Madame, qui voulez vous charger de négociation, en voilà une qui, si vous réussissez, vous immortalisera. »

Après cette explosion de mauvaise humeur, elle s'apaise et raconte une aventure italienne qu'elle intitule : *Les agréments de la Jeunesse ou La Courtisane amoureuse*, qui lui a été, dit-elle, racontée par le nonce.

Il s'agit d'un jeune Espagnol envoyé à Rome pour entrer dans l'état ecclésiastique. Il inspire de l'amour à une jeune personne réputée pour sa beauté, qui lui fait connaître ses sentiments. Il se rend à son appel, elle lui raconte qu'elle l'a choisi pour son sauveur, car elle ignore qui est son père, et sa mère veut la livrer à un homme riche pour être sa maîtresse. Touché de sa passion et de la confiance qu'elle lui témoigne, don Ignacio devient à son tour éperdument amoureux d'Annoncha. Sa nomination au chapitre de Séville ne lui est accordée qu'à la condition de partir sans la revoir ; son départ et son silence désespèrent la belle et, au bout de deux ans, elle allait céder aux manœuvres de sa mère, lorsque don Ignacio revient et l'épouse. Durant leur union, un de ses amis, vaincu par la grâce d'Annoncha, lui avoue sa flamme et en est fort mal reçu. Elle le raconte à son mari ; celui-ci, enivré de colère, se précipite sur le traître et le tue. La justice poursuit le meurtrier et, pour lui échapper, ils changent de pays et sont réduits à la dernière misère. Mais ils s'aiment toujours et c'est avec un profond désespoir qu'Annoncha reçoit dans ce temps le dernier soupir de son époux. Toutefois, un de leurs parents, venu tardivement à leur secours, s'éprend à son tour de la belle veuve et obtient qu'elle partage son nom.

Cette histoire, assez peu intéressante et longuement racontée, fournit matière aux suppositions injurieuses et aux nouveaux reproches de la correspondante de Paris.

« Mes lettres, Madame, commencent à vous ennuyer, mes conseils paraissent dangereux, je suis une amie fatigante, tout ce que je vous écris, ce sont des pièges que je vous dresse ; j'espère qu'avec le temps vous direz que je suis la plus cruelle de vos ennemies, que je suis jalouse de votre gloire, que j'ambitionne votre bonheur, que je suis enfin la plus pernicieuse de toutes les femmes.

« J'ai ressenti à l'ouverture de votre lettre quelques vapeurs de cette bile que votre petit tempérament fait allumer ; je me vois à la veille de perdre la meilleure de mes amies ; je serai perdue d'honneur et de réputation si vous lâchez une fois la gourmette ; je tremble déjà de voir mon histoire sous presse.

« Que faut-il faire pour éviter tous ces malheurs, cette prochaine rupture, et désarmer votre colère ? Faut-il avouer que votre histoire romaine, ou plutôt romanesque, est de mon goût ?

« Pour moi, dussé-je cent fois rompre avec vous et ressentir tous les effets de votre fureur, je ne puis m'empêcher de vous dire que vous auriez beaucoup mieux fait de la laisser courir dans votre chambre ou la renfermer très précieusement dans votre cabinet. Je n'y trouve rien qui ne vous couvre de honte : vous n'avez pas fait attention, sans doute, qu'on croira que c'est la vôtre et celle de votre chère Pimpette, que vous avez romanisée. Où trouverez-vous un caractère plus semblable au vôtre que celui de la mère de cette Annoncha qui n'a d'autre attention que de livrer sa fille au premier venu? Je la trouve encore plus heureuse que vous; car don Ignacio ne s'est point trouvé métamorphosé comme le comte de Winterfelt. Ce n'est pas votre fait non plus d'entrer dans le sérieux. Retranchez-vous à la bagatelle, c'est où vous brillez; le comique, le bouffon, c'est ce que représente votre petite figure, grosse et courte, aussi bien que vòtre teint basané, accompagné de votre petit tempérament et de votre vivacité.

« Où diable, me disait l'autre jour votre aimable fille « Constantin, ma mère s'est-elle imaginée que le nonce « du Pape allait chez elle lui raconter des histoires? « Cela est aussi vrai que ce qu'elle a raconté dans ses « *Mémoires*, de ce que nous étions tous les jours des « plaisirs de Mme la jeune princesse d'Orléans, à présent duchesse de Berri. »

« Je ne sais pas non plus, Madame, où vous avez rêvé qu'elles ont eu l'honneur de danser avec Messeigneurs les Princes; vous ignorez apparemment qu'il n'y a que les personnes nommées par le roi qui puissent avoir cet honneur, pas même dans les bals ordinaires, où les masques n'ont la liberté d'entrer que lorsque la Cour en est sortie.

« Plus je lis vos *Mémoires*, Madame, et plus je trouve que lorsqu'il s'agit de vous faire honneur vous savez parfaitement emprunter les masques que vous avez oubliés sur les noms, pour en couvrir la vérité, et que vous passez légèrement sur ce qui ne serait point à votre avantage. Nous les examinons souvent, votre chère fille et moi; elle n'a pu s'empêcher de se récrier sur la scène qui s'est passée chez le comte de Dohna et la manière dont vous l'avez écrite et aussi de me dire qu'elle se trouvait très heureuse de se voir délivrée des embarras et de tous les chagrins où sa mère l'avait précipitée.

« Elle me dit avoir appris depuis quelque temps que vous n'aviez pu supporter davantage les avanies des petits enfants qui criaient après vous et que vous vous étiez retirée de La Haye pour aller demeurer à Voorbourg, petit village éloigné d'une lieue, où vous croyez être bien fort à couvert.

« Si vous voulez, Madame, continua-t-elle, me faire l'honneur de m'en croire, vous la préviendrez, vous romprez tout commerce avec elle ; n'attendez point qu'elle effectue ses menaces ; du caractère dont je la connais, elle dira tout ce qu'elle sait et tout ce qu'elle ne sait point, de la meilleure de ses amies ; pourvu qu'elle ait matière à remplir ses livres, elle ne s'embarrasse non plus de son honneur que de sa conscience ; pourvu qu'elle apprête à rire au public, elle est la femme du monde la plus contente. Je suis au désespoir de la voir dans cet aveuglement. »

Néanmoins la correspondante lui raconte encore une petite histoire, puis termine en disant : « Il est inutile, Madame, que vous preniez la peine de m'honorer d'une réponse ; je vous avertis que je n'en veux aucune et que si vous me l'envoyez, elle aura le même sort que cette lettre que j'ai vu jeter, par M. du Noyer, au feu. »

Dialogue entre Mme du Noyer et sa fille Pimpette.

Pimpette. — Eh bon Dieu, ma chère mère, comme vous voilà défaite ! Vous trouvez-vous mal ?

Mme D. — Ah ! ma chère fille, je n'en puis plus. Délace-moi, je t'en prie. De l'eau de la Reine d'Hongrie au plus tôt. Cours, ma chère enfant. Et jette, ma fille, jette. Ah ! je me trouve un peu mieux. Tiens, vois, remarque si cette lettre n'est pas écrite par la main du diable?

Pimpette. — Quoi, ma chère mère, une lettre peut-elle vous donner tant d'alarmes? Une femme d'esprit comme vous se chagriner de la sorte!

Mme D. — Lis, mon enfant, vois comme il faut se fier à ses amis, admire comme les papistes ont renversé la cervelle de ta sœur, examine un peu comme je suis traitée; ne semble-t-il pas que je sois la dernière des créatures? A les entendre, je vous ai mis le poignard sur la gorge pour vous prostituer : mon histoire est pitoyable, le Nonce du Pape n'est jamais venu chez moi; vous êtes des misérables qui n'avez jamais paru dans le monde; tout ce que j'ai avancé dans mes livres, sont fables, toutes choses controuvées.

Pimpette. — Doucement, ma chère mère. Tranquillisez-vous. La gorge vous enfle. Si j'osais, je vous dirais de prendre votre mouchoir; essuyez-vous un peu, l'écume vous sort de la bouche; modérez vos transports, nous examinerons cette lettre à loisir.

Mme D. — Cela t'est fort facile, tu ne ressens pas comme moi le désespoir où je suis, tu es encore trop jeune pour en comprendre les conséquences. Ecoute, Pimpette, ce qu'on m'écrit : — *Vous auriez beaucoup mieux fait de laisser cette histoire dans votre chambre, etc... La seule différence que j'y trouve est la métarmorphose du comte de Winterfelt.* — Tu sais bien, ma pauvre enfant, toutes les mesures que j'ai prises avant de te livrer entre ses bras, tu sais aussi que l'ambition que j'ai eue à te faire comtesse avec la crainte de laisser échapper une occasion si favorable ont été la seule cause de ton malheur; tu as bien dû connaître que je n'ai rien épargné pour te rendre heureuse ; tu n'ignores pas où il m'en cuit d'avoir voulu soutenir cette qualité.

Pimpette. — Tout cela est vrai, ma mère, je suis la souffrante, je prends mon mal en patience ; recevez cette lettre de même, laissez-les dire et croire tout ce qu'il leur plaira, que cela ne fasse nulle impression sur votre esprit ; mettez-vous sur votre lit ; vous voilà toute violette, tâchez de reposer.

Mme D. — Non, Pimpette, je veux t'anatomiser cette lettre. Et ce passage où il est question du comte de Dohna ? Ecoute les belles remarques de ton impertinente sœur : *C'est une des aventures que ma mère a pris le plus grand soin de déguiser. Nous n'osions sortir que nous n'eussions mille canailles à nos trousses qui criaient : Voilà cette ivrognesse de Mme Thomasso ! et ses filles, et cent autres sottises.* As-tu jamais entendu quelqu'un crier après nous : Voilà Mme Thomasso ?

Pimpette. — Oh ! pour cela, ne nous en défendons point, il n'est que trop vrai ; mais il ne convient nullement à ma sœur de tenir de semblables discours. Je crois effectivement, comme vous venez de le dire, que les papistes lui ont dérangé le cerveau.

Mme D. — Revenons à la suite de son discours : *Si vous voulez m'en croire, Madame, vous la préviendrez vous-même, vous romprez tout commerce. Elle vous a envoyé cette misérable histoire qu'elle a pillée dans quelques livres, elle vous en demande une autre pour achever le sien.* Dis-moi présentement que je me tranquillise ! Non, il me prend une rage de partir dès ce moment pour aller la chercher, cette infâme, et l'étrangler. Est-ce un enfant ? N'est-ce pas un diable ? L'enfer en a-t-il jamais produit un semblable ? Avons-nous besoin de leurs histoires pour composer nos livres ?

Ah ! malheureuse, crois-tu ma cervelle aussi vide que la tienne, pour aller piller des livres. Tu es fâchée de mon aveuglement ! Pour moi je suis ravie de te voir en chemin d'aller à tous les diables : il n'y a point de malédiction que je ne te souhaite. Ah ! Pimpette, ma chère Pimpette ! Je me meurs ! Je suis dans le dernier désespoir. Faut-il que je sois assez malheureuse pour avoir enfanté un tel monstre ? Ah ! ah ! je n'en puis plus ! Tu ne me dis rien, Pimpette, réponds-moi donc, je te prie.

Pimpette. — Qu'y a-t-il à vous répondre ? Vous êtes dans une colère extraordinaire.

Mme D. — Je ne me tranquilliserai pas, parle, réponds-moi.

Pimpette. — Si vous voulez que je vous parle naturellement et que je vous réponde juste, je vous dirai que le désespoir vous fait vomir quantité de choses bien éloignées de votre pensée, que votre amie et ma sœur mettent tout en œuvre pour nous attirer en France. D'ailleurs à quoi bon tous ces emportements et toutes ces malédictions ? Vous voulez bien me permettre de vous dire que cela n'est pas bien, vous serez malade, elles ne vous guériront point.

Mme D. — J'admire votre sang-froid, ma fille, vous avez un petit tempérament fort flegmatique ; la manière douce et tranquille avec laquelle vous me dites autant de sottises que votre sœur me fait rire et pitié tout ensemble. Nous n'avons donc, à votre petit sentiment, aucun ami ? J'espère, avec le temps, que mes enfants ne seront plus mes enfants. Courage, ma fille, vous aviez tant de peine à vous y mettre ; c'est dommage, car vous parlez fort bien, fort juste et fort naturellement. Vous n'avez qu'à continuer. Allez-vous-en joindre votre sœur. Allez !

Pimpette. — Vous êtes de si mauvaise humeur qu'on n'oserait vous rien dire. Vous savez que je dois aller à La Haye, voulez-vous m'ordonner quelque chose?

Mme D. — Allez au diable, ma fille, et que je ne vous voie jamais.

On peut citer, pour finir, des vers contenus dans les *Mémoires* de M. du Noyer, inspirés par une haineuse grossièreté, alors que Mme du Noyer parle toujours de son mari sur un ton très modéré, comme si elle avait toujours de l'affection pour lui. Ils n'ont qu'une excuse, c'est qu'à cette époque on ne se piquait pas de délicatesse et que les quatrains de la duchesse de Bourbon n'en ont pas davantage. La correspondance de la princesse Palatine et de l'Electrice de Hanovre en ont encore bien moins, sans parler des *Mémoires* du duc de Saint-Simon .

Portrait de Mme Alikruk (1)

Pour mettre à la tête de ses Mémoires.

Que diable voulez-vous qu'on fasse
De l'énorme et puante face
De la citrouille que voilà ?
Elle a les fesses écaillées,
Le ventre à triple falbala
Et les cuisses prétintaillées.

Considérez ses deux tetasses
Qui, pendant comme deux besaces,

(1) Colimaçon.

Sur ses genoux vont aboutir
Et couvrent d'une peau mollasse
Un gouffre qui peut engloutir
Priape avec toute sa race.

Rebut impur de la canaille,
Monstre affreux, difforme de taille,
Esprit des plus pernicieux,
Elle n'est que vice et tripailles,
Et rien ne lui conviendrait mieux
Que d'être entre quatre murailles.

En somme, si du Noyer était un vilain monsieur, joueur, coureur, d'un caractère difficile et haineux, sa femme, en plus de son esprit autoritaire, était intrigante, intéressée, vaniteuse, et moins perspicace qu'on pourrait le croire, car elle se laissait duper effroyablement. Elle et ses filles menaient une vie plutôt équivoque ; mais nous passerons sur la moralité de l'écrivain, à cause de son talent, et nous sortirons volontiers de cette eau trouble, pour ne plus voir que son tour de main léger, spirituel et varié, dans les *Lettres Historiques et Galantes*.

LETTRES HISTORIQUES ET GALANTES

De deux dames de condition dont l'une était à Paris et l'autre en province (1)

par Madame DU NOYER

CHAPITRE PREMIER

Avignon. — La vertu de la marquise de Péraut met son mari au désespoir. — Le chevalier de Bouillon et la marquise d'Urban. — Maître Le Coq, pâtissier, est fait chapon par le chevalier. — Jalousie *incendiaire* de la comtesse de Suze.

Je ne pense pas qu'il y ait au monde un séjour plus agréable que celui d'Avignon, où les affaires de mon mari m'arrêtent pour quelque temps. Cette ville est enchantée, le Rhône baigne ses murailles ; ce ne sont que jardins et prairies au dehors et bâtiments magnifiques au dedans. Les maisons de MM. de Montréal et de Crillon sont des plus belles qu'on voie. Le marquis des Essarts vient d'en bâtir une qui l'emporte sur toutes les autres par la grâce et la nouveauté. Des couvents

(1) Ces *Lettres* débutent par une épître de la correspondante de province, sous le couvert de laquelle Mme du Noyer décrit les villes où elle est passée. (Ses aperçus géographiques sont assez incomplets.)

d'hommes et de filles embellissent encore cette charmante ville, qui est sous un très beau ciel. Les dames sont galantes, les messieurs font de la dépense, le jeu, qu'on peut appeler le plaisir universel, est poussé aussi loin que l'on veut. Outre les paisibles parties d'hombre, on en trouve de bassette et de lansquenet dans les maisons de condition où, tous les après-midi, la compagnie de l'un et de l'autre sexe se rassemble. On voit là de très belles dames mises d'un fort bon air ; les unes coupent au lansquenet, les autres pontent à la bassette et d'autres se donnent des airs penchés sur des canapés et poussent les beaux sentiments avec des cavaliers bien tournés. Outre ceux du pays il y a ici toujours quantité d'étrangers que la curiosité attire et que l'agrément retient.

Il y a ici quantité de femmes de condition ; le sang y est beau et l'occupation la plus sérieuse dans le pays est de chercher à plaire. L'amour n'y est point malfaisant, on ne connaît ni jalousie, ni désespoir ; les maris mêmes pour la plupart sont traitables là-dessus et laissent à leurs femmes la liberté qu'ils prennent eux-mêmes. Jugez, Madame, si dans un pays qu'on pourrait appeler l'Ile de Cythère, où les ris et les jeux que la misère du temps a chassés hors de la France se sont réfugiés, où l'on fait bonne chère, où l'on boit du vin de l'Hermitage et de Canteperdrix, qu'on peut appeler vin des dieux, puisque c'est le même qu'on envoie à Rome pour la bouche du Saint Père, jugez, dis-je, si dans un pays si délicieux je puis beaucoup m'ennuyer, surtout étant avec ce que j'aime, car vous savez que je suis d'assez bonne foi pour avouer que j'aime mon mari, quoique à Paris, on regarde cette faiblesse comme un des vices du temps de Jean le Verd, que les mœurs de ce siècle ont corrigé.

Si vous veniez ici, je vous mènerais à cette célèbre fontaine de Vaucluse, tant chantée par Pétrarque ; je vous ferais voir le tombeau de Laure, maîtresse de ce fameux poète. Ce tombeau est dans l'église des Cordeliers ; on y voit des vers que le roi François Ier fit en l'honneur de cette héroïne, qui sont gravés en lettres d'or. Je crois que Marot aurait pu en faire de meilleurs, mais les vers de la façon d'un roi ont toujours leur mérite. Nous irions aussi à l'abbaye des Célestins, où sont les corps de saint Benezet et de saint Pierre de Luxembourg. Le premier, par une inspiration divine, bâtit le pont d'Avignon et fut trouvé, lorsque les glaces le rompirent, sous une des arches du pont, en chair et en os. Le dernier était un cardinal du temps du schisme des papes, attaché à celui qui siégeait pour lors à Avignon ; il est devenu fameux par un grand nombre de miracles qu'il a faits après sa mort. Après avoir contenté votre dévotion et votre curiosité, on songerait aussi à vous faire bonne chère, les perdrix rouges et les ortolans ne vous manqueraient pas les jours gras, et pour les maigres je vous ferais manger des bisques d'écrevisse et des esturgeons admirables plus gros qu'un saumon.

Le chevalier de Bouillon (1) n'en saurait partir ; il en conte à la marquise d'Urban, fille de cette infortunée marquise de Ganges, dont vous savez sans doute la fin tragique. Cette dame est fort aimable, et l'on craint que la gloire d'avoir un prince dans ses chaînes ne lui coûte sa réputation qui avait été épargnée jusqu'ici et qui est en très mauvaises mains, puisque, comme vous savez, le chevalier est le plus indiscret de tous les hommes. C'est son affaire.

(1) Frédéric Jules, chevalier de la Tour, ensuite prince d'Auvergne.

Le commandeur Maldachini, frère du cardinal du même nom, a un fort joli jardin où il régale les dames et qu'il prête aussi quelquefois à ses amis pour le même usage. La sœur du marquis de Castres y allait souvent avec le précédent vice-légat, mais elle n'a pas su si bien ménager celui-ci. Fière de sa première conquête et de la pourpre du cardinal de Bonzi, son oncle, elle croyait que tous les légats lui devaient leurs hommages et que c'était une des fonctions de leur charge. Mais le signor Delfini lui a fait connaître son erreur. Un jour qu'elle lui demandait, avec trop de hauteur, quelque grâce pour une de ses créatures, il la lui refusa sèchement, et comme elle s'en plaignait avec aigreur, le marquis d'Onis son mari, qui n'ouvre jamais la bouche que pour dire des sottises, lui dit : « Madame, à quoi vous amusez-vous là ? Laissez ce Pantalon. » Le vice-légat ne dit mot, mais, dans le moment, le marquis et son épouse eurent l'ordre de sortir des terres de Sa Sainteté. Cette nouvelle les déconcerta un peu. Ils troussèrent bagage ; nourrice et enfants et tout leur train, moitié sur mule, moitié sur cheval, sortit en fort grand désordre d'Avignon. Comme on le félicitait sur l'embonpoint de ses chevaux : « Et qu'auraient-ils à être maigres ? répondit notre spirituel marquis. Ils mangent du foin que le roi n'en saurait manger de meilleur. » Voilà quel est l'heureux époux de Mlle de Castres, dont vous me parlez. Le cardinal de Bonzi voulut la mener à Rome, et quand ils furent à Florence, le cardinal le présenta au grand-duc et lui dit que c'était son neveu dont la famille était originaire de Florence. Le grand-duc lui demanda depuis quand ses ancêtres avaient quitté le pays. « C'est, Monseigneur, répondit le marquis, depuis que les Médicis en ont usurpé la domination. » Le grand-duc ne fit pas semblant d'entendre, mais le cardinal rougit jusqu'au

Avignon.

bout des ongles et jura de ne plus mener son neveu nulle part (1).

Maintenant, je vais contenter votre curiosité sur le chapitre de Mme d'Urban. Elle fut élevée par les soins de la douairière de Ganges, sa grand'mère, et à douze ans on lui fit épouser le marquis de Péraut, qui était plus que septuagénaire et qui avait été autrefois amant de sa grand'mère. Cette jeune personne se donna à lui sans répugnance. Il avait de grands biens, de la naissance et toute la politesse des galants de la vieille cour. Il avait un frère qu'il croyait indigne de son amitié et de sa succession, et c'était pour la lui ôter qu'il avait pris le parti de se marier, mais il s'y était mis un peu trop tard. Il eut beau faire des vœux, il ne lui vint pas d'héritier. Ainsi, connaissant son faible, il chercha

(1) La correspondante de Paris répond que le chevalier de Bouillon est sans doute allé se distraire en province de son mariage manqué avec la princesse de Turenne, sa belle-sœur, empêché par le duc de Ventadour, père de celle-ci, qui lui a fait épouser le prince de Rohan. Elle convient qu'il est dépravé, sans retenue dans ses propos, et qu'il n'est ni aimé, ni estimé à la cour où il a très mal parlé du Roi. Elle demande à connaître qui est Mme d'Urban et la suite de son aventure avec le chevalier. La lettre suivante lui donne satisfaction.

à y porter remède. Il aimait passionnément son aimable épouse et haïssait mortellement son frère. Ces deux passions lui inspirèrent un dessein un peu étrange. Il avait un page très joli et qui était de fort bonne maison : il le prit en particulier et, après lui avoir fait promettre un secret inviolable et l'avoir engagé par quelques présents, il lui ouvrit son cœur sur l'envie qu'il avait d'avoir un enfant, sinon de lui du moins de sa femme. Le page trembla : il était amoureux de la marquise, il s'imagina que son maître avait pénétré ses sentiments et qu'il lui tendait ce piège pour les mieux découvrir. Peu s'en fallut qu'il n'avouât tout, qu'il ne demandât pardon à son maître et son congé. Le marquis, qui s'aperçut de son trouble, le rassura et lui promit d'autoriser tout ce qu'il ferait pour plaire à Mme de Péraut. Elle était jeune et éveillée, ne faisait point de façon de badiner avec lui, mais lorsque le page voulut parler de sa passion, il fut cruellement relancé et menacé d'être livré à toute la vengeance du marquis. Cette menace ne lui fit pas grand peur, il courut lui conter le mauvais succès de sa déclaration. Le marquis lui dit de ne pas se rebuter, et c'était un cas assez nouveau de voir un mari confident de son rival, lui donner des conseils et le consoler des rigueurs de sa maîtresse. Le page, devenu plus hardi par cette conversation, un matin que Mme de Péraut était à sa toilette, se jeta à ses pieds et se donna de petites libertés qu'une passion pouvait faire excuser dans un homme de dix-sept ans. La marquise, indignée, appela ses femmes, qui avaient été écartées ; elle courut tout échevelée à l'appartement de son mari. Le page la suivait. Elle l'accusa devant son mari de lui avoir manqué de respect et d'avoir voulu la séduire ; mais au lieu du ressentiment qu'elle croyait voir éclater, le marquis lui répondit froidement que ce qu'elle disait n'était pas croyable, qu'il la priait de ne pas exiger qu'il le renvoyât, parce que ce jeune homme lui était fort recommandé. Voyant que le cœur de sa femme était inaccessible, il se résolut à tenter les derniers moyens ; il se leva dans la nuit d'auprès de sa femme lorsqu'elle était dans son premier sommeil et fit mettre le page à sa place. Comme il ne s'y mettait pas pour dormir, la belle s'éveilla et s'aperçut bientôt que ce n'était pas là son mari. Elle cria au secours, et, n'en voyant pas venir, elle se leva et fit un tintamarre effroyable. Le mari, qui était aux écoutes, voyant qu'il n'y avait rien à faire, entra dans la chambre, lui développa tout le mystère, et que le page agissait par ses ordres. Il la pria de lui donner un successeur, puisque, pour lui être cher, il suffirait qu'il fût à elle. La marquise lui répondit avec une fermeté au-dessus de son âge, que quelqu'envie qu'elle eût de lui plaire, ce ne serait jamais au dépens de son salut et de son honneur. Le mari confus de trouver tant de vertu dans une si jeune personne, résolut de la laisser en repos.

Mais avant de mourir, il conta tout ce que viens de vous dire à un de ses amis intimes. Cet ami avait un fils fort bien fait ; il regarda comme le plus grand bonheur de pouvoir le marier à cette jeune veuve. Le jeune marquis d'Urban trouva en elle tous les agréments d'une fille et elle trouva en lui tout autre chose que son vieux défunt. Il n'eut pas besoin de page pour avoir des successeurs, et il voyait tous les ans augmenter sa famille sans aucun secours étranger.

Ils vivaient dans la plus belle union du monde lorsque le chevalier de Bouillon est venu la troubler. Il vit Mme d'Urban dans les assemblées, et dès qu'il sut que la médisance l'épargnait, il voulut, par vanité plutôt que par tendresse, donner quelque atteinte à sa réputation. Il lui marqua beaucoup d'attachement. M. d'Urban, qui se croyait sûr de sa femme, lui laissait une entière liberté; mais comme il est un temps pour toutes choses, cette grande vertu commença à s'ébranler aux attaques de ce prince. Il s'aperçut bientôt du progrès qu'il avait fait dans son cœur, et comme il ne cherchait que le triomphe public, il eut soin d'en instruire toute la ville. Il veillait tous les jours chez elle, et, en se retirant, il courait les rues jusques au matin avec une sonnette à la main. Les bourgeois, surpris de cette nouveauté, ouvraient leurs fenêtres et les uns disaient aux autres : « C'est le prince qui fait l'amour à Mme d'Urban et qui sort de chez elle. » Chacun y ajoutait son commentaire, et peu de gens croyaient qu'ils passassent leurs soirées à jouer à l'hombre. Enfin il la ménagea si peu que les parents de M. d'Urban furent obligés de l'avertir qu'il était la fable de la ville. Il ouvrit alors les yeux et défendit ce commerce à sa femme. Dès qu'il fut sorti, elle envoya chercher le chevalier pour lui annoncer leur commune disgrâce, mais il lui dit que c'était de sa faute, qu'elle n'avait point de conduite, la traita de folle et lui parla avec le dernier mépris. Cette pauvre femme fondit en larmes.

Cependant le mari, qui avait prié fort sérieusement le chevalier de ne plus venir dans sa maison, fut averti qu'il y était entré et vint avec le dessein de lui faire un mauvais parti. Pour cela il l'attendit avec quelques valets dans l'antichambre, s'approcha de la porte de la chambre où ils étaient et ne perdit pas un mot de leur conversation. Le chevalier, qui n'avait pas beaucoup d'attention à ce que Mme d'Urban lui disait, prêta l'oreille de l'autre côté et s'aperçut du tour qu'on lui préparait. Pour l'éviter, il ouvrit une fenêtre qui donnait sur la rue, et après avoir dit à sa belle : « Tirez-

Le mari était aux écoutes... (pag. 127.)

vous d'affaire comme vous pourrez », il sauta en bas sans se faire du mal et échappa par là au ressentiment de M. d'Urban. Son premier soin fut de conter cette aventure partout. Après cela, il choisit les jeunes gens les plus dépravés d'Avignon et fut souper chez un pâtissier nommé Le Coq, frère de ce fameux Le Coq de la rue Montorgueil. Le pauvre homme leur fit bonne chère et ils se trouvèrent si bien à table qu'ils y passèrent toute la nuit. Mme d'Urban y fut tympanisée de la belle manière; enfin, sur le matin, ne pouvant plus boire ni manger, tant ils étaient crevés de l'un et de l'autre, ils appelèrent le pauvre Coq, et, après l'avoir fait boire avec eux, le chevalier lui dit qu'il était trop gras pour un coq et qu'il le voulait chapon, et après l'avoir fait tenir à quatre et avoir aiguisé deux couteaux l'un contre l'autre, il lui fit l'opération d'Origène, qui l'envoya dans quelques heures à l'autre monde. Le vice-légat, que des remèdes tenaient éveillé avant le jour, apprit d'abord cette action et en eut de l'horreur. La considération du cardinal de Bouillon l'empêcha de faire arrêter le chevalier sur-le-champ, mais il lui fit dire que s'il ne sortait pas au plus vite de la ville, il le livrerait à la justice. Le chevalier ne demanda pas son reste; il fit graisser les roues de sa chaise de poste, et pendant qu'on préparait toutes choses, il lui prit envie de revoir Mme d'Urban. Après tous les éclats qui s'étaient faits, il n'y avait pas de grands ménagements à garder. M. d'Urban n'avait pas franchi la porte de la chambre de sa femme depuis que le chevalier en était sorti par la fenêtre, et elle était seule à y pleurer son infortune, quand le chevalier parut. La femme de chambre l'avait introduit sans bruit pendant que le reste de la maison dormait, car il n'était guère plus de sept heures du matin. Mme d'Urban, qui avait une grande faiblesse pour cet homme, le vit entrer avec plaisir et suspendit pour quelques moments la douleur dont elle était accablée. Il lui conta son crime, lui dit qu'il la quittait avec regret et se plaignit de ce qu'elle n'avait pas eu soin de lui donner son portrait. Mme d'Urban, charmée de ce retour de tendresse, fit détacher un grand portrait qui était dans sa ruelle auprès de celui de son mari; elle arracha la toile de dessus le cadre, la roula, et pria le chevalier de la mettre dans sa poche. Il la posa sur la table, et, après un adieu assez cavalier, sortit sans songer à la prendre. Dès qu'il fut parti, Mme d'Urban recommença tout de plus belle à pleurer. Puis elle aperçut le portrait que le chevalier avait laissé sur sa table. « Ah ! s'écria-t-elle, le pauvre garçon était si troublé, qu'il ne s'est pas souvenu de le prendre ; quoi qu'il en coûte, je veux qu'on le lui donne. » On chargea un homme de confiance de cette peinture ; il prit la poste et atteignit le chevalier. Dès qu'il vit la chaise, il dit au postillon d'arrêter, mais le chevalier, qui craignait d'avoir les archers à ses trousses, lui ordonnait d'aller encore plus vite ; enfin, quand il fallut arrêter pour changer de chevaux, cet homme lui présenta le portrait dont il s'était chargé. Le chevalier, remis de sa première frayeur, l'envoya promener et lui dit de rapporter ce portrait à Mme d'Urban, que pour lui il ne saurait qu'en faire. Cet homme insista et dit qu'il n'oserait se présenter devant Mme d'Urban sans avoir exécuté ses ordres. Le chevalier, voyant que cet homme s'obstinait à vouloir le suivre, demanda au postillon quatre clous et un marteau et cloua lui-même le portrait derrière la chaise à l'endroit où l'on met les armes. Après quoi il remonta dedans et donna le bonjour à l'envoyé, qui s'en retourna fort mal satisfait.

A la seconde poste, le postillon, qui s'en retournait, demanda son argent. Le chevalier dit qu'il n'en avait point ; enfin, par composition, il lui donna le portrait de Mme d'Urban. Le postillon l'exposa dès le soir même en vente à Avignon, où l'aventure fut d'abord sue. Cette circonstance augmenta le désespoir de Mme d'Urban et la colère de son mari ; elle en craignit des effets si terribles, que le lendemain elle disparut. On assure qu'elle a pris la route de Paris pour suivre le chevalier qui s'y en retourne, soit pour aller voir un fils qui est en pension chez Le Jeune, au faubourg Saint-Germain. Ainsi donc elle a trouvé le secret de faire enrager deux maris qu'elle aurait pu contenter en anticipant sa coquetterie et transportant sa sagesse aux secondes noces. Le tout serait revenu au même et il n'y avait qu'à changer de temps; mais on a raison de dire que notre sexe est fait au rebours et qu'il faut toujours qu'il contredise. Tout cela s'est passé il y a fort peu de temps et depuis ma dernière lettre (1).

Vous trouveriez ici le marquis des Essarts et le comte de Suze, vos anciens amis. Ils tiennent le premier rang et sont les arbitres de la galanterie; ils n'ont pourtant que des amours passagères; le marquis a une femme dévote qui prend en gré toutes les mortifications que les infidélités de son mari lui donnent et il a soin de lui fournir souvent matière à mériter. Le comte vit en garçon, il est séparé de sa femme, sans enfants, avec une pension de seize mille livres que ses collatéraux, auxquels il a d'avance remis sa succession, lui donnent; il tient table et fait une figure de prince; voyez si on brillerait à si bon marché à Paris. Depuis qu'il a rompu avec Mme du Rhut, il a couru de belle en belle sans s'attacher à aucune.

Cette Mme du Rhut s'est rendue fameuse par son

(1) Plus tard, un des parents de M. d'Urban s'étant refusé à demander des lettres de cachet contre la dame d'Urban, son mari, qui l'aimait toujours, finit par lui pardonner et elle revint dans sa maison.

Qui de nous n'a connu des épouses fidèles jusqu'à trente-six ou trente-huit ans, qui, par un revirement subit, prennent alors un amant, même deux et jusqu'à trois à la fois? N'a-t-on pas dit : « La femme passe de vingt à trente ans à défendre sa vertu, de trente à quarante à hésiter, et de quarante à cinquante à rattraper le temps perdu. » Et c'est moins inexplicable que cela ne semble : la femme, sentant sa jeunesse lui échapper, veut au moins se servir de son reste. Qui a dit aussi : « Il vaut mieux avoir des remords que des regrets... » Mme d'Urban était de cet avis.

Le Chevalier de Bouillon.

adresse. Elle était mariée à Carpentras, petite ville dépendante d'Avignon, située sur la rivière de Sorgues. Elle n'a, je crois, jamais été belle, cependant elle a inspiré de grandes passions et fait les choses du monde les plus extraordinaires. Son mari, qui connaissait qu'elle avait plus de génie que lui, la laissait gouverner et souscrivait aveuglément à tout ce qu'elle faisait. Lorsque le roi passa à Avignon, Mme du Rhut, qui voulait faire valoir ses talents, s'attacha à Mme de Mazarin, qu'on regardait comme la future maîtresse de ce monarque. Mme de Mazarin la mena à la Cour et c'est elle qui a écrit les *Mémoires* qui ont paru dans le monde sous le nom de cette duchesse. Mme du Rhut, qui ne l'avait suivie que pour chercher la fortune, la quitta quand elle vit qu'elle tournait d'un autre côté.

Elle revint en province, où elle chercha à plaire au comte de Suze. Elle y réussit comme elle a toujours fait dans tout ce qu'elle a entrepris. Le comte avait épousé Mlle de Mérinville, fille du gouverneur de Narbonne, et comme il a toujours été le singe de la Cour, il crut qu'il ne devait pas s'amuser à aimer sa femme et donna à corps perdu dans l'intrigue. Mme du Rhut en savait long, aussi le mena-t-elle loin.

Il avait un oncle qui avait sur lui une autorité de père : c'était l'évêque de Viviers. La comtesse de Suze, qui souffrait impatiemment les mépris de son mari, s'en plaignit à M. de Viviers et cet évêque les raccommoda souvent, mais ces raccommodements duraient peu. Le comte était fou de Mme du Rhut et ne pouvait souffrir sa femme, qui résolut de le quitter. Elle fut à Viviers dire à l'évêque qu'elle n'y pouvait plus tenir et qu'elle voulait retourner chez son père. L'évêque la pria de rester quelques jours auprès de lui, ce qu'elle fit de bonne grâce, et pendant ce temps l'évêque manda son neveu, et, après lui avoir fait une grande mercuriale, il le mena à la chambre de sa femme, et comme il était temps de se coucher, il l'y laissa après les avoir exhortés à oublier le passé et à faire meilleur ménage à l'avenir. La comtesse y consentait de tout son cœur; elle était honnête femme et aimait son mari, mais, pour lui, il était dans des sentiments bien différents, et, ne pouvant souffrir sa présence, il se fit donner par le maître d'hôtel une chambre ailleurs, sur quelque léger prétexte qu'il allégua. Ce fut alors que la comtesse perdit patience; l'amour méprisé se changea en fureur. Elle prit un flambeau, passa dans la chambre où son infidèle était couché et mit le feu au lit. Le comte s'éveilla assez tôt pour éviter d'être brûlé vif, et tout le monde fut bientôt alerte dans le palais épiscopal pour arrêter les progrès du feu. L'évêque se leva, d'abord surpris de cet incendie, et quand il en sut la cause, il blâma l'emportement de la comtesse et plus encore le comte d'y avoir donné lieu, et, voyant qu'il n'y avait plus lieu à la réconciliation, il consentit que la comtesse se retirât chez ses parents. Mais pour punir son neveu et tâcher de le retirer du malheureux attachement où il était, il lui fit tous les chagrins imaginables et fit intervenir des créanciers qui saisirent tous les biens, jusqu'à ses meubles, ne lui laissant pas un couteau à mettre sur la table.

Mme du Rhut n'oublia pas ses intérêts, et, remplissant tous les blancs signés qu'elle avait tirés du comte des sommes qu'elle jugea à propos, elle parut aussi sur la scène comme créancière et fit saisir une terre de cinquante mille écus. Elle eut l'adresse de persuader au comte que c'était pour la lui garder et en même temps pour éblouir son mari que leur commerce commençait à inquiéter. Le comte donna dans le panneau et on le vit solliciter les juges en faveur de Mme du Rhut. Tout dépouillé qu'il était, il s'estimait le plus heureux du monde quand il pouvait être avec elle, et on l'a souvent vu, dans cette maison où il ne restait que les quatre murailles, envoyer chercher une poularde et étendre sur le parquet son mouchoir en guise de nappe, pour la manger avec Mme du Rhut, par terre, à la manière des Orientaux. Elle tâchait de lui persuader qu'un désert avec lui serait plein de charmes pour elle. Cependant elle eut la terre qu'elle a toujours bien gardée. Son mari, charmé de cette acquisition, s'embarrassa fort peu des jugements que le public faisait là-dessus, et le comte se vit dépouillé avec plaisir par cette femme, tant il était ensorcelé, et je crois qu'il l'aurait été toute sa vie, si elle ne l'avait quitté après en avoir tiré tout le parti que je viens de dire. Le comte sentit alors la faute qu'il avait faite, mais il n'était plus temps de réparer. Il écrivit à sa femme, qui ne voulut point revenir avec lui, et, son fils unique étant mort, il remit tous ses biens aux enfants de son frère.

Cependant, Mme du Rhut cherchait fortune, et elle ne trouva rien de mieux que de s'attacher à M. d'Arnoux, qui était fort riche et avait une femme vieille et infirme, un fils et une fille qu'on tenait au couvent. Le commerce dura quelque temps sans que la vieille Mme d'Arnoux en prît ombrage, et Mme du Rhut sut si bien se rendre nécessaire, que cette bonne femme ne pouvait se passer d'elle; mais lorsqu'on y pensait le moins, M. d'Arnoux mourut. Mme du Rhut, qui tournait toujours tout à son avantage, songea à mettre cette mort à profit, et voici comment elle s'y prit. Elle avait deux fils, dont l'aîné s'appelait M. de Saint-Sauveur, et le cadet M. de Soissons. Mme d'Arnoux, qui était près de mourir et qui voulait renvoyer cette affaire le plus loin possible, avait, à cet effet, un médecin toujours pendu à sa ceinture, qui

La Coquette.

s'enrichissait en l'amusant, car elle était fort opulente. Mme du Rhut songea à gagner le médecin et l'obligea à persuader à Mme d'Arnoux que, pour la guérir de tous ses maux et éloigner la mort, il fallait qu'elle se remarie avec un jeune homme sain et robuste qui lui communiquerait sa bonne santé. Elle demanda conseil à Mme du Rhut qui lui offrit son fils comme remplissant ces conditions. Son confesseur, qui était du complot, lui en fit un cas de conscience et lui dit qu'il ne pouvait lui donner l'absolution si elle refusait les moyens légitimes qu'on lui offrait pour conserver sa vie et pria Mme du Rhut d'envoyer chercher son fils. On le trouva bientôt, car il avait ordre de ne pas s'écarter. Il se jeta aux pieds de sa maîtresse surannée, lui baisa tendrement les mains, qu'il lui dit être les plus belles du monde, et l'assura d'une soumission à toute épreuve. Mme d'Arnoux aimait la vie et elle trouvait un moyen fort doux pour la conserver ; elle consentit à tout et le confesseur bénit le mariage sur-le-champ, après avoir fait signer une donation au cavalier comme récompense de ce qu'il lui sacrifiait sa jeunesse et un legs à son couvent pour faire dire des messes ; puis il la laissa avec le cavalier pour faire le reste.

Mme du Rhut fut dans l'appartement de M. d'Arnoux, qui ignorait ce qui venait de se passer dans celui de sa mère. Elle le lui conta, ce qui le mit dans un étonnement et une colère épouvantable. « Sortez d'ici, lui dit-il, mégère, sorcière, qui après avoir possédé mon père pendant sa vie, venez encore ensorceler ma mère. Vous méritez d'être brûlée ! — Je vous apprendrai le plus grand de mes crimes, répondit-elle, c'est que je vous aime et que vous avez toujours été ma plus forte passion, malgré la disproportion d'âge et votre indifférence. Votre mère avait fait un choix qui vous aurait ruiné ; j'ai sacrifié mon propre fils à vos intérêts. Voilà ce qu'a fait pour vous cette mégère, cette sorcière. » Il ne savait où il en était. Elle se leva pour partir, et comme il a un fort bon cœur, il courut après elle. Elle lui fit entendre aussi que sa mère avait le dessein de faire Mlle d'Arnoux héritière et que, pour parer ce coup, il fallait la faire épouser à M. de Soissons, son fils cadet. M. d'Arnoux, alarmé, consentit à tout. Après quoi, la bonne Mme d'Arnoux n'étant plus nécessaire, on la laissa mourir. Et plus tard Mme du Rhut se fit épouser par cet amant plus amoureux que les Amadis des Gaules. Au reste, elle finit par donner dans la dévotion et fonda un couvent d'hommes, sur une montagne auprès de Carpentras.

CHAPITRE II

Montpellier. — Assassinat de Mme de Ganges par ses beaux-frères. — Le cardinal Bonzi et la belle Gévaudan. — Querelle de femmes aux bains publics de Paris. — Le Dauphin, la marquise du Roure, la Raisin. — Passion des princes pour les actrices et les danseuses.

Me voici présentement à Montpellier, Madame. Je croyais qu'on ne pouvait rien trouver de plus joli qu'Avignon, mais à certains égards Montpellier l'emporte. Cette ville est bâtie sur une montagne, ce qui fait que le terrain n'en est pas uni et qu'on ne peut pas y faire un pas de niveau. L'opinion la plus générale est que ce territoire appartenait à des filles, et qu'on l'appelait Mont des Pucelles, d'où est venu le nom de Montpellier. Les dehors n'en sont pas si beaux que ceux d'Avignon, ses rues sont plus étroites et il n'y a point de fleuve qui lave ses murailles : avec cela on y trouve des agréments qu'on chercherait inutilement ailleurs ; et il me souvient que lorsque je fus prendre congé de Monsieur, pour ce voyage, ce prince me dit que j'allais dans le plus beau pays du monde et qu'il me félicitait si je devais faire quelque séjour à Montpellier, puisqu'il n'en avait jamais trouvé de plus agréable et qu'après trente ans il s'en souvenait encore avec plaisir.

On n'a jamais rien vu de si aimable que les femmes de Montpellier ; les plus laides ont des agréments à se faire suivre. Jugez de ce que ce doit être des belles, dont il y a bon nombre. Elles n'ont pas l'air si grand que les dames d'Avignon, mais elles l'ont plus aisé et plus fin et l'esprit brille dans leurs yeux. Elles ont l'humeur sociale et enjouée, et quoiqu'elles parlent presque toutes leur jargon, c'est avec tant de grâce et une élégance si naturelle que je crois que celle de Cicéron leur aurait cédé. Une honnête liberté anime toutes leurs actions et y donne un nouveau charme. On les voit tous les jours dans une petite place qu'ils appellent la Canourgue, avec des mouchoirs sur leurs têtes, se promener chacun avec sa chacune. Ces manières libres donnent d'abord des espérances aux étrangers, qu'ils sont obligés de perdre dès qu'ils veulent trop s'émanciper. Il n'est point de lieu au monde où les étrangers soient si bien reçus qu'à Montpellier. On n'a que faire d'être connu pour être visité et recherché avec empressement et pour être d'abord de toutes les parties. On joue ici tout comme à Avignon, mais on y mange plus souvent ensemble, et, pour moi, je vous avoue que je suis plus sensible à ce plaisir-là qu'aux autres parce qu'on peut le faire durer autant qu'on veut. Il y a quantité de gens de condition, des Chambres de Justice, des cours souveraines, des intendants de province et ceux qui y commandent les troupes y font aussi leur séjour. L'air de Montpellier, qui passe pour un des plus purs du monde, et l'habileté des médecins, dont la Faculté est si renommée, y attirent un grand nombre d'étrangers de différents royaumes, surtout les Anglais qui y guérissent presque tous d'un mal auquel ils sont fort sujets, la consomption.

Vous avez su quel fut le triste sort de Mme de Ganges (1) qui perdit la vie par les mains de deux frères de son mari qui se servirent du fer et du poison pour se défaire de cette belle infortunée. L'un était le chevalier, l'autre l'abbé de Ganges. On n'avait jamais su ce que ces deux cruels assassins étaient devenus ; ils s'étaient dérobés à la justice humaine et l'on ne doutait point que la Divinité ne les eût poursuivis et qu'ils n'eussent péri malheureusement quelque part. On avait cru d'abord que le chevalier avait été tué au siège de Candie, mais comme on trouvait cette fin trop douce pour lui, le bruit cessa bientôt. Quant à l'abbé, on sut qu'étant entré sous un autre nom comme gouverneur chez un des souverains d'Allemagne, la sœur de son élève s'éprit de lui et voulut l'épouser. La mère s'y opposa, ne le trouvant pas d'un rang digne de sa fille ; il finit par avouer son véritable nom et que c'était lui qui avait présenté le pistolet et le poison à sa malheureuse belle-sœur, ce dont il avait fait depuis une cruelle pénitence. La comtesse, pénétrée d'horreur, lui donna l'ordre de quitter son fils au plus tôt. De là il devint maître de langues dans une ville d'Hollande, où l'on dit qu'il fit venir la jeune fille pour en faire sa femme.

On n'a jamais bien pu pénétrer le motif qui les avait poussés à ce crime ; bien des gens ont cru que le mari les avait engagés à lui faire ce sacrifice. Cependant le Parlement de Toulouse se contenta de le condamner à un bannissement perpétuel et de confisquer ses biens, et l'on fut surpris de ce jugement mitigé.

Durant que j'étais à Avignon, je vis arriver dans le jardin Maldachini un cavalier beau et bien fait qui chercha Mme d'Urban dans tous les coins, et, dès qu'il

(1) Ganges est une petite localité près de Montpellier, célèbre par ses grottes.

l'eut trouvée, il se jeta à son cou et l'embrassa tendrement. Comme M. d'Urban était présent à ces caresses, nous crûmes que ce gentilhomme devait être son proche parent. Il l'était effectivement, car c'était son père, le marquis de Ganges. Je ne fus jamais si surprise. J'étais si fort prévenue contre lui que je me l'étais imaginé à faire peur, avec des yeux hagards et une mine féroce. D'ailleurs, comme il y a longtemps de tout cela, je m'étais figuré qu'il devait être décrépit et j'étais étonnée de voir un homme qui ne paraissait pas avoir quarante ans, beau comme un ange et la physionomie la plus douce. Il avait avec lui un homme petit, camard, qui n'était ni si beau ni de si bonne mine que lui. C'était le comte de Ganges, colonel du régiment du Languedoc, mari de cette belle Gévaudan, maîtresse du cardinal de Bonzi, avec laquelle il venait de se brouiller. Quant à son frère aîné, le roi avait eu la générosité de lui rendre les biens confisqués de son père dès qu'il l'avait vu en âge d'en pouvoir jouir. Ce jeune marquis se maria, comme vous l'avez su, avec une fille de condition, riche et aimable, qu'il mena à Ganges, où il la laissa pour aller rejoindre son régiment. M. de Ganges, le père, était dans le château où on le tolérait parce qu'on ne pensait plus à cette affaire et qu'il n'y avait personne qui y fût assez intéressé pour vouloir l'obliger à garder son ban. Il avait même trouvé le secret de plaire à M. de Baville, en forçant ses vassaux d'assister à la messe. Son fils lui recommanda tendrement son épouse qu'il laissait sous sa conduite. Mais comme elle était nouvelle catholique et qu'il voulait signaler son zèle, il lui ôta d'abord une fille (1) qu'elle aimait beaucoup et

(1) Femme de chambre.

qui était depuis longtemps auprès d'elle. La marquise dissimula son chagrin. Elle était seule dans le château avec le terrible beau-père, auquel tout obéissait là-dedans, et elle ne pouvait se voir tête-à-tête avec lui à table, dans le même appartement où sa belle-mère avait fini ses jours d'une manière si tragique, sans craindre pour les siens. Mais elle eut encore bien plus de peur quand elle trouva dans ce beau-père un amant passionné. Elle fut extrêmement embarrassée sur la conduite qu'elle devait tenir. Son devoir et son inclination lui défendaient de flatter une passion si criminelle, mais il était dangereux d'irriter un homme chez lequel les passions produisaient de si terribles effets, dont on voyait de tristes exemples. La jeune marquise ne savait comment se tirer d'un pas si glissant. Le baron de Moissac, son père, était nouveau catholique comme elle et avait même beaucoup souffert pour la religion, et ainsi elle jugea bien que si elle lui écrivait, son beau-père ouvrirait ses lettres et s'en ferait un mérite auprès de l'Intendant de Baville qui le louerait de cela, bien loin de l'en blâmer. Il ne restait plus qu'un remède à tous les maux de la marquise, encore n'en pouvait-elle attendre qu'un effet bien lent : c'était d'écrire à son mari. Il était ancien catholique, ainsi il n'y avait pas de prétexte pour ouvrir ses lettres. Le marquis reçut celle que sa femme lui écrivit là-dessus. Il frémit d'horreur quand il songea au danger auquel elle était exposée, et, n'écoutant que son premier mouvement, il prit la poste et fut à Paris se jeter aux pieds du roi pour le prier d'obliger son père à retourner dans son exil. Le roi parut surpris quand il apprit que M. de Ganges avait rompu son ban et ordonna, si on le trouvait dans le royaume, qu'on lui fît tout de nouveau son procès. L'action du fils a été mal interprétée par ceux qui n'ont

Le Cardinal Bonzi.

pas su ses raisons. Le roi l'a blâmée et je ne saurais l'excuser, quoique j'entre beaucoup dans sa peine.

Cependant, le comte de Ganges, qui était à la Cour, apprit ce qui se passait contre son père et vint en poste à Ganges, le tirer du château pour le conduire à Avignon. Mais ce séjour ne convenait pas à la situation dans laquelle il se trouvait, et il choisit celui de l'Isle, qui est une petite ville enchantée près de la Fontaine de Vaucluse. Le comte de Ganges, que le chagrin d'être brouillé avec sa femme rend tout à fait solitaire, l'a suivi dans sa retraite.

La brouille était venue de ce que M. de Ganges se voyant méprisé par ses troupes, à cause du mariage qu'il avait fait, avait acheté une lieutenance de roi dans la province et le gouvernement de la cité de Carcassonne, où il fit dessein de mener son épouse ; mais Mme de Ganges ne fut pas de cet avis, et c'est là-dessus qu'ils se brouillèrent. Il sortit de chez sa femme, qui ne se mit point en peine de le retenir, ne l'ayant jamais aimé, et alla d'abord loger à un cabaret à l'enseigne du Chapeau Rouge, ce qui fit dire encore mille plaisanteries. Enfin, rebuté par tant de sortes de mortifications, il quitta Montpellier. Sa femme est fort aise d'en être débarrassée, mais le cardinal a été fâché de ce divorce. La tendresse qu'il a eue pour cette dame est usée par un commerce de longues années et ses indispositions lui donnent des pensées plus sérieuses. Il a toujours beaucoup d'honnêteté pour elle, et je crois qu'il se retranche présentement sur l'estime et la considération. Voilà par où presque tous les longs commerces finissent.

La maison de Bonzi a été autrefois une des meilleures de Florence, mais elle n'est plus sur le même pied, et le père du cardinal ayant fort dérangé ses affaires, l'évêque de Béziers, son frère, qui était fort riche, se chargea de deux de ses enfants : une fille qu'il maria au marquis de Castres, gouverneur de Montpellier ; de ce mariage est sorti le marquis de Castres, qui a épousé Mlle de Vivonne, nièce de Mme de Montespan, la marquise d'Onis d'Avignon et plusieurs autres. Quant à son neveu, cadet de Mme de Castres, il le destina à l'Eglise, mais, par un caprice de jeune homme, l'abbé de Bonzi quitta le petit collet, arbora un plumet à son chapeau et retourna à Florence pour retirer du grand-duc des biens qu'il prétendait avoir appartenu à la maison de Bonzi. Il n'eut pas un fort bon succès dans cette affaire, et, pendant qu'il la poursuivait, un habile mathématicien l'ayant un jour regardé avec application, lui dit qu'il fallait se défaire de ce plumet et de cette épée inutiles, que sa destinée l'appelait à l'état ecclésiastique. Le baron de Castelnau, nom qu'il avait pris en quittant celui d'abbé, voulant en savoir davantage, le mathématicien, après avoir regardé dans sa main et fait toutes les grimaces nécessaires en pareil cas, l'assura que s'il reprenait le petit collet, il serait évêque, puis archevêque, serait chargé de grandes négociations auprès des couronnes étrangères et que, lorsqu'il aurait les yeux rouges, il serait fait cardinal. Mais il l'avertit de prendre garde à son année climatérique qui risquait fort d'être la dernière de sa vie. Quoiqu'il n'y ajoutât pas beaucoup de foi, il garda soigneusement son horoscope, et ayant abandonné ses réclamations, le grand-duc lui donna en échange quelques bénéfices et la qualité de résident pour lui, à la Cour de France. Voilà le baron de Castelnau redevenu abbé de Bonzi. L'évêque son oncle le vit revenir avec plaisir, et lui fit donner l'évêché de Béziers quand il le quitta pour devenir archevêque de Narbonne, situation que son neveu occupa lui-même à sa mort et fut par conséquent primat des Gaules et président de la province du Languedoc. La Cour l'envoya en Pologne, où on prétend qu'il contribua beaucoup à faire monter Sobieski sur le trône. Au retour de ce voyage, ayant gagné par la fatigue et le mauvais temps une fluxion sur les yeux, il écrivait en badinant, à Mme de Castres, sa sœur : « Je ne sais si je serai bientôt cardinal, mais j'ai les yeux furieusement rouges. » A son arrivée en France, il trouva le courrier qui lui apportait la barrette.

Mais si son génie lui valut tous ces beaux avantages, sa bonne mine lui en valut aussi de bien grands et la reine de Pologne, plus sensible aux mérites de ce prélat qu'aux obligations que le roi son époux lui avait, sentit pour lui plus que de la reconnaissance. Vous savez que cette reine est française, fille du marquis d'Arquin et sœur de Mme de Béthune. On dit qu'elle a de la beauté et le nouveau cardinal, également bien servi par l'amour et par la fortune, jouait le plus joli rôle du monde. Ce fut dans ce temps-là que la reine de Pologne, ne pouvant plus soutenir son absence, résolut de venir aux eaux de Bourbon pour avoir occasion de le voir, et, après s'être fait ordonner ce remède par ses médecins, sur des maux qu'elle supposa, on commença à songer à son équipage. Mais par le contre-temps le plus fâcheux du monde, le pape s'avisa de mourir fort mal à propos pour les amants, car le cardinal fut obligé d'aller au conclave, et la reine, qui ne venait en France que pour le voir, rengaina son voyage. La *Gazette* prit soin de dire que les vents lui avaient été contraires et qu'elle avait été obligée de débarquer, et peu de gens ont su la vérité de la chose.

Cependant le cardinal, à son retour de Rome, vint en Languedoc, et comme il aimait tendrement Mme de Castres, sa sœur, et qu'il se plaisait beaucoup à Montpellier, il y passait ordinairement tout le temps qu'il restait en province, et ce fut là qu'il vit la belle Mlle de Gévaudan. Cette demoiselle était de Nîmes : elle avait une sœur mariée à Montpellier avec un président et c'était chez cette sœur que ses parents l'avaient envoyée pour la guérir d'une inclination qu'elle avait prise dans sa ville, et qui n'était pas de leur goût. Le cardinal l'aima dès qu'il la vit et comme elle était prévenue pour un autre et que d'ailleurs elle vit bien que la passion du cardinal ne pouvait avoir aucun but légitime, il aurait couru risque de perdre bien des soupirs, si l'avarice de la présidente ne lui eût ouvert le chemin du cœur de sa sœur. Cette femme, qu'on appelle Mme Mariote, a un génie extraordinaire ; elle serait capable de gouverner un Etat et, plus que cela, entend tout ce qui regarde ses intérêts. Après avoir parlé politique avec le cardinal, elle lui arracha son secret, lui promit de servir son amour, et, après avoir négocié cette affaire comme de la paix entre deux couronnes, elle fut conclue. Le cardinal devint possesseur de la belle, et la présidente de quantité de grosses sommes dont il lui fit présent. Outre l'argent qu'il lui donnait, il lui facilitait encore les moyens d'en gagner considérablement. Il ne se faisait aucune affaire dans la province que par son canal, et il ne s'en faisait aucune gratis ; ainsi la présidente ramassa bientôt des sommes immenses. Mlle de Gévaudan, qui était en tutelle auprès de cette sœur et qui la craignait plus que le tonnerre, n'avait garde d'entrer dans une discussion d'intérêts avec elle et se contentait des nippes et des bijoux dont le cardinal lui faisait présent, jusqu'à ce qu'un peu d'expérience lui fît ouvrir les yeux ; et comme elle vint à savoir que sa sœur avait marié une fille fort avantageusement par les bienfaits du cardinal, elle commença de songer à elle : elle se fit donner des meubles à part, de la vaisselle qu'elle fit marquer à son coin, et enfin elle songea à se bâtir une maison que la libéralité du cardinal rendit magnifique. C'est sur les masures du temple des protestants qu'elle a été élevée, et il n'est point d'hôtel à Paris ni de palais à Gênes qui soient plus beaux. M[me]Mariote, qui regardait cette maison comme devant être un jour à elle ou aux siens, voyait sans chagrin toute la dépense qu'on y faisait, et, étant trop habile pour s'éloigner d'une sœur qui était pour elle une véritable vache à lait, elle l'engagea à la loger avec elle, et le cardinal le souhaita, se souvenant qu'il lui devait tout le plaisir de sa vie.

Cependant ces amours faisaient un terrible bruit. Un frère de la Gévaudan, qui croyait son honneur intéressé là dedans, en vint avertir son père et sa mère, et ces bonnes gens l'envoyèrent à Montpellier pour s'éclaircir de la vérité. Mais l'habile présidente lui fit donner une compagnie de dragons et la majorité de Narbonne, et par là trouva le moyen de lui fermer la bouche. Elle fit de même à l'égard de ses autres parents, leur faisant du bien sans qu'il lui en coutât, et les mettant par là dans ses intérêts. Tout cela n'empêcha pas le public de beaucoup raisonner et les poètes de faire quantité de satires. Un nommé Vitrial, qui était écuyer à Montpellier, perdit mille écus que la ville lui donnait pour mon trer à monter à cheval, parce qu'il avait fait des vers un peu trop justes sur cette affaire. Dans ce temps-là, le comte de Ganges arriva à Montpellier et, malgré tout ce qu'on lui dit de la Gévaudan, il en devint fort amoureux et lui offrit de l'épouser. La présidente, qui craignit que ce mariage ne fît diversion à son désavantage, fit ses efforts pour la détourner et n'y eut pas beaucoup de peine, parce que la personne du cavalier ne plaisait pas à la demoiselle ; mais il survint quelque temps après un cas qui fit que ces dames furent trop heureuses de le trouver.

Mme Mariote avait vu avec chagrin le pouvoir de M. de Baville, intendant du Languedoc, et l'empire qu'une jeune dame, Mme Daudessan, avait pris sur lui. Pour leur faire de la peine, elle composa des mémoires qu'elle envoya en Hollande et fit mettre sur la *Gazette* de ce pays les amours de M. de Baville. Celui-ci, très surpris de se voir tympanisé, écrivit en Hollande et se fit envoyer les mémoires en original, qui se trouvèrent écrits de la main de la dame dont je viens de parler. Avec ces preuves en mains, il fut dans l'assemblée des Etats que le cardinal présidait, et, après s'être plaint d'une manière vive du procédé de cette dame et dit bien des choses là-dessus, qui intéressaient Son Eminence, il conclut par l'assurance qu'il se vengerait de cette calomnie. En effet, peu de temps après, il donna avis en Cour du commerce du cardinal. La Cour prit feu là-dessus, on résolut de faire enlever la demoiselle et de l'enfermer pour le reste de ses jours, et cela aurait été exécuté si le cardinal, qui était au désespoir de ce malheur, n'eût été se jeter aux pieds du roi pour le prier de faire tomber la foudre sur lui et d'épargner une demoiselle qui était très innocente. Mais il eut beau dire, l'esprit du roi était prévenu, et le seul moyen que le cardinal put trouver fut d'écrire à sa belle de se marier au plus vite pour éviter le péril dont elle était menacée. Elle suivit son avis et épousa sur-le-champ le comte de Ganges, cadet d'une des meilleures maisons du pays et colonel de dragons, qui se trouva trop heureux de profiter de la conjoncture.

Ainsi Mlle de Gévaudan, devenue comtesse de Ganges, se vit à l'abri des insultes de ses ennemis, sous le manteau de l'hymen qu'on peut appeler manteau de charité, puisqu'il couvre souvent une multitude de péchés. Ce mariage a fait grand tort au comte. On trouva aussi Mlle de Gévaudan bien hardie d'entrer dans une famille où, sur de simples soupçons, on assassinait les gens, elle qui avait à craindre pour des choses un peu plus avérées. On leur fit cent avanies et entr'autres, le premier soir de leurs noces, on attacha sur la porte un portrait où on voyait un bélier ayant une calotte rouge sur ses cornes avec ces mots : *Au bon mouton de Ganges*, faisant allusion aux moutons de ce pays-là, qui passent pour les meilleurs du monde.

Pour en revenir au cardinal de Bonzi, il a été attaqué dès sa soixante-troisième année d'une apoplexie dont il ne se serait point tiré si, se souvenant de ce que cet homme lui avait prédit, il n'avait eu la précaution de se faire veiller toutes les nuits et c'est à cette précaution qu'il doit tous les secours qu'il reçut dans son mal, sans lesquels il aurait sans doute succombé. M. de Montpellier fut le voir et lui porta le Saint-Sacrement. Comme c'était pendant la tenue des Etats, dont le cardinal est président, tous les seigneurs composant cette assemblée se rendirent dans sa chambre où l'on avait orné une table en manière d'autel pour servir de reposoir au Saint-Sacrement. Dès que l'évêque l'eut exposé à l'adoration des assistants, il s'approcha du malade et lui dit qu'ayant scandalisé la province par le commerce qu'il avait eu avec Mme de Ganges, il devait en faire une réparation publique et promettre solennellement à Dieu, au cas qu'il voulût lui redonner la santé, de rompre entièrement avec cette dame. Là-dessus, abusant de quelques signes équivoques que le cardinal fit par hasard, il dit tout haut que Son Eminence demandait pardon à Dieu et à la province des scandales qu'il avait donnés et promettait de rompre avec Mme de Ganges, à laquelle

Louis XIV en Soleil, dans le ballet de La Nuit.

il envoya sur-le-champ le curé de la part du cardinal pour lui défendre à l'avenir sa maison. La comtesse reçut ce compliment sans s'émouvoir et se contenta de dire au curé qu'elle savait d'où partait ce coup et qu'elle agirait là-dessus comme elle le jugerait à propos. Cependant le cardinal revint de son apoplexie et fut fort surpris d'apprendre tout ce qui s'était passé pendant son mal et les démarches qu'on avait faites en son nom ; mais comme il est extrêmement politique, il ne manqua pas d'aller remercier l'évêque du soin qu'il avait pris de lui administrer les sacrements, et, pour lui faire voir qu'il désavouait tout ce qu'on avait prétendu lui faire dire, il cria tout haut à ses porteurs d'aller chez Mme de Ganges. Cette comtesse le reçut assez froidement, quoiqu'elle ne dût pas l'accuser d'une chose à laquelle il n'avait eu nulle part, et, après le premier compliment, elle lui dit que l'air de la campagne aiderait au rétablissement de sa santé. Son Eminence prit cela pour un exil, et, voulant s'y soumettre, elle partit dans le moment pour Malmagne (Valmagne), qui est une de ses abbayes.

M. de Montbel, qui est syndic de la province du Languedoc, me racontait comment M. Penautier, trésorier de la même province et du clergé, est revenu sur l'eau après avoir été accusé d'empoisonnement. Il tient présentement table aux Etats, et les plus grands seigneurs se font honneur d'y manger. Aussi ne manque-t-on pas d'en dire :

Si Penautier dans son affaire
N'a su trouver que des amis,
C'est qu'il avait su se défaire
De ce qu'il avait d'ennemis.
Si pour paraître moins coupable
Il fait largesse de son bien,
C'est qu'il prévoit bien que sa table
Ne lui coûtera jamais rien.

J'ai encore à vous dire que M. Bosc, de Montpellier, a épousé cette Mme de Montpouillan qu'il avait amenée de La Haye et qui avait quitté son mari pour le suivre. Il avait donné une fête magnifique, étant maître des requêtes, à M. d'Ondyk, envoyé extraordinaire de Hollande. La scène se passa au Roule, qui est, comme vous savez, dehors la porte Saint-Honoré. C'étaient des illuminations qui faisaient du jardin paroli au soleil. Tous les arbres étaient autant de lustres ; il y eut un souper magnifique après lequel on commença un bal qui dura jusques au jour. Tout Paris y courut en masque, les rafraîchissements y coulaient de source et cette fête fut si belle qu'elle coûta cinquante mille francs, dépense que M. Bosc pouvait faire aisément, parce qu'il est le fils d'un homme d'affaires de Montpellier, qui lui a laissé de grands biens ; ce qui donna occasion à M. le premier président de dire, avec son sang-froid ordinaire, qu'on devait savoir bon gré à cet homme, qui venait du fond de sa province, faire les honneurs de la France. Ceux qui prétendaient pourtant savoir le secret, disaient que M. Bosc donnait cette fête à Mme Montpouillan. Il l'a ensuite fait enfermer dans des lieux qui ne sont rien moins que pour des vestales, et, après un éclat de cette nature, il l'a reprise et il est avec elle comme si de rien n'était. On dit que le sujet sur lequel il la fit mettre en pénitence est le plus plaisant du monde et qu'elle lui a joué un tour qui passe de beaucoup tous ceux de la femme à Georges Dandin. Je m'en ferai conter l'histoire et vous en ferai part une autre fois (1).

(1) La dame de Paris, qui répondait fidèlement à chaque lettre et donnait des nouvelles de la Cour, du Roi, de Mme de Montespan, de Mme de Maintenon, de la famille royale, avec des détails connus sur ces personnages ainsi que sur les événements politiques du moment, ne voulait pas être en reste sur les anecdotes privées.

Lettre de Paris.

On s'est baigné cet été à la Porte-Saint-Bernard (1); toute la ville, attirée par ce spectacle, avait entièrement déserté le Cours (2), et l'on ne voyait que carrosses sur le bord de l'eau. Un jour, les deux Loisons se baignaient et avaient autour de leur tente M. le Duc (3) et quantité d'autres dieux marins. La femme d'un Conseiller qui se baignait assez près d'elles dit à une de ses amies : « Voilà les Loisons! » Elles l'entendirent et la cadette répondit : « Voilà qui est bien robin et bien bourgeois. — Il est vrai, dit la conseillère, qu'on pourrait vous donner d'autres noms et que ceux d'abandonnées et de malheureuses vous conviendraient fort. » Les Loisons prirent feu, quoiqu'elles fussent dans l'eau, et, fortifiées par la présence du prince, elles crièrent d'abord : « Monsieur le Duc, à moi, voyez comme on nous traite! » Mais M. le Duc leur dit : « Mesdames, je veux bien partager vos plaisirs, mais non pas vos querelles. » Cette réponse a été trouvée fort jolie : voilà pourquoi je vous en fais part.

L'Opéra et la Comédie vont toujours leur train et fournissent des maîtresses à nos princes. Monseigneur a choisi la Raisin et on dit que cette comédienne a entièrement supplanté la marquise du Roure que le roi a exilée; vous pourrez la voir, car on dit qu'elle est à Montpellier. Il l'a recommandée à un fameux médecin nommé Barbeirac, car elle y va pour accoucher. Elle y a fait trois voyages incognito pour la même raison, et Mgr le Dauphin le charge d'en prendre soin, parce que ses

(1) Au bout du quai de la Tournelle et au commencement du quai Saint-Bernard, fut abattue en 1730.

(2) Cours-la-Reine.

(3) Fils de l'aîné de la maison de Condé.

enfants sont de sa façon. Si cela est, voilà le secret un peu éventé, mais les gens sages n'en parleront qu'à l'oreille. Je n'aurais pas cru que notre Dauphin eût poussé la constance si loin avec la marquise du Roure. Je sais qu'il l'a beaucoup aimée et qu'un jour que le roi était à Choisy et qu'il lui dit que pour de bonnes raisons il avait jugé à propos d'exiler cette dame, ce fils respectueux lui répondit : « Vous êtes le maître, Sire, mais si Votre Majesté l'envoie au bout du monde, je partirai dès demain pour aller vivre avec elle. » Le roi, surpris de cette réponse à laquelle il ne s'attendait pas, ne dit mot, et Monseigneur monta à cheval sur-le-champ et s'en vint à Paris. Le roi envoya après lui M. Dumont, écuyer de Monseigneur et son favori, pour le ramener et lui faire entendre raison. Il revint et le roi lui dit que la marquise du Roure lui était infidèle, qu'elle mêlait le sang royal avec le roturier, que c'était là véritable raison qui avait causé son exil. Monseigneur parut la goûter, et, depuis ce temps-là, on l'avait cru détaché de cette belle ; peut-être cachait-il sa marche.

Quoique grand-papa, Monseigneur, qui est encore jeune et beau, donne aussi quelquefois dans l'aventure et dernièrement il dépêcha son écuyer favori à Paris pour lui aller chercher une actrice de l'Opéra qui est agrégée dans ses menus plaisirs. L'actrice partit dans le moment et mena avec elle une de ses sœurs pour lui tenir compagnie au retour. Dès qu'elles furent arrivées à Meudon, on les mit dans des chambres séparées et l'on avertit Monseigneur que sa belle l'attendait. Il acheva de déjeuner, après quoi il passa dans la chambre où il croyait la trouver. Mais par un malentendu, il rencontra justement celle qu'il ne fallait point. Sa préoccupation ou peut-être le peu d'attention qu'il a pour ces sortes de choses l'empêchèrent de s'apercevoir de la différence qu'il ne connut que, lorsqu'ayant été joindre sa cour, son confident lui vint dire que la belle s'ennuyait. Ce fut là le dénouement de la pièce. Comme l'intention fait le crime et que celle de Monseigneur n'avait pas été criminelle, car elle n'était pas, dans le fond, fort innocente, mais comme vous savez, il y a mal et pis, comme, dis-je, Monseigneur n'avait donné que par hasard dans ce pis-là, il en a eu moins de remords. On ramena les deux sœurs qui, si les choses se font dans l'ordre, seront toutes deux exclues des bonnes grâces de ce prince, qui était trop scrupuleux (M. d'Epinay l'était moins), pour ne pas rompre tout commerce avec elles.

Le pauvre comte d'Estrades voudrait bien qu'il lui fût permis de chasser dans les plaisirs de Monseigneur, mais il n'y a pas eu moyen, et il a fallu décamper d'auprès de la Raisin. La Florence, danseuse de l'Opéra, a fait la conquête du duc de Chartres, qui n'a jamais eu du goût pour sa femme, bien qu'il l'ait prise de la main et de la façon du roi (1). Le grand prieur (2) et Fanchon Moreau font toujours la même vie à Clichi, où quantité de gens la vont voir et où elle les régale très bien. Le duc de Valentinois, qui a une des plus aimables femmes de la Cour, la néglige pour la petite du Fort, autre danseuse de l'Opéra, tant on est à présent dans le goût des filles de théâtre.

(1) Et de Mme de Montespan.
(2) De la maison de Vendôme.

CHAPITRE III

Le Canal du Midi. — Le baron de la Nougarède décapité pour sacrilège. — Toulouse. — Son charnier. — Adoration des images. — Une campagnarde qui se trompe de lit. — Extravagances de M. de Montespan.

Je quittai mon carrosse à Béziers, et je m'embarquai sur le canal qui fait la jonction des Deux-Mers (1), et qui fait partie des merveilles de ce règne, quoique le roi ait sans doute moins part à ce dessein que M. Colbert, et que toute la gloire de l'exécution en soit due à M. de Riquet, père du président Riquet, qui vient d'épouser la fille du comte de Broglio. Ce canal est assurément quelque chose de très beau et M. de Vauban a dit qu'il voudrait n'avoir jamais fait que cela. Ce que j'ai remarqué de plus curieux, c'est une montagne (2) qu'on a percée, sous laquelle coule le canal et sous laquelle, par conséquent, les barques sont obligées de passer : ce chemin dure près d'une heure et j'aurais voulu qu'il eût duré toute la journée : on y respire un air frais, et comme j'avais avec moi des personnes de Béziers qui chantaient toutes naturellement à merveille, c'était un plaisir d'entendre résonner leurs voix sous cette grotte.

(1) Canal du Midi ou du Languedoc ou des Deux-Mers, qui commence à Toulouse aux ponts Jumeaux pour finir dans l'étang de Thau, près Cette.

(2) Le Col de Malpas, après Nissan (Hérault).

Une chose qui me surprit encore, c'est que dans un autre endroit où une rivière (1) passe on a bâti un pont aqueduc (2), sur lequel on a fait monter le canal, si bien que je fus étonnée lorsqu'on me fit remarquer un pont et une rivière sous nos pieds. Comme le terrain n'est pas uni, on a été obligé de faire des écluses, et c'est la seule incommodité que je trouve à cette route qui d'ailleurs est fort agréable. On y trouve tous les soirs de bons gîtes.

Le second jour nous pûmes coucher à Carcassonne, où il n'y a de rare (3) qu'un saint suaire, qu'on m'assure être le véritable, et que je n'eus pas la curiosité d'aller voir, parce que j'en avais déjà vu d'autres en d'autres endroits, dont on m'avait dit la même chose. Comme on chante à Béziers, on danse aussi très bien à Carcassonne. On me donna un bal qui dura une partie de la nuit, et le lendemain matin nous continuâmes notre route jusques à Castelnaudari. Cette ville est faite en musique, on ne saurait y faire trois pas de niveau. Cependant, il y a fort bonne compagnie et nous nous divertîmes très bien. Il y a à Castelnaudari une sénéchaussée (4) et un Présidial (5) ; tout cela fournit bonne compagnie, et l'évêque de Saint-Papoul (6), qui n'est qu'à une lieue de là, vient de temps en temps l'augmenter. C'est le prélat du monde le plus charmant, par les agréments de sa personne et de son esprit. Il n'est point ennemi de la joie. Il nous pria à manger et vint manger chez nous : les personnes les plus qualifiées de

(1) L'Argens Double, après Moux (Aude).
(2) Pont du Fresquel.
(3) Mme du Noyer n'oublie que la Cité.
(4) Division judiciaire.
(5) Tribunal institué en 1561, qui se composait de neuf magistrats.
(6) A ce moment Mgr de Grammont.

la ville étaient de nos fêtes. Depuis que Castelnaudari avait perdu la Chambre de l'Edit (1), on ne s'y était pas autant réjoui que pendant le séjour que nous y fîmes.

De là, mon mari dut aller à Mazamet. Nous passâmes par Revel et nous arrivâmes dans les pays voisins de la Montagne Noire, autrefois remplis de protestants. Nous fûmes logés à un quart de lieue de la ville, à un lieu appelé Négrin, où l'on avait cru que nous serions plus commodément. Les maires, consuls et juges de Mazamet nous y vinrent haranguer : toutes les personnes de la ville nous rendirent visite ; mais si je ne m'étais pas retranchée sur la promenade et sur le plaisir de lire, j'aurais couru risque de me bien ennuyer dans ce petit désert, surtout lorsque mon mari était obligé de parcourir la Montagne Noire (2).

Ma ressource était d'aller m'asseoir au bord d'un ruisseau, avec un livre, et de regarder de là le château de Mouledier qui semble pencher sur le bord d'un précipice et qui, de l'endroit où j'étais, formait un point de vue si agréable que j'aurais voulu de tout mon cœur être assez habile pour le pouvoir dessiner. Je vis là un bon gentilhomme, frère du malheureux baron de la Nougarède, qui, quoique proche parent du premier président Fieubet et malgré les soins de Mme de Maniban, perdit la tête sur un échafaud, pour la plus cruelle aventure du monde. Il avait été accusé, dix ans auparavant,

(1) Qui enregistrait les édits royaux.

(2) Cette montagne doit son nom à la verdure sombre dont elle est recouverte et à ce qu'elle est longée sur plusieurs kilomètres par la Rigole qui serpente au milieu des fougères et des arbres, en une ravissante promenade. Cet étroit cours d'eau, canalisé artificiellement, reçoit, dans les vastes bassins de Saint-Ferréol et de Lampy, les torrents destinés à alimenter le Canal du Midi. La colonne de Naurouse, située aux confins du département, marque la ligne du partage des eaux, qui vont d'un côté vers Cette et de l'autre vers Toulouse.

d'avoir profané, dans une débauche, les plus sacrés mystères de la religion romaine, et d'avoir poussé la chose jusqu'à faire à table les cérémonies des autels et dire la messe, ou tout au moins faire semblant. Cette affaire, que l'on aurait pu juger criminellement, fut poursuivie au civil et le baron de la Nougarède en fut quitte pour dix mille francs. Mais, pour son malheur, longues années après, il rencontra un jeune ecclésiastique sur son chemin, en revenant de la campagne, qui passa à cheval tout auprès de lui. Il lui demanda où il allait, d'où il venait; l'ecclésiastique lui dit qu'il venait de dire sa première messe : « Et combien vous en a-t-il coûté pour cette première messe? demanda le baron. — Rien, dit le prêtre. — Vous êtes bien heureux, ajouta l'autre avec une grande imprudence, car la première que j'ai dite m'a coûté dix mille francs. » Le jeune prêtre rapporta la chose chez lui. Les ennemis du baron prirent de là l'occasion de le perdre; on le dénonça au Parlement, et le procureur général, qui n'avait jamais été des amis du président Fieubet, fut charmé de pouvoir faire périr un de ses parents, et le pauvre baron de la Nougarède fut obligé de payer de sa tête les sujets de mécontentement que le procureur général croyait avoir reçus du premier président.

Je fus donc, toujours sur le canal, de Castelnaudari à Toulouse, cette grande ville à laquelle on a donné le nom de sainte. J'y fus priée à une fête que les Capitouls (1) donnèrent à l'hôtel de ville. Les Capitouls de Toulouse c'est ce qu'on appelle ailleurs les échevins. Le nom de Capitoul vient, à ce qu'on dit, du Capitole de Rome; ces charges anoblissent, et M. le duc de

(1) Magistrats muicipaux de Toulouse.

Noailles, lorsqu'il a été obligé de faire ses preuves pour devenir Cordon Bleu, s'est contenté de produire le capitoulat d'un de ses ancêtres. La fête que ces messieurs donnèrent à Mme Sanson, et à laquelle elle me pria, fut des plus magnifiques. Après la collation il y eut bal dans la salle du Consistoire qui est le lieu où l'on rend la justice. On nous fit voir aussi tous les beaux endroits de cette maison, qui était autrefois le palais des comtes de Toulouse (1) et où il y a encore de très belles peintures de ce temps-là (2). J'ai été à l'église des Cordeliers, j'y ai vu le charnier dont j'avais tant ouï parler et où les corps se conservent en leur entier pendant des siècles. Celui de la belle Paule (3) garde encore des marques de sa beauté. Je demandai à ces bons Pères par quel moyen ils pouvaient garantir ces corps de la corruption ; ils me dirent qu'ils les enterraient d'abord dans une certaine terre qui en consumait la chair ; et qu'après cela ils les exposaient à l'air, et que lorsqu'ils étaient suffisamment desséchés, on les rangeait dans le charnier. Dans le temps que ce moine me parlait, j'en vis d'autres qui descendaient du clocher avec des corps morts sur leurs épaules, auxquels le grand air avait entièrement ôté ce qu'ils pouvaient avoir de mauvaise

(1) Appelé ensuite Capitole.

(2) Elles n'existent plus depuis longtemps, mais les grands noms des peintres toulousains actuels s'unissent pour décorer sa *Salle des Illustres* et celle du Conseil municipal.

(3) Paule de Viguier, née à Toulouse en 1518, épousa le sire de Beynaguet et se remaria avec Philippe de la Roche, baron de Fontenilles; habita la place Saint-Barthelémy. Sa famille possédait un hôtel, place du Vieux-Pont, actuellement place d'Assézat. Elle mourut en 1610. Célèbre par sa beauté, elle revit dans l'ouvrage de son parent, Gabriel de Minut, livre fort rare, intitulé: *De la Beauté, discours divers, avec la Paulegraphie ou description des beautés d'une dame Toulousaine appelée la belle Paule.* Son corps a disparu des Cordeliers en même temps que le charnier, au moment de la Révolution.

odeur, et je jugeai par là que le bon cordelier m'avait accusé juste.

Des Cordeliers je fus à l'église de Saint-Sernin. C'est dans ce lieu-là que reposent les Corps Saints, et c'est de là que Toulouse tire son nom de Sainte. On me fit voir une quantité prodigieuse de saints, tant apôtres que premiers martyrs. Je ne sais comment Rome se peut accommoder de cela, car il me semble qu'elle se vante d'avoir les mêmes. Peut-être se sont-ils multipliés ; je n'en sais rien ; ce qu'il y a de sûr, c'est qu'ils ont des châsses magnifiques. Après les avoir vus à Saint-Sernin, je les vis encore passer en revue à une procession qu'on fit quelque temps après pour célébrer le jour de la délivrance de la ville, c'est-à-dire celui auquel les Albigeois en furent chassés et que l'on extermina tous les protestants. J'avais cru jusqu'ici que ces derniers nous en imposaient, quand ils nous accusaient d'adorer les images et les reliques ; mais j'ai été convaincue de la vérité de cette accusation, puisque, dès que la Sainte-Epine passe, tout le monde se met à genoux devant elle, parce que, dit-on, cette Sainte-Epine a été tirée de la couronne de Notre Seigneur.

J'ai vu encore tout le monde se prosterner devant une image de la Vierge qu'on appelle Notre-Dame la Noire. L'on me dit, pour autoriser cette adoration, que cette image était miraculeuse, et l'on me conta qu'un jour le feu avait pris dans un des faubourgs de Toulouse, et que toute l'eau bénite du pays n'ayant pu l'éteindre, on y porta le Saint Sacrement ; mais que tout cela étant inutile, il fallut avoir recours à Notre-Dame la Noire, dont la présence fit tout d'un coup cesser l'incendie. On m'assura qu'on lui avait vu verser des larmes et on me fit cent contes de cette nature. Les Pères Bénédictins, possesseurs de ce trésor, ne le mettent pas à tous les jours, et tirent de grosses contributions des personnes qui ont recours à cette image (1).

Les jours qu'on fait ces belles processions, à Toulouse, on voit une quantité prodigieuse d'étrangers qui viennent en foule des lieux voisins, les uns par dévotion et les autres par curiosité. Je fus témoin d'une aventure qui aurait pu avoir des suites funestes pour la personne à qui elle arriva. Une de ces dames campagnardes que la dévotion attirait à Toulouse, fut logée dans un cabaret où il y avait beaucoup d'étrangers, entr'autres deux marchands de Bordeaux qui couchaient dans une chambre attenant à celle qu'on lui avait donnée. Cette dame s'étant levée dans la nuit pour quelque petit besoin, au lieu d'entrer dans sa chambre, donna par mégarde dans celle des deux marchands et se coucha dans leur lit, croyant que ce fût le sien. Ce qui contribua à son erreur, c'est qu'elle couchait avec une de ses parentes ; ainsi, entendant des personnes qui dormaient et ne distinguant pas s'il y en avait une ou deux, elle ne douta point que ce ne fût sa compagne et s'endormit avec beaucoup de confiance. Mais sa surprise fut grande lorsque, s'éveillant au matin, elle se trouva entre deux draps avec des jeunes éveillés qui avaient tout l'air de ne pas lui faire quartier. « Sainte Vierge, dit-elle alors,

(1) Mme du Noyer, protestante elle-même, se méprend, ou feint de se méprendre, sur le genre de vénération que les catholiques portent aux images des objets de leur culte. Leurs hommages ne s'adressent pas au signe lui-même, mais à ce qu'il représente, et le rend plus sensible. Ils n'adorent pas ce signe, ils ne font que l'honorer. Aussi est-ce par erreur qu'elle s'étonne de voir les fidèles se prosterner devant les statues de la Vierge ou les reliques des Saints. Quant à Notre-Dame la Noire, que, semble-t-il, on n'exposait pas tous les jours, c'est encore une erreur. Les Pères la laissaient voir librement au public dans l'église de la Daurade et on ne peut de bonne foi dire qu'ils tiraient « de grosses contributions », alors qu'ils acceptaient simplement les offrandes volontaires qu'on leur remettait, en reconnaissance des grâces obtenues.

tirez-moi du péril où mon imprudence vient de me jeter.» En disant cela, elle songeait à se tirer du lit le plus doucement qu'il lui fût possible, mais elle ne put pas éviter de marcher sur le pied d'un de ces messieurs, qui ouvrit un œil et le referma aussitôt pour continuer à dormir. La dame, cependant, sortit au plus vite du lit et de la chambre et courut, toute tremblante, conter à sa cousine ce qui venait de lui arriver ; elle eut même toutes les peines du monde à revenir de sa frayeur. Mais ce qu'il y eut de plus plaisant, c'est qu'en dînant un de ces marchands dit à table qu'il avait eu une vision le matin et qu'il avait cru voir une femme en chemise qui sortait de son lit. On le railla sur la nature de la vision, mais enfin, la dame en question, qui était présente, développa le mystère, en contant la chose comme elle s'était passée. Les deux marchands se désespéraient d'avoir manqué une si bonne fortune, qui était venue les chercher dans leur lit. La dame, de son côté, se croyait échappée au danger par l'effet de son oraison jaculatoire. Chacun raisonna là-dessus à sa mode, et la chose se tourna enfin en plaisanterie. La dame n'en fit nul mystère ; cette aventure fut bientôt publique et M. de Montusson me la conta l'autre jour chez Mme de Lanta, où il y avait grande compagnie.

Mme de Lanta est la fille de M. de Riquet, auteur du canal, et sœur de celui qui est président ici : elle eut deux cent mille francs en mariage et elle épousa M. de la Valette Cornusson, sénéchal (1) de Toulouse et d'une des meilleures maisons du pays. Elle vécut avec lui trois ans, mais ne s'en accommodant plus, elle l'accusa d'impuissance et essuya toutes les formalités nécessaires pour prouver la justice de son accusation. Enfin, après

(1) Fonction judiciaire équivalant à celle de Premier Président.

une longue procédure, le mariage fut cassé, et il lui fut permis d'épouser qui bon lui semblerait. Elle choisit M. de Lanta, qui, à ce qu'on prétend, avait commencé de lui en conter avant qu'on intentât le procès à M. de Cornusson. Ce pauvre homme eut tant de regret de se voir abandonné par sa femme, qu'il se fit d'Eglise et mourut quelque temps après. M. de Lanta est neveu de l'évêque de Saint-Papoul, et l'on me dit que lorsque ce prélat communiqua le mariage de son neveu à l'archevêque de Toulouse, celui-ci dit : « M. de Lanta est bien hardi de prendre la femme d'autrui et l'argent de la province. » Il prétendait, en disant l'argent de la province, que le dot de Mme de Lanta venait de ce que son père avait volé en faisant le canal. Sa maison est fort estimée, elle est ici comme celle de Mme de Blauvac à Avignon, l'on y joue gros jeu et il y a tous les jours fort bonne compagnie.

Mlle Riquet, sa sœur, est auprès d'elle, et M. de Montespan (1) est si fort amoureux de cette demoiselle, qu'il a écrit au pape pour lui demander la permission de l'épouser. Il allègue là-dessus les meilleures raisons du monde, et je ne doute point que le pape lui eût accordé sa demande s'il avait reçu cette lettre qui est assurément la plus belle que j'aie jamais vue ; mais M. de Louvois, à qui M. de Montespan en fit voir la minute, l'assura que s'il l'envoyait au pape et qu'il poussât la patience du roi à bout, il était un homme perdu et qu'il perdrait par là la fortune du marquis Dantin, son fils. Le pauvre M. de Montespan, intimidé par ces menaces, craignit pour la première fois et rengaina sa lettre. Il y a quelque temps, il jouait au lans-

(1) Mari de la favorite. Montespan est un bourg de la Haute-Garonne, à 11 kilomètres de Saint-Gaudens.

quenet, et sa carte, qui était un roi de cœur, fut la première prise, et comme il pestait un peu, une présidente, voulant faire le bel esprit, lui dit : « Ah ! monsieur, ce n'est pas le roi de cœur qui vous a fait le plus grand mal. » M. de Montespan, aigri par cette perte et par le mauvais bon mot de cette présidente, lui répondit : « Si ma femme est à un louis, vous êtes à trente sols. » Après cela il fit une partie de masques avec quelques-uns de ses amis et fut avec eux à un bal dont cette présidente était la reine, et il lui donna le fouet en présence de tout le monde, après quoi il sortit sans être reconnu.

On a bien raison de parler de la vivacité des Gascons ; je n'ai jamais vu de gens avoir la repartie si prompte et je n'aurais jamais fini si je voulais vous conter ce que je leur entends dire tous les jours. On les accuse d'avoir un esprit fin avec un cœur très faux, c'est ce que je n'ai pas encore éprouvé, ainsi je ne puis parler que de leur esprit. Les dames sont ici comme partout ailleurs, c'est-à-dire un peu coquettes ; elles n'ont pas les manières si libres qu'à Montpellier, mais on prétend qu'elles ne soutiennent pas leurs airs réservés lorsqu'elles sont dans le tête-à-tête ; ainsi tout cela revient au même. Une de leurs occupations les plus agréables est de se divertir aux dépens les unes des autres ; c'est à qui se déchirera le mieux, et comme elles ont beaucoup d'esprit, elles donnent là-dessus des scènes qui réjouissent les spectateurs (1).

Il n'y a point de femme de condition qui se laisse voir chez elle les jours de poste. Un laquais a toujours ordre de dire dans ce temps-là que madame fait son ordinaire et ces animaux s'expriment quelquefois là-

(1) L'auteur des *Lettres* parle aussi du point de vue un peu provincial qu'on avait alors à Toulouse de ne juger les gens que par la quantité de correspondances qu'ils entretenaient.

Toulouse.

dessus en des termes qui font faire les plus plaisantes équivoques. La sœur de M. d'Hermenonville, qui est ici, mariée au président de Montbrun, voulut se laisser voir dans un de ces jours où les dames veulent qu'on les croie occupées à écrire. Celle-ci ne savait pas encore les us et coutumes du pays, mais son mari la redressa bien vite : « Fi donc, Madame, lui dit-il, une femme de votre rang ne doit pas recevoir de visites aujourd'hui, » et, là-dessus, il donna ordre qu'on dît à la porte que madame faisait son ordinaire.

Il y a ici de fort belles promenades, un Cours où l'on voit une quantité de carrosses et un beau jardin (1) qu'on appelle Frescati, où l'on se promène à pied comme à Paris dans les Tuileries. Le carême a mis des bornes aux plaisirs des dames de Toulouse, et, quoiqu'ils aient recommencé après Pâques, ce n'était pourtant pas avec la même vivacité que dans le carnaval où, au pied de la lettre, il ne fait pas sûr d'aller dans les rues ; on baisse les glaces des carrosses, de peur qu'elles

(1) Derrière le Jardin des Plantes actuel.

ne soient cassées par la quantité de confitures et de dragées qu'on se jette à la tête. Il ne reste personne aux maisons ce jour-là, les artisans abandonnent leur boutiques, les domestiques sont dispensés d'obéir à leurs maîtres, et les autres courent les rues depuis le matin jusques au soir ; les dames sont en carrosse, les messieurs à cheval et le petit peuple à pied. D'autres font des mascarades en charrette où l'on représente le Temps, les Saisons, les Goûts, les Passions et autre chose de cette nature ; on fait imprimer des vers qui expliquent l'emblème et l'on jette ces vers dans les carrosses des dames. Outre cela, ceux qui ont des maîtresses leur donnent ce jour-là le *massepain*. Ce massepain est une boîte grande comme un coffre, toute pleine de confitures, couvert d'une étoffe d'or dont on peut faire une jupe et montée avec des rubans d'or ; on a soin d'en mettre ce qu'il faut pour une garniture. On promène tout le jour ce massepain sur un cheval ou dans une chaise de poste, et après qu'on l'a bien fait admirer et qu'on a jeté à droite et à gauche quantité de vers à la louange de celle à qui on le destine, on le lui fait donner par des gens masqués qui choisissent, pour le lui présenter, l'endroit où il y a le plus de monde. Après qu'on a couru les rues pendant le jour, on court toute la nuit le bal, et, du train dont on y va, il n'y aurait personne qui pût résister à cette fatigue, si le carême n'arrivait à propos pour calmer ces fureurs.

Chaque saison a pourtant ici ses plaisirs, mais un peu plus modérés, et chaque dimanche de carême a un des faubourgs de la ville où l'on va célébrer le *fénétra*. Dans le faubourg du Basacle on mange des huîtres, dans les autres on mange quelque autre chose ; et enfin le beau fénétra est celui du faubourg Saint-Sernin où est le Cours. Toutes ces dames s'y rendent le lundi de

Pâques, parées de leur mieux; les messieurs y font de belles cavalcades autour des carrosses, et enfin on voit arriver quantité d'hommes à pied, les uns déguisés en garçons pâtissiers, d'autres en bergers qui portent chacun un fénétra sur la tête. Le fénétra est un grand gâteau d'une pâte fort excellente, tout piqué d'écorce de citron et d'autres confitures; ils sont chacun sur une planche, couverts de petits rubans et de colifichets, et c'est tout ce qu'un homme peut porter. On les porte en dansant dans les carrosses des dames, et l'on fait que les deux bouts du gâteau sortent par les portières. Ce présent ne tire pas à conséquence comme les massepains du carnaval; ainsi on en donne aux femmes tout comme aux filles. Je demandai d'où venait l'origine de cette cérémonie, et j'appris qu'elle était d'institution dévote. J'avais bien remarqué qu'on la commençait toujours par recevoir la bénédiction dans une église du faubourg où l'on devait se réjouir et où l'on expose exprès le Saint-Sacrement ce jour-là; mais je ne savais pas que ces parties de plaisir eussent succédé à des repas de charité que les premiers chrétiens faisaient autrefois auprès des tombeaux des martyrs; c'est ce qu'on m'en a dit, et c'est ce que le mot fénétra signifie en je ne sais quelle langue. Je voulus savoir aussi ce que c'était que ce Basacle où l'on va manger des huîtres, et je sus que ce faubourg tire son nom d'un moulin qui est d'une grandeur prodigieuse et habité par quantité de messieurs à longues oreilles. Ce moulin est une des curiosités de Toulouse et il me souvient d'en avoir lu une espèce de relation dans les *Amitiés, Amours, Amourettes* de M. le Pays (1).

(1) C'est probablement en souvenir de ce gâteau et de ses colifichets que le dimanche des Rameaux, les enfants apportent dans les églises des branches de laurier qui supportent de toutes petites pâtisseries

Il n'y a pas longtemps que des jeunes gens faisaient un joli manège. C'étaient presque tous fils de conseillers qui, quand il était nuit, allaient en troupe dans les rues et faisaient rendre la bourse à tous ceux qu'ils rencontraient ; après cela on les obligeait à baiser le derrière d'un de ces messieurs et cette illustre troupe se faisait nommer la *Confrérie des Baise-cus*. Confrérie très redoutable pour les pauvres passants. Le Parlement a été obligé d'y mettre ordre, mais personne n'a été puni, parce que chacun avait son fils ou ses parents à sauver : ainsi la grâce a été générale.

en forme de couronnes, et même des oranges attachées par des rubans de couleur. On les présente à la bénédiction des Rameaux. Il est vrai que cet usage existe dans d'autres villes du Midi. Le Fénétra est réduit à une sorte de foire d'un aspect assez misérable qui se transporte en effet d'un quartier à l'autre et où l'on ne trouve pas le moindre gâteau, si ce n'est ceux des éventaires dont on chasse les mouches avec un plumeau en papier.

On ne mange plus d'huîtres au Basacle, qui est toujours un moulin important, sans avoir rien de prodigieux, et auprès duquel on a créé tout récemment une jolie promenade publique.

CHAPITRE IV

Détails ignorés de la mort du duc de Montmorency. — Les amants constants. — Le remède de la présidente Druillet contre la tentation. — Mme de Lancé ; une mère qui épouse sa fille. — Comment naufragea l'innocence baptismale du duc d'Anjou, roi d'Espagne. — Autres extravagances de M. de Montespan.

J'ai vu dans l'intérieur du Capitole l'endroit où fut exécuté (1) M. de Montmorency, après qu'il eut perdu la bataille de Castelnaudari contre les troupes du roi ou plutôt contre le cardinal de Richelieu, et qu'il eut le malheur de tomber entre les mains de ses ennemis. C'est dans la cour où l'on voit encore les marques de son sang sur la muraille. Le Parlement le condamna la larme à l'œil. Mme la marquise de Saint-Joiri m'en contait des particularités dont je n'avais jamais ouï parler. Elle me disait que M. de Montmorency fut mené chez elle avant que d'être conduit à Toulouse, et qu'il était soigneusement gardé dans son château où Mme la princesse de Condé avait aussi un appartement. Cette princesse, après avoir fait tout ce qu'elle avait pu pour obtenir la grâce de son frère, voyant bien que le cardinal avait juré sa perte, résolut, pour le sauver, de se défaire de ce ministre. Elle fit part de ce dessein à la

(1) En 1632.

marquise de Saint-Joiri et la pria de l'aider à l'exécuter. La marquise était encore toute jeune et n'était mariée que depuis fort peu de temps ; cependant elle garda le secret et promit son secours à Mme la princesse. Le projet était que la princesse aurait un poignard sous sa jupe, et que lorsque le cardinal, qui était amoureux d'elle, viendrait lui rendre visite, elle le mènerait dans le jardin ; que Mme de Saint-Joiri, avec quelques autres femmes de confiance, se tiendrait à la porte, ayant aussi chacune un poignard, pour, au premier signal de la princesse, entrer tout d'un coup et venir fondre sur cette Eminence qui aurait sans doute subi le sort d'Orphée, si son bon génie ne lui eût fait parer le coup. Je ne sais s'il eut un pressentiment de ce qu'on lui préparait, mais lorsque la princesse l'eut conduit dans un cabinet de verdure, ce maître fourbe sut si bien se déguiser et lui promit la vie de son frère avec tant de serments, que cette princesse abusée se laissa persuader et perdit le dessein de lui ôter la vie, et par conséquent il n'y eut pas de signal donné. Les dames rengainèrent leur poignard, et cette occasion de sauver M. de Montmorency étant manquée, elle ne put plus se trouver, puisque le cardinal le fit transférer le lendemain à Toulouse, où on l'enferma dans les prisons de l'hôtel de ville.

Mme de Saint-Joiri me contait encore que dans le temps qu'il était dans son château, elle fut priée par Mme la princesse de lui donner un avis important ; la chose était difficile, mais la petite Mme de Saint-Joiri en vint pourtant à bout. Elle fut dans la nuit, pieds nus et en chemise, dans sa chambre, se coucha doucement sur son lit, de peur qu'en le réveillant en sursaut il ne fît connaître à ses gardes ce qui se passait. Lorsqu'elle s'aperçut qu'il ne dormait pas, elle lui dit doucement à l'oreille ce qu'on l'avait chargée de lui dire et s'en retourna sans qu'on y prît garde, quoiqu'elle fût obligée de passer et repasser dans la salle où ceux qui le gardaient dormaient par terre sur des paillasses. Mme de Saint-Joiri, qui est à présent fort vieille, m'a conté mille circonstances de cette nature, et j'ai beaucoup plus de plaisir à parler de ces sortes de choses avec des gens de cet âge, qu'à lire ce que les auteurs en ont écrit, car les premiers parlent pour avoir vu.

Un prêtre qui accompagnait le confesseur de M. de Montmorency lorsqu'on menait ce prince au supplice, me conta l'autre jour, qu'en sortant de sa chambre, il s'était fait tâter le pouls, pour qu'on vît qu'il n'était point ému, et qu'il avait conservé cette tranquillité jusques à l'échafaud. « Mais, ajouta-t-il, Madame, à cet aspect il ne fut plus le même, et, quoiqu'il ne donnât aucune marque de faiblesse, son confesseur lui dit qu'il ne trouvait plus en lui M. de Montmorency. » Comme l'échafaud était, dit-on, fort bas, le sang rejaillit contre la muraille, et la marque y est toujours restée. Pendant qu'on l'exécutait incognito dans la cour de l'Hôtel de Ville, on avait, par les ordres du cardinal, dressé un échafaud tendu de velours noir dans la place de Saint-Georges, afin d'amuser toute la populace, car on craignait avec raison qu'on ne fît des efforts pour l'enlever. Mme de Grammont, mère de l'évêque de Saint-Papoul et femme d'un des juges de M. de Montmorency, qui savait où se passait cette sanglante scène, fut à la porte de l'Hôtel de Ville dans un carrosse pour prendre le corps de ce malheureux prince qui l'avait priée par son testament de vouloir bien s'en charger. Elle attendit longtemps dans la rue; mais lorsque l'exécution fut faite, on ouvrit toutes les portes, le carrosse entra et cette dame, fondant en pleurs, y fit mettre le corps et le porta à l'église des Cordeliers (1), où il a resté jusqu'à ce que sa veuve l'eut réclamé pour le mettre dans un superbe mausolée qu'elle lui fit dresser dans l'église des religieuses de Moulins, chez lesquelles cette dame a fini ses jours.

L'évêque de Saint-Papoul me disait à ce sujet que quelque temps avant que M. de Montmorency se déclarât ouvertement, il avait dit à M. de Grammont, père de cet évêque : « Monsieur, si j'étais accusé de crime devant votre tribunal, pourriez-vous bien vous résoudre à me condamner ? — Oui, Monsieur, lui dit M. de Grammont, car si vous étiez coupable, je suis sûr que Votre Altesse se condamnerait elle-même. — Vous avez raison, dit-il, il ne faut jamais faire d'injustice ; mais j'espère, ajouta-t-il, que le cas n'arrivera pas. » Aussi bien, loin de savoir mauvais gré à M. de Grammont, qui avait été forcé par les lois à se prononcer contre lui, il confia, comme je viens de le dire, son corps à la femme de ce magistrat et lui fit présent du beau diamant qui est encore dans cette famille. Voilà bien des circonstances particulières que vous n'avez assurément pas trouvées dans l'histoire.

Il y a ici l'Opéra et la Comédie, quantité de maisons de condition où l'on va jouer, et beaucoup de prises d'habit de religieuses, de messes en musique, des saluts et autres actes de religion qui font ici nombre parmi les parties de plaisir ; ainsi chacun peut en prendre selon son goût.

On est fort dévot dans cette ville, et ce n'est pas pour

(1) L'auteur se trompe, c'est dans l'église de Saint-Etienne que le corps a été déposé. Mme de Montmorency avait voulu rejoindre le prince durant sa captivité, mais on ne lui avait pas permis d'entrer dans Toulouse. Elle était restée au Clusol, dans les environs. (*Histoire de Toulouse*, DALDÉGUIER.)

Marie-Anne Mancini, duchesse de Bouillon.

rien qu'on l'appelle Toulouse la Sainte ; mais c'est une sainteté un peu à l'espagnole, c'est-à-dire que pendant qu'on tient un chapelet dans une main, on coupe les bourses avec l'autre. Les dames sont fort régulières à entendre la messe ; elles vont à l'église des Carmes, qui est le rendez-vous du beau monde ; là les amants se mettent à genoux aux pieds de leurs maîtresses qui leur parlent en faisant semblant de lire des prières et leur disent tout autre chose. Il y a des femmes qui, sous prétexte de dévotion, se gendarment contre l'Opéra et la Comédie, et ne se font pas scrupule de passer les jours et les nuits au jeu ; enfin chacun habille sa dévotion à sa mode et décide des cas de conscience selon son inclination. Pour moi, qui n'aime pas le jeu, je soutiens hardiment que c'est le plus criminel de tous les plaisirs, et que l'Opéra et la Comédie n'ont rien que de fort innocent ; que le temps et l'argent que l'on donne à ces sortes de spectacles est borné, au lieu qu'au jeu on pousse quelquefois jusqu'à gâter ses affaires, ce qui fait bien voir qu'on n'est dévot ici que par grimace. On se pique fort d'être dévot et on fait pourtant tout ce qu'on a envie de faire. Le petit peuple est de meilleure foi, mais c'est avec tant d'ignorance et de superstition, qu'on peut dire qu'ils ne sont pas plus chrétiens qu'en Espagne ou en Italie.

J'étais l'autre jour dans une société où l'on racontait l'hitoire de deux tendre amants, comme il n'en est que dans les romans ou dans les nids de tourterelles, et qui ferait paroli et masse à tous les amoureux transis de l'antiquité. C'est le marquis de Belle-Isle, neveu de M. Fouquet, et Mlle D., qu'il a enfin epousée malgré tous les obstacles et toutes les oppositions qui étaient faites de part et d'autre. Ces jeunes gens, après s'être aimés pendant quelques années à la manière de Pyrame et Thisbé, résolurent aussi, de même que ceux-là, de se voir enfin de plus près et prirent le parti de se dérober à la vigilance de leurs parents et d'aller, sous la conduite de l'amour, chercher un asile quelque part ; ils errèrent longtemps sans pouvoir en trouver d'assuré. Des amis du marquis les reçurent tour à tour chez eux, mais la crainte d'être découverts et de subir les rigueurs des lois et celles de leurs parents, les obligeaient à changer souvent de gîte. Un an s'était passé de cette manière et leurs finances étaient toutes épuisées, car ils n'avaient pas beaucoup songé à faire *un fonds pour l'aloïau;* ils avaient apporté en ménage bien plus d'amour que d'argent, et, ce qui était encore bien pire, ce mariage, dont la bonne foi des parties était le plus sûr garant, avait eu, quoique clandestin, des suites qui devaient le rendre bientôt authentique. Dans ce triste état, après avoir couru toute la France et ne sachant que devenir, leur unique ressource fut d'aller se jeter aux pieds de l'évêque d'Agde, frère de M. Fouquet, et par conséquent oncle du marquis de Belle-Isle. Ce prélat, touché de leurs malheurs et de leur constance, les reçut en pitié, et, après leur avoir pardonné les égarements où l'amour les avait plongés, il ajouta les cérémonies nécessaires à leur mariage et joignit à sa bénédiction le soin de leur subsistance : il leur donna un appartement dans son palais épiscopal, des domestiques et tout ce qui est nécessaire à une famille naissante. Je les ai vus dans ce pays-là ; ils y passaient des jours tranquilles, faisant eux-mêmes tous leurs plaisirs et attendant, dans cette douce solitude, de pouvoir calmer la colère de leurs autres parents. Voilà ce qui s'appelle aimer. Il n'est pourtant pas nécessaire que l'amour produise de pareils effets et il est bon de consulter un peu la raison avant de s'abandonner ainsi à son penchant. Vous savez mieux que personne que ce n'est pas l'amour qui nous perd, mais la manière de le faire.

Une très jolie femme qu'on appelle la présidente Druillet avait les plus plaisantes maximes du monde là-dessus. Elle se vantait d'avoir un remède assuré contre toute sorte de tentations. Tout le monde avait de l'empressement pour savoir ce remède si nécessaire à tant de gens. On faisait des paris sur l'infaillibilité du remède, et, après bien des raisonnements pour et contre et s'être fait longtemps prier, Mme Druillet prononça de cette manière : *Le remède le plus sûr pour faire cesser la tentation, c'est d'y succomber.* Je vous avoue que je ne l'attendais pas là. Tout le monde fut surpris de cette décision, mais on fut en même temps obligé de convenir qu'elle était très juste. Mme Druillet gagna le pari. Mais quelque sûr qu'il puisse être, c'est, ce me semble, le cas de dire, là-dessus, que le remède est pire que le mal.

Les dames de Toulouse, accoutumées à se mouler sur la Cour, n'auront garde de rester dans leur ville, pendant que la Cour est à Fontainebleau : elles se font une loi de cela comme de ne pas recevoir de visites les jours de poste. Chacun doit aller dans ce temps-là à ses terres. Ceux qui n'en ont pas vont visiter leurs amis de campagne, et depuis le Parlement jusqu'au savetier et à la ravaudeuse, tout le monde déserte Toulouse pour se donner un air d'aller à la campagne.

Lettre de Paris.

Ne vous plaignez pas, s'il vous plaît, Madame, d'être obligée de voyager. Vous voyez les plus charmants pays du monde ; vos plaisirs de tous les jours sont diversifiés, pendant qu'ici on nous donne six mois durant le même opéra et que nous sommes réduites aux fleurettes des abbés, auxquels le champ de bataille de la galanterie est resté, depuis que la guerre nous enlève les officiers. Le prince de Conti revient de Pologne et des prétentions qu'il pouvait y avoir. L'Electeur de Saxe l'emporte sur lui, et le roi vient de disgrâcier l'abbé de Polignac, pour n'avoir pas fait tout ce qu'il aurait dû dans cette occasion; mais il se peut que sa disgrâce ne soit qu'une feinte.

La dévote qui tient le haut bout et M. de Mollé Champlatreus firent, l'autre jour, exiler la marquise de Lancé sous prétexte que sa conduite n'était pas régulière; mais la grande raison est qu'on jouait chez cette dame comme on joue chez M. de Champlatreus, dont elle était voisine, et que bien des gens aimaient mieux aller chez elle que chez le dévot magistrat. Cela a fait un peu crier les amis de Mme de Lancé; mais leurs murmures n'ont pas empêché l'effet d'une lettre de cachet qui lui ordonnait de partir dans vingt-quatre heures.

Comme je n'avais pas connu cette dame, je demandai au duc de la Ferté, qui était un de ses tenants, ce que c'était, et voici ce qu'il m'en a dit. Mme de Lancé étant fille, avec de la beauté, beaucoup d'esprit et très peu de bien, voulut se donner un nom sans pourtant se donner un maître. Pour cela, elle fit habiller sa mère en cavalier; cette mère complaisante conta, sous cet habit et sous le nom du marquis de Lancé, ses raisons à sa fille, et l'épousa en fort peu de temps. Les noces se firent au su de tout le monde, après quoi le faux marquis de Lancé fut obligé de partir, et la mère ayant repris sa première forme, revint auprès de la nouvelle marquise, qui, par le prétendu mariage, se vit dispensée des ménagements qu'une fille est obligée d'avoir. Elle prit d'abord une belle maison, un train de marquise, et donna à jouer pour en faire les frais. Après cela, elle eut soin de se faire annoncer la mort de ce fantôme d'époux; elle prit un grand deuil, et, comme veuve de marquis et avec le secours du jeu, elle a toujours fait ici belle figure. Elle avait auprès d'elle deux ou trois demoiselles auxquelles elle donnait la vie et le logement, sur la conduite desquelles elle déclarait ne vouloir point avoir d'inspection, et qui contribuaient à l'agrément de cette société. On allait chez elle à cinq heures du soir et chacun donnait, d'entrée de jeu, sa pistole ; on jouait jusques à minuit, puis on avait un souper magnifique. Comme c'était une assemblée de beaux esprits autant que de joueurs, il se disait à table les plus jolies choses du monde, et le tout sans scandale et sans bruit. La marquise avait trouvé le secret de se faire respecter et l'on avait autant d'égards pour elle que si on eût été chez la reine. Outre que Mme de Lancé avait de l'esprit infiniment, ceux qu'elle rassemblait chez elle en ayant aussi beaucoup, les uns faisaient le plaisir des autres. La compagnie se séparait à quatre heures du matin ; la marquise se couchait à cinq heures ; à midi elle prenait un bouillon, et avec cela elle attendait le souper. Le même train revenait tous les jours, et cela durerait encore, si M. de Champlatreus, jaloux de ce qu'elle lui enlevait tous les jours quelques joueurs, n'eût persuadé au roi que c'était une maison de désordre. Le roi l'a cru, et cette pauvre femme qui, par ses manœuvres, avait su se faire un revenu considérable, est maintenant ruinée.

M. le duc de Berry devient tous les jours plus charmant, il a des saillies les plus plaisantes du monde. Il y a quelque temps que, dînant avec les princes ses frères, on leur servit trois lapereaux. M. le duc de Bourgogne les sentit tous les trois et prit celui dont il trouva le fumet le plus agréable. M. le duc d'Anjou fit de même à l'égard des deux qui restaient, et M. le duc de Berry, qui n'avait point à choisir, s'accommoda du troisième, et dit en le mettant dans son assiette : « Pauvre lapereau, tu es bien malheureux de ce qu'il y a trois princes en France, car sans cela tu n'aurais pas été mangé! » Comme il est extrêmement vif, il fait souvent de petites fredaines, et le roi lui fait ordonner les arrêts dans sa chambre. Un jour que le cas était apparemment plus grave que de coutume, son sous-gouverneur ordonna qu'on fermât les fenêtres, disant que les prisonniers ne doivent pas voir le jour. « Vous me faites bien plaisir, lui dit le jeune prince, puisque vous me garantissez par là d'une vue aussi désagréable que la vôtre. » Après cela, il se mit à badiner et à battre du tambour avec ses doigts sur une table. Le sous-gouverneur trouva encore cela mauvais et pria le prince de ne point toucher à cette table, puisqu'elle ne lui appartenait pas, et que tous les meubles étaient au roi. « Ah! dit-il, pour le coup vous ne me disputerez pas que ceci ne soit à moi, » et en même temps se mit à battre sur ses fesses. Le sous-gouverneur eut toutes les peines du monde à garder son sérieux, et le roi rit beaucoup du rapport qu'on lui fit de cette scène. Le duc de Bourgogne est plus sombre et il y a des gens qui augurent mal de son règne. Le duc de Berry, faisant leur caractère, disait : « Le duc de Bourgogne est né le soir; aussi voit-on qu'il est d'une humeur sombre; le roi d'Espagne est né le matin, il est vigilant, il aime la chasse et à monter à cheval; moi je suis né à midi, j'aime la table et la bonne chère. »

On me fit voir l'autre jour des vers assez plaisants au sujet d'un impôt qu'on a mis sur les armoiries. Vous y trouverez quelques obscénités, mais c'est la faute du poète et non la mienne; ainsi je m'en lave les mains. Les voici :

Vous qui mordez sur tout par mille voleries,
Marchands d'Edits, de Sceaux et d'Armoiries,

Infâmes maltotiers (1), vous paie qui voudra,
Malgré vous et vos dents et toute votre race
Je veux porter de gueule à trois étrons de face.
Voyons qui de vous y mordra ?

Je gagerais quasi que c'est un gascon qui a fait ces vers : peut-être en trouverez-vous l'auteur à Toulouse, car c'est là une saillie des bords de la Garonne.

Lettre de province.

Vous ne devez pas croire, Madame, que j'aie toujours resté à Toulouse. J'ai fait, depuis que je vous ai écrit, la plus jolie tournée du monde, bien que ce soit dans un pays si rude qu'on n'y avait jamais vu de carrosse avant le mien ; encore m'en a-t-il pensé coûter la vie, pour avoir voulu l'y mener, car comme les chemins sont fort étroits, le cocher prit la peine de nous verser dans la rivière. On nous en tira par miracle et nous arrivâmes fort en désordre à Quillian, petite ville dans les Pyrénées-Orientales. On disait que ce pays était habité par des ours ; aussi j'en ai rapporté un petit marcassin vivant, que j'ai donné au prince de Danemark, et qui lui a fait grand plaisir. Au reste, rien n'est plus faux que ce que les naturalistes nous content des ours ; ils viennent au monde comme tous les autres animaux et non pas comme une masse informe ; c'est ce que j'ai vu : ainsi vous pouvez m'en croire.

Outre les messieurs que j'ai vus à Quillian, j'y ai encore fait connaissance avec une très jolie personne qu'on appelle Mme Descouloubre. Elle est fille du marquis de Chalabre et mariée à un homme si jaloux, qu'il ne lui permet pas de parler à qui que ce soit. Vous en jugerez par ce que je vais vous dire. Un jour qu'ils al-

(1) Ceux qui étaient chargés de percevoir des droits injustes.

Les aimables danseurs.

laient ensemble voir un de leurs voisins et qu'elle était montée en croupe derrière lui, il la jeta par terre, parce qu'il entendait chanter un coucou, et courut, le pistolet à la main, après cet oiseau, pour se venger sur lui du malheur qu'il lui annonçait. Et, pendant ce temps-là, sa pauvre femme fut à pied chez leurs parents, qui la virent arriver toute crottée et dans un fort grand désordre, et, sachant l'aventure, ne purent s'empêcher, après avoir blâmé le mari, de conter cette histoire à tous ceux de sa connaissance. On en faisait une infinité d'autres sur le compte de ce jaloux, tout aussi ridicules, et sa femme souffrait tout cela patiemment. C'est la meilleure personne du monde. Elle avait un cousin germain qu'on appelait le baron Daxat, qui avait beaucoup de mérite. Il était capitaine de dragons et ne faisait que de revenir de l'armée quand nous arrivâmes à Quillian.

Non loin de là, dans le pays de Quérigut, les moines parlent fort haut et font trembler ceux qui sont assez malheureux pour avoir le péché originel. Mais il est habité par des Miquelets, qui ne connaissent d'autre justice que celle qu'ils font eux-mêmes, et lorsqu'un prédicateur s'ingère de les censurer un peu trop, ils le jettent, à coup de pierres, de la chaire en bas. La populace, amie du désordre, applaudit, et le pauvre orateur voit fondre sur lui une grêle de cailloux, à moins qu'il n'évite la lapidation par des complaisances criminelles et en flattant les vices de ses auditeurs, dont les maximes ne sont pas les plus chrétiennes du monde.

Nous passâmes au Montlouis, où M. d'Urban, oncle de Mme d'Urban d'Avignon, qui est gouverneur de cette place, nous régala parfaitement bien. M. de Melliaut, évêque d'Aleth, successeur de cet illustre M. Pavillon, dont la piété et la fermeté ont fait tant de bruit, nous traita aussi magnifiquement dans son palais épiscopal.

Nous allâmes aussi à Limoux (1), dans le même diocèse. Enfin, après avoir passé par des chemins impraticables et impratiques, grimpé des montagnes où les seules chèvres ont le droit d'aller, nous sommes arrivés ici, tombant, levant, et je ne vous ferai pas un plus long détail de tout ce que j'ai vu dans un pays si raboteux, ni de la ville de Perpignan où je n'ai pas fait un long séjour.

Je fus aussi à Montauban, comme je l'avais promis à Mme Sanson ; elle me régala à merveille. M. de Crillon, qui commande les troupes dans ce pays-là, fut de notre souper ; nous passâmes ensuite toute la nuit au jeu. Avant de partir, on me fit voir le Cours de Montauban, qui est très joli, et l'on me mena au jardin de l'évêque qui est la belle promenade. Je vis ce prélat, qui s'appelle Némond et est proche parent du gendre de Mme de Miramion. Il me dit que presque tout son troupeau était composé de nouveaux convertis qui lui donnaient beaucoup de peine à conduire, surtout à présent qu'ils se sont mis en tête que leur religion sera un article dans la future paix et que le prince d'Orange ne la signera qu'à cette condition ; je crois que ces pauvres gens s'abusent bien et que le prince songera plutôt à ses propres affaires et à assurer sur sa tête les trois couronnes (2) qu'il a su y camper.

---

(1) La petite ville de Limoux, sur laquelle Mme du Noyer ne s'étend pas, est un des rares endroits où le carnaval se soit conservé. Le dimanche et le Mardi-Gras, la jeunesse, et une grande partie de la population, se revêt de dominos et de masques, et, un roseau à la main, au son d'une musique particulière toujours la même, jouée par une flûte et un violon, danse sur la pittoresque place des Couverts ou Arceaux. Les jeunes gens montent dans les maisons qu'ils connaissent, et, sous l'incognito de leur masque, toujours en dansant, offrent un cornet de dragées et des fleurs aux femmes ou jeunes filles qui leur plaisent.

(2) Angleterre, Hollande, Pays-Bas.

De Paris.

Je ne vous parle pas de cette fête magnifique que le duc du Maine (1) a donnée à Sceaux le jour du départ du roi d'Espagne (2); le *Mercure Galant* pourra vous en instruire; je vous dirai seulement que toute la Cour et la Ville fut à Sceaux, que le roi eut une conversation particulière avec le roi d'Espagne et qu'après lui avoir donné ses instructions, il l'embrassa tendrement et le laissa dans les bras de M. le Dauphin, qui pleura en se séparant de son cher fils, et, après lui avoir dit adieu, il le suivait de loin, tenant un mouchoir sur ses yeux. Mais le roi le tira par le bras et lui dit : « Où vas-tu, mon fils? » et le ramena dans ses appartements. Comme on s'était beaucoup réjoui de son avènement à la couronne d'Espagne, on s'est aussi fort affligé de son départ. Tout le monde pleurait ce jour-là, excepté les princes ses frères, qui étaient charmés de voyager en l'accompagnant jusqu'aux frontières d'Espagne. M. le duc de Berry, avec sa vivacité ordinaire, dit au duc de Bourgogne : « Savez-vous, mon frère, pourquoi le roi nous fait accompagner le roi d'Espagne? — C'est, répondit ce prince, pour nous procurer le plaisir d'être ensemble le plus longtemps que nous le pourrons et pour nous faire voir en même temps la France. — Non, ajouta le duc de Berry, vous n'y êtes pas; c'est pour faire voir aux Espagnols qu'on leur a donné celui de nous trois qui valait le mieux. » Le duc de Bourgogne ne parut pas content de ce que le duc de Berry venait de dire, mais il ne témoigna pourtant pas son chagrin, qui n'a éclaté qu'au retour, c'est-à-dire lorsqu'ils s'en revenaient tous deux.

(1) Fils de Louis XIV et de Mme de Montespan.
(2) Le duc d'Anjou.

Ils eurent à ce moment un terrible démêlé sur les plans des villes où ils avaient fait quelque séjour et que le roi avait voulu qu'ils tirassent. Le roi les a obligés à se raccommoder, mais je doute, quelque absolu qu'il soit, qu'il puisse les engager à s'aimer : il y a une antipathie trop forte entre ces deux princes. J'ai ouï dire à M. de Beauvilliers que cela lui avait donné beaucoup de peine et que, lorsqu'ils étaient enfants, il fallait que le duc d'Anjou fût toujours occupé à raccommoder les querelles de ses frères. Le roi demandait au duc de Berry, s'il aurait bien pu se résoudre, au cas qu'il eût été fait roi d'Espagne, à lui déclarer la guerre, lorsqu'il aurait cru avoir sujet de se plaindre. « N'en doutez pas, dit-il ; si mon Conseil l'avait trouvé à propos, j'aurais fort bien fait la guerre contre Votre Majesté. » Je ne crois pas que le roi d'Espagne soit de cette humeur ; il emporte un cœur français dans ce pays-là, mais des manières et un extérieur tout à fait espagnols ; ainsi, il trouvera le secret de contenter tout le monde.

En attendant, le courrier, qui partit d'Orléans, n'apporta pas des nouvelles si réjouissantes, et M. de Beauvilliers l'avait dépêché au roi dans l'amertume de son cœur, pour se plaindre de ce que, malgré toute sa vigilance, ce qu'on appelle l'innocence baptismale que le roi d'Espagne avait été obligé de garder jusqu'alors, venait de faire naufrage. Il avait surpris ce jeune monarque avec la nièce de sa nourrice, dans une situation qui ne demandait point de témoins, et le prince, en le voyant entrer, avait dit tout haut : « Est-ce que je n'ai pas là des gardes ! » Le dévot gouverneur, au désespoir de cette aventure, et du ton sur lequel son élève l'avait pris, en faisait ses plaintes au roi : mais le tartuffe Noailles, en fin courtisan, écrivit de son côté et tourna la chose en plaisanterie. Le roi prit le parti d'en rire, et c'était aussi le meilleur parti qu'on pût prendre, puisque le roi d'Espagne était son maître. M. de Beauvilliers voulut renvoyer la demoiselle à Paris, mais le jeune roi n'en fut pas d'avis et quand on lui dit qu'elle était incommodée, il répondit que le voyage lui ferait du bien, et ordonna qu'elle suivît. Il fallut en passer par là, malgré les scrupules de M. de Beauvilliers qui, sous prétexte de quelque indisposition, revint bientôt à Paris, laissant le champ libre à M. de Noailles, dont la dévotion sait toujours s'accommoder au temps. Il a été autrefois maître d'hôtel de la Fontanges, ou son intendant, ainsi il ne faut pas s'étonner qu'il ait été commode dans cette occasion. Voilà comment on fait fortune.

Bien des gens disent que le Dauphin est un second Brutus qui, par politique, évite de briller et de paraître ce qu'il est. En effet, on l'a toujours vu soumis à son père, sans s'embarrasser du gouvernement, et jamais il n'a montré de vigueur qu'à l'occasion de la marquise du Roure. Quoiqu'il soit en âge d'avoir de l'impatience de monter sur le trône, il n'en a pourtant jamais marqué. Le roi, jaloux de son autorité, s'est tout réservé, sans que ce fils, son unique héritier, en ait jamais murmuré, et il n'a jamais été fâché contre aucun ministre que contre M. Colbert. Il faut convenir aussi que le coup était piquant. Le prince de Conti avait perdu au jeu une somme considérable qu'il n'avait pas et qu'il fallait pourtant payer dans les vingt-quatre heures. Ce prince eut recours à Monseigneur qui, ne se trouvant pas en argent comptant non plus, pria M. Colbert de lui prêter mille louis. M. Colbert lui dit qu'il en parlerait au roi, et Monseigneur, qui croyait qu'on pouvait bien risquer cette somme sur son propre crédit, se fâcha beaucoup contre lui. Il vint ensuite en faire ses plaintes à feue Mme la Dauphine (1), qui lui conseilla fort sagement de prévenir le roi là-dessus, de peur que M. Colbert ne donnât un mauvais tour à la chose. Monseigneur se trouva bien d'avoir suivi le conseil de sa femme, car le roi ordonna qu'à l'avenir ses billets seraient reçus à l'Epargne. Je ne crois pas que ce prince en ait abusé, mais, enfin, il est toujours agréable de pouvoir tout ce qu'on veut, quoiqu'on ne veuille pas toujours tout ce qu'on peut. M. de Louvois, qui a toujours été l'antipode de M. Colbert, ne laissa pas échapper cette occasion de faire sa cour à Monseigneur, car, après s'être plaint à ce prince de ce que, dans ses petits besoins, il ne s'adressait pas à lui, il lui envoya deux mille louis au lieu de mille que Colbert avait refusés. Le crédit de Monseigneur a été fort petit jusqu'ici. Ayant demandé au roi la grâce d'un condamné, réclamée par la populace, l'exécution avait été suspendue, mais le roi le pria de ne pas recommencer. Notre monarque veut qu'il n'y ait que lui sur notre horizon; aussi est-il bien servi à sa mode; jamais monarque n'a été aussi encensé que celui-là.

De Bagnères-de-Bigorre.

A Toulouse, on se demande d'avance : « Où irez-vous passer vos vacances? » On m'a fait cette question, et comme je suis bien aise de me mettre à la mode, et que je ne veux pourtant pas aller dans les maisons d'autrui, quoiqu'on m'ait fait l'honneur de m'en prier, je suis venue passer les vacances à Bagnères. J'ai fait revivre, pour cela, certain rhumatisme que vous m'avez connu autrefois et qui me sert de prétexte. On dit qu'on se réjouit à merveille dans ce pays-là, où les bains atti-

(1) Marie-Christine de Bavière.

rent des gens de tous les côtés. Cet assemblage ne laisse pas d'avoir son mérite. J'y suis depuis huit jours, et, du train dont on s'y prend, je crois que j'y pourrai bien passer six semaines sans ennui, car, depuis le matin jusques au soir, on ne songe qu'à s'y divertir. Il y a déjà fort bonne compagnie et il en arrive encore tous les jours. On y voit des personnes de tous les pays et de tous les âges, et cette diversité fait un composé assez agréable. La situation du lieu a aussi ses commodités.

Bagnères est une petite ville bien jolie sur la rivière d'Aldoure (1). Je ne vous parlerai pas de son ancienneté, ni du nom sous lequel ses bains étaient connus du temps des Romains, car vous avez eu la bonté de me turlupiner un peu sur ce que je vous ai dit d'Avignon et de tourner ma science en ridicule; ainsi je n'ai garde de vouloir à l'avenir faire la savante; je vous dirai seulement que Bagnères est près de Barègnes (2), où il y a des bains admirables pour les blessures. Ceux-ci sont pour les maux qui viennent naturellement, et les uns et les autres sont très fréquentés. Les invalides de Barègnes viennent quelquefois augmenter la bonne compagnie de Bagnères et l'on voit souvent ici des officiers de la première volée; on y joue gros jeu, on y boit autre chose que de l'eau. L'amour se met aussi de la partie, et, enfin, on est si fort occupé des plaisirs que l'on ne se donne pas le temps de sentir aucune indisposition; ce que je vous dis est au pied de la lettre. J'avais cru jusqu'ici que le mal se faisait toujours sentir partout, mais ce que je vois me fait comprendre qu'un peu de dissipation engourdit les douleurs.

Le chevalier de Gondrin, frère du marquis de Terme,

(1) Adour.
(2) Barèges.

Madame de Montespan.
Portrait de Bonnart.

est venu ici pour chercher du remède à des maux dont on prétend qu'il doit moins accuser Mars qu'une autre divinité. Ces maux, de quelque part qu'ils viennent, lui causent des douleurs si terribles dans les jambes qu'il est obligé de les remuer continuellement et de faire des contorsions effroyables ; cependant, dès qu'il est appliqué au jeu, ces mouvements convulsifs cessent ; il paraît aussi tranquille qu'un autre, mais, le jeu fini, il se ressouvient de son mal et le mouvement recommence tout de plus belle ; ce qui fait bien voir, comme dit La Fontaine, qu'opinion fait tout. Le chevalier de Gondrin est très philosophe au jeu ; l'on voit bien que c'est sa passion dominante, et vous jugez, Madame, que ce n'est pas un amant fort dangereux.

Il est, comme vous le savez, germain de M. de Montespan, et, comme moins intéressé, il ne se fait pas de peine de parler de l'aventure de sa chère cousine ; il m'en a raconté des circonstances assez particulières. Il me disait l'autre jour qu'il était chez le marquis d'Antin, son oncle, père de M. de Montespan, lorsqu'il reçut une lettre de Paris dans laquelle on lui marquait que le roi était amoureux de sa belle-fille, et que le bonhomme avait interrompu sa lecture en criant : « Dieu soit loué ! Voici la fortune qui commence à entrer dans notre maison. » Il m'a parlé aussi de toutes les extravagances que fit M. de Montespan là-dessus, lorsque, envisageant la chose d'un autre œil que son père, il fut à la Cour avec un grand deuil chercher à altérer sa santé pour pouvoir gâter celle de sa femme, si les précautions que l'on a prises pour la mettre à couvert de ses approches ne l'avaient garantie de ce péril. Enfin, comme pour se venger de Mme de Montausier, qu'il croyait avoir favorisé les desseins du roi, il avait fait prier, au nom de cette duchesse, une bonne partie de la Cour à dîner chez elle, et qu'au milieu du repas il avait dit à toute la compagnie que c'était lui qui les avait fait rassembler pour leur faire voir la plus fameuse entremetteuse de la Cour; il lui donna même un autre nom dont je ne juge pas à propos de me servir; il renversa la table et fit un si terrible fracas que Mme de Montausier en perdit l'esprit. Elle crut ensuite avoir vu son fantôme un jour qu'elle était seule dans la grande galerie, et crut voir à son côté une dame faite et mise tout comme elle. Elle lui demanda son nom; l'autre lui répondit qu'elle était la duchesse de Montausier. Cette réponse, que la véritable duchesse crut entendre, l'épouvanta; elle courut dans son appartement, où l'on s'aperçut bientôt du désordre de son esprit. Pour moi, je m'imagine que Mme de Montausier vit sa figure dans les glaces de la grande galerie, et que son esprit, un peu troublé par l'algarade de M. de Montespan, lui persuada tout autre chose.

Voici un autre conte assez plaisant, toujours du chevalier de Gondrin. Mme de Montespan, après avoir été déclarée maîtresse du roi, fut un matin faire des emplettes, et ne voulant pas qu'on mît dans son carrosse ce qu'elle avait acheté, elle chargea la marchande de lui faire apporter chez elle. De peur de quiproquo elle lui demanda si elle la connaissait bien. « Oui, vraiment, Madame, lui répondit la petite marchande, j'ai bien l'honneur de vous connaître. N'est-ce pas vous qui avez acheté la charge de Mme de La Vallière? » Je ne sais comment Mme de Montespan prit la chose, mais je sais que j'ai bien ri lorsque le chevalier me la conta. Il me dit encore que lorsque Mme de Montespan fut disgraciée, elle voulut rendre au roi les pierreries dont il lui avait fait présent, et les lui envoya dans une cassette. Le premier mouvement du roi fut de ne pas les recevoir ; mais Mme de Maintenon, qui était auprès de Sa Majesté, le pria d'ouvrir la cassette et d'en retirer les bijoux qu'elle trouva les plus beaux. On renvoya ensuite le reste à Mme de Montespan, qui comprit qu'elle avait fait une sottise et qui garda ce qui lui restait.

De Paris.

Je souhaite, Madame, que vous ayez autant de plaisir à Bagnères que j'en ai eu en lisant votre lettre. Vos nouvelles et la manière dont vous les contez, tout cela est si engageant, que je voudrais que vos lettres fussent plus longues et que vous m'en écrivissiez plus souvent.

Une grande nouvelle, que vous ne savez peut-être pas, c'est que l'empereur du Maroc a fait demander en mariage Mme la princesse de Conti qui, comme vous voyez, porte ses conquêtes plus loin que celles d'Hercule, puisque le royaume du Maroc est au delà des colonnes de ce héros. On dit que cet empereur basané, sur le rapport qu'on lui fit de notre belle princesse, fit dessein de venir lui-même incognito en France et qu'il était un de ces *Margageas* que nous avons vus à la suite de l'ambassade du Maroc. Quoi qu'il en soit, il paraît fort amoureux et offre des conditions très avantageuses, que le roi n'a pourtant pas envie d'accepter. Mme la princesse de Conti a encore moins envie d'aller en Afrique. Elle aime beaucoup mieux faire les délices de notre Cour que de régner sur les monstres de ce pays-là et je trouve qu'elle n'a pas tout à fait tort. Cette aventure a bien faire rire la Cour et la Ville. Cependant, comme le roi veut ménager le prince marocain, il l'a refusé fort honnêtement et s'est retranché sur la différence des religions.

Je rencontrai, chez la comtesse d'Aulnoi, M. de Saint-Olon qui a très bien servi le roi dans ses négociations à Gênes et au Maroc. Il nous parla des mœurs et coutumes des Africains, d'une manière à ne pas nous donner grande envie de nous aller transplanter dans ces pays barbares. Il nous conta que l'empereur du Maroc se donnait souvent le plaisir d'exécuter lui-même les criminels ; qu'il avait une adresse merveilleuse à trancher les têtes et que ce fut au retour d'une de ces sortes d'expéditions qu'il lui donna audience. Sa Majesté marocaine le reçut dans son écurie. Elle paraissait de fort mauvaise humeur. Son habit était marqué du sang de ces pauvres malheureux qui venaient de mourir de sa main ; et M. de Saint-Olon craignait fort qu'il ne lui prît envie, pendant qu'il était en train de décoller, de lui faire aussi l'honneur d'essayer son adresse sur sa personne, honneur dont il se passait très bien et qu'il avait quelque raison de craindre, parce qu'il n'avait rien d'agréable à annoncer à cet empereur dont le roi n'avait pas voulu accepter certaines propositions. Le récit de M. de Saint-Olon n'était pas de son goût : il lançait de temps en temps des regards irrités sur lui, en se grattant méthodiquement la jambe gauche. Je doute qu'il eût pu plaire dans cette attitude à notre charmante princesse de Conti dont il a été si fort amoureux. Quoi qu'il en soit, il ne plaisait guère dans ce quart d'heure-là au pauvre M. de Saint-Olon, qui se déplaisait fort dans cette écurie. Il en sortit avec plaisir, aussi bien que des Etats de ce prince, car, heureusement pour lui, c'était là son audience de congé, et je vous avoue que la fin de son discours nous fit à tous un vrai plaisir, et que, quoique nous le vissions en bonne santé, nous tremblions pour lui pendant tout son récit.

Celui qu'il nous fit de son voyage à Gênes n'était pas moins touchant et vous avez pu voir, dans la relation de cette affaire, le risque qu'il y courut : peu s'en fallut qu'il n'en fût la victime. Son secrétaire, qu'on appelait Valdeiron, qui était de Nîmes, eut la question ordinaire et extraordinaire et soutint tous ces cruels tourments avec fermeté, sans jamais vouloir dénoncer les personnes qui étaient de bonne volonté pour la France. On le mena en place publique pour être pendu, et l'aspect du gibet ne fut point capable d'ébranler sa constance. Il trouva même le secret, pendant qu'on le conduisait, d'avaler certains papiers qu'il portait toujours sur lui, de peur qu'après sa mort on ne découvrît par là les secrets qu'il avait tant de soin de cacher. Le Ciel récompensa sa fidélité : car les Génois, après lui avoir fait souffrir les douleurs les plus cruelles, et lui avoir donné la plus terrible des frayeurs, ne jugèrent pas à propos de pousser les choses plus loin et d'exécuter la sentence de mort prononcée.

Il avait été plus heureux que le pauvre M. de Pongibeau qui, deux heures après avoir été cité en jugement, fut condamné et exécuté, toujours par provision, et paya de sa tête la manière avec laquelle il avait cru pouvoir soutenir les droits de la France. Son supplice valut deux mille livres à sa veuve, qui depuis a épousé le comte de Crussol, parent du duc d'Uzès, que sa famille avait fait enfermer à la Bastille et qui avait trouvé le secret d'en sortir.

CHAPITRE V

Une grisette maréchale de France et reine morganatique de Pologne par la vertu d'une incongruité. — Chansons gaillardes de Mme la Duchesse sur son mari, sur la duchesse de Chartres, Mme de Florensac, le Roi, le duc et la duchesse de Bourgogne. — Le duc de Roquelaure humilié par une petite fille. — Apoplexie du Dauphin. Les Harengères. — Amours de l'Electeur de Bavière. La Maupin.

Je vous dirai, pour satisfaire votre curiosité, que la maréchale de l'Hôpital est fille d'une lingère de Grenoble, que le secrétaire d'un vieux conseiller de ce Parlement-là en devint amoureux, et qu'après une longue recherche, ce secrétaire se détermina à l'épouser; mais il arriva un accident qui fit rompre l'affaire et c'est la plus plaisante chose du monde que le sujet de cette rupture. Les amants étaient accordés; on n'était occupé que des réjouissances de la noce qui devait se faire le lendemain, lorsqu'en dansant la fiancée eut le malheur de lâcher un de ces soupirs qui choquent le nez et l'oreille. Son futur époux en rougit pour elle et en eut tant de confusion qu'il ne voulut point achever son mariage. Il fallait que son ardeur ne fût pas bien forte, puisqu'un si faible vent put l'éteindre. Quoi qu'il en soit, comme la chose était risible, on en rit beaucoup dans la ville; et le vieux conseiller eut la curiosité de voir cette amante délaissée : il la vit, et la trouva fort à son gré ; il blâma la folie de son secrétaire, et en fit une bien plus grande, car il épousa lui-même cette petite grisette qui, dès qu'elle se vit Mme *la Conseillère,* prit des mesures convenables à son rang, et travailla à acquérir, à force de soins, ce que sa naissance et l'éducation de ses parents n'avaient pu lui donner. Elle eut toute sorte de maîtres ; elle apprit toutes les sciences, et elle employa à se former l'esprit tout le temps qu'elle fut avec ce vieux mari. Comme elle avait su le bien ménager, il lui donna en mourant tout son bien, qui était fort considérable. Dès qu'elle se vit haute et puissante dame, elle ne voulut plus rester dans un pays où son origine était connue : elle vint à Paris avec plusieurs centaines de mille livres et le nom de veuve de conseiller au Parlement. Comme elle était fort bien faite de corps et d'esprit, et qu'elle avait de quoi faire une belle dépense, elle trouva bientôt le secret de se faire remarquer. On ne parlait ici que de cette charmante veuve, et le maréchal de l'Hôpital, dont les affaires étaient fort décousues, crut qu'il pourrait les raccommoder en l'épousant. Il se mit sur les rangs et le rang qu'il tenait lui-même obligea la dame à le préférer à tous les autres prétendants. Le maréchal de l'Hôpital, au lieu de raccommoder ses affaires, gâta celles de sa femme et mourut après lui avoir mangé tout son bien. Il est vrai que l'honneur d'être veuve d'un maréchal de France la dédommageait un peu de la perte de son bien.

Elle avait encore le secours de ses attraits pour en acquérir et ils lui valurent la conquête de Casimir, roi de Pologne, qui, après avoir abdiqué la couronne vint, comme vous savez sans doute, se retirer ici, où le roi lui donna l'abbaye de Saint-Germain-des-Prés. Ce roi dépouillé, charmé des agréments de la maréchale, se donna à elle et quoiqu'il se fût fait d'Eglise, comme il

La Raisin.

n'est point de loi dont les souverains ne prétendent pouvoir se dispenser, il l'épousa secrètement, mais non pas assez secrètement pour que la dame n'ait pu le faire savoir ; il lui a même fait tout le bien qu'il a pu en mourant. Elle n'est pourtant pas si riche qu'elle l'était après la mort de son vieux conseiller ; mais aussi elle est veuve d'un roi, et c'est monter bien haut pour sortir d'un endroit si bas. Je ne sais si ce que je vous dis là se trouvera conforme à ce qu'on vous en a conté à Toulouse ; c'est pourtant ici la véritable histoire de la maréchale de l'Hôpital. J'étais chez Mlle d'Aleirac avec elle, et je remarquai qu'en parlant du roi Casimir, elle dit toujours : « le Roi, mon seigneur, » pour faire voir par là qu'il était son époux. Elle est bien aise que personne ne l'ignore ; mais il ne lui est pas permis de prendre la qualité de reine qu'elle ne pourrait pas non plus soutenir.

L'humeur de vos Toulousaines est tout à fait réjouissante et pourvu qu'elles ne s'avisassent pas de vouloir se réjouir à mes dépens, j'aimerais assez leur commerce.

Voici quelques chansons nouvelles de Mme la Duchesse. Premièrement, pour M. le Duc, son époux. Vous savez qu'il est le fils de M. le Prince (1) et qu'elle est fille du roi et de Mme de Montespan. Vous connaissez aussi la personne de M. le Duc ; en voilà assez pour comprendre.

Gendre d'une Samaritaine,
Cocu d'un mince Capitaine (2),
Prince, grâce à la Faculté,
Petit-fils d'une gourgandine,
D'où diable prends-tu ta fierté ?
Serait-ce de ta bonne mine ?

(1) Le prince de Condé.
(2) Le prince de Conti.

Pour le même, sur l'air des *Folies d'Espagne* :

Doux soupirs qui volez de mes fesses,
Volez, volez au nez de mon mari,
Exprimez-lui l'excès de ma tendresse
Et dites-lui ce qu'il aura senti.

Pour la duchesse de Chartres, sa sœur, sur l'air de *Belle Princesse, belle princesse* :

Eh ! qui diable a donc placé
Votre nez entre deux fesses ?

Elle a les joues grosses.

Pour Mme de Florensac, qu'elle croyait en intrigue avec M. le Duc, son époux :

La Florensac se croit jolie,
Il n'en est rien.
Cependant sa plus forte envie,
Soir et matin,
C'est de loger mon grimaudin
Dans son château de Gaillardin.

Pour certaine dévote fameuse :

Si les prudes voulaient nous dire
La vérité,
Et que chez elles l'on pût lire
En liberté,
On verrait peint le grimaudin
Sur la porte du Gaillardin.

Lorsque Mme de Florensac accoucha et qu'une personne demanda tout bas à Mme la Duchesse qui elle croyait qui fût le père de cet enfant, elle chanta, en faisant dandiner un tabouret avec son pied :

Monseigneur de Conti,
Le petit Duc mon mari,
Tant d'autres là, tant d'autres ici,
Tant d'autres, tant d'autres.

Pour le roi, sur l'air de *Lampons, lampons* :

Louis ne choisit pas mal,
Témoin Monsieur l'Amiral,
Témoin le boiteux du Maine,
Témoin Maintenon la reine.

On ferait un volume si on voulait écrire toutes ses petites malices. Au reste, il y aurait quelque chose à corriger aux rimes, mais il faudrait être bien hardi pour corriger les ouvrages d'une princesse, outre qu'en fait de chansons, on peut se dispenser de suivre rigidement les règles et que c'est la pensée qui y donne le prix. En voici d'autres qu'elle vient de faire sur la liberté qu'on a donnée à M. le duc et Mme la duchesse de Bourgogne, d'user de leurs droits :

Il faut se réjouir, François (1),
Et chanter tous à haute voix,
Que Dieu bénisse la besogne
De Monsieur le Duc de Bourgogne.
Il est bien jeune, Dieu merci,
Et Madame sa femme aussi.
Bonne sera donc la besogne
De Monsieur le Duc de Bourgogne,
Content sera le grand-papa,
Et de tout son cœur en rira,
Quand il verra de la besogne
De Monsieur le Duc de Bourgogne

On ne chante pas autre chose à présent. M. d'Argenson, notre lieutenant de police, a voulu la défendre, mais il n'a pas pu en venir à bout.

Mme la duchesse de Bourgogne est fort vive, et un de ses talents est de savoir parfaitement contrefaire les gens. Il y a longtemps que le roi se donna le plaisir de

(1) Français.

lui faire contrefaire toute la Cour, dans la chambre de Mme de Maintenon ; personne n'y fut épargné, pas même M. de Bourgogne : la petite personne attrapa son air en perfection. Le mari le sut et n'en fut pas content, si bien que, le soir en se retirant, au lieu d'entrer dans l'appartement de son épouse, il tourna de l'autre côté. On crut que c'était par distraction, et un de ses gentilshommes l'avertit que ce n'était pas par là qu'il fallait passer ; mais il répondit qu'il savait ce qu'il faisait et ajouta : « Allez dire à Mme la duchesse de Bourgogne que je ne suis pas content d'elle ; que pour les défauts de l'esprit, elle me fera plaisir de me les faire remarquer, afin que je m'en corrige ; mais que pour ceux du corps, il n'y a point d'esprit à s'en moquer. » On ne peut pas disconvenir que ce raisonnement ne soit juste. M. de Bourgogne a un peu boudé, et cette aventure a pensé brouiller le nouveau ménage. Le roi a pacifié cela.

De Bagnères.

Je suis bien aise, Madame, que ma dernière vous ait amusée et je vais continuer à vous raconter ce que j'apprends tous les jours. M. de Montbel me disait hier que l'Etat de Montpellier avait été une petite souveraineté et qu'une princesse d'Aragon mariée à un comte de Provence ayant été attaquée sur mer d'une furieuse tempête lorsqu'elle allait trouver son époux, fut jetée par les vents dans ce petit Etat ; que le comte de Montpellier, qui en était souverain, la reçut le mieux du monde et lui donna des fêtes galantes et tous les secours qui lui étaient nécessaires ; mais que, lorsqu'après s'être suffisamment reposée et avoir réparé les débris de son équipage, elle avait voulu prendre congé de lui, il lui avait paru résolu à ne pas laisser échapper une bonne fortune que le Ciel avait lui-même jetée dans ses bras, et que n'étant pas marié, il n'avait eu garde de la céder à un autre. La princesse assembla son conseil, et comme la raison du plus fort est toujours la meilleure, elle se rendit à celle du comte de Montpellier. Peut-être fut-ce une douce violence : il était bien fait et était présent, avantages fort considérables en amour. Enfin le mariage se fit et le roi d'Aragon n'en fut averti que lorsqu'il n'était plus temps de s'y opposer. Le comte de Provence se résigna, faute de pouvoir faire mieux, et nos nouveaux époux restèrent contents et tranquilles à Montpellier.

Mais, ajouta M. de Montbel, l'amour, qui se lasse ordinairement du repos, troubla bientôt celui de cette petite Cour. Le comte devint éperdument amoureux d'une demoiselle de sa femme et fit tout ce qu'il put au monde pour ébranler sa vertu. Mais ses soins ayant été inutiles, il prit un si grand dédain pour la princesse, qu'il regardait comme le seul obstacle à sa félicité, qu'il rompit entièrement commerce avec elle. Ce divorce dura plusieurs années. La demoiselle qui le causait voulut demander son congé, mais il ne lui fut pas possible de l'obtenir. La princesse souffrait cela patiemment, mais le peuple en murmurait, et enfin les principaux magistrats ayant tenu conseil, ils députèrent quelques-uns de leur corps à la princesse pour la prier de consentir à l'innocent artifice dont ils avaient résolu de se servir, qui était d'obtenir de la demoiselle qu'elle se radoucirait un peu, qu'elle feindrait enfin de vouloir favoriser les feux du comte et lui donnerait pour cela un rendez-vous nocturne ; qu'elle exigerait, sous prétexte de pudeur, qu'il y viendrait sans lumière, et qu'à la faveur des ténèbres, la femme se substituerait à la place de la maîtresse. La princesse avait eu de la peine à se résoudre à éteindre des feux qu'elle n'avait pas allumés. Elle se rendit pourtant aux raisons d'Etat qu'on lui allégua, et peut-être même à d'autres plus pressantes. La demoiselle voulut bien, de son côté, laisser douter pendant quelques heures de sa vertu, pour la faire ensuite briller d'un nouvel éclat. Ainsi la chose fut exécutée comme elle avait été résolue, et lorsque le comte se croyait au comble de ses vœux, il entendit ouvrir la porte de sa chambre. Les magistrats, revêtus de leur pourpre, vinrent se mettre à genoux auprès de son lit, et, après lui avoir fait connaître son erreur, lui demandèrent pardon de l'avoir causée. Le comte fut d'abord fâché du droit que l'on avait voulu prendre sur ses plaisirs, mais, revenant à lui-même et touché des marques de tendresse qu'il venait de recevoir de sa femme dans le temps qu'il lui donnait des preuves convaincantes de celle qu'il avait pour une autre, il lui demanda pardon à son tour, loua le zèle de ses sujets et les remercia du soin qu'ils avaient pris de le faire revenir de son égarement. La vertu de la demoiselle fut récompensée ; on lui donna les éloges qu'elle méritait et son congé. Le comte ne voulut même pas la voir et fit toujours, depuis, le meilleur ménage du monde avec sa femme. De ce raccommodement il vint un prince qui hérita ensuite du royaume d'Aragon, et ce fut par là que Montpellier appartint à ce royaume et que plusieurs familles Aragonaises s'y transportèrent.

Le duc de Roquelaure (1) a fait ici divers voyages, et l'on m'a fait cent contes de lui tous plus plaisants les uns que les autres. On me disait l'autre jour qu'une demoiselle lui avait donné son paquet à merveille. Il avait été voir la plupart des dames de ce pays-ci, et en

(1) D'une famille de l'Armagnac, gouverneur de Languedoc et plus tard maréchal de France, est représenté par Saint-Simon comme un bouffon éhonté et peu scrupuleux.

avait oublié une qui se croyait digne de ses empressements ; la dame regardait cet oubli comme un affront ; elle craignait même que les autres en tirassent avantage ; ainsi elle pria un des amis du duc de Roquelaure de l'amener chez elle. Cet ami s'acquitta de la commission ; mais soit qu'il prît mal son temps ou que la mauvaise étoile de la dame influât là-dessus, M. de Roquelaure, se voyant forcé à faire cette visite, protesta qu'il ne dirait pas un mot. L'ami crut qu'il ne tiendrait pas sa parole et avertit la dame de l'heure. La dame, de son côté, eut soin d'assembler bonne compagnie chez elle, afin d'avoir autant de témoins de l'honneur qu'elle devait recevoir, mais elle n'eut pas lieu de s'en applaudir. M. de Roquelaure vint comme il l'avait promis, mais ce fut pour se camper dans un fauteuil où il ne desserra pas les dents. Un pareil procédé déconcerta toute l'assemblée. La dame méprisée en crevait de dépit, lorsque sa fille, qui était une petite personne très jolie, la vengea pleinement. Ennuyée d'un si long silence, elle se leva tout d'un coup, et, après s'être approchée du duc, elle se mit à crier de toute sa force : « Ah, mon Dieu, maman, M. de Roquelaure est mort ! » Cette saillie réveilla tous les esprits. On demanda à la petite fille ce qu'elle voulait dire. — « Mais oui, insistait-elle, il est mort. Ne voyez-vous pas bien qu'il pue et qu'il ne parle point ? N'est-ce pas comme cela qu'on dit que nous serons après la mort ? » M. de Roquelaure se retira sans demander son reste et laissa à la compagnie la liberté de rire à ses dépens.

L'évêque du Puy, Mgr de Béthune, lui dit aussi quelque chose d'assez plaisant, un soir qu'ils étaient tous deux au souper du roi. Vous connaissez le prélat et son grand nez, vous n'ignorez pas non plus que Roquelaure est très camard. Celui-ci voulant faire

Maximilien de Bavière.

l'agréable, dit à l'évêque : « Hé! de grâce, monsieur, rangez votre nez, que je puisse voir le roi. » L'autre lui répondit sans s'émouvoir : « Hé! monsieur, vous en voulez bien à mon nez ; croyez-vous qu'il ait été fait aux dépens du vôtre? » Cette réponse fut trouvée plaisante, on en rit beaucoup.

Je vous avoue que la vivacité des gens de ce pays-ci m'enchante. On me contait dernièrement qu'un gentilhomme gascon se faisait appeler marquis à la Cour du duc de Savoie. Mme la duchesse lui demanda par dérision dans quel pays était son marquisat. — « Il est, madame, répondit le Gascon sans hésiter, dans votre royaume de Chypre (1). » La réponse était un peu hardie, mais il est bien des choses qu'on pardonne en faveur de l'intention.

Un monsieur d'ici, ayant reçu une lettre de son cadet qui est dans le service et dont le style ne l'accommodait pas, lui répondit que si jamais il se présentait devant lui, il lui casserait la tête d'un coup de pistolet. L'autre lui écrivit encore et lui marqua ces deux mots seulement : « Amorcez. Je pars. » Je n'aurais jamais fini si je voulais vous rapporter tout ce que j'entends dire ici de joli. Je ne crois pas qu'il y ait de nation au monde qui ait la repartie plus prompte que les Gascons, ni qui prenne plus tôt son parti.

De Paris.

Je vois, Madame, par tout ce que vous me dites, qu'on a raison de vanter la vivacité des Gascons. Je sais bon gré à la petite personne qui a si bien relancé le duc de Roquelaure. Ce n'est pas seulement en Gascogne qu'il

(1) La Maison de Savoie avait cherché en vain à s'assurer du royaume de Chypre.

a trouvé à qui parler, et il fut un jour bien déconcerté chez Mme la Dauphine. Le duc de la Ferté courut avertir cette princesse qu'il avait vu Roquelaure, dans son antichambre, qui montrait ce qu'il portait aux filles d'honneur. Mme la Dauphine en fit ses plaintes au roi, qui fit venir Roquelaure pour lui demander raison d'un pareil procédé. Roquelaure nia le fait ; on lui confronta la Ferté qui confirma la chose et l'éclaircit en même temps, car il dit au roi : « Oui, sire, j'ai vu Roquelaure qui montrait ce qu'il portait aux filles de Mme la Dauphine, car il leur montrait les cornes. » Cette affaire, qui avait été d'abord prise sur le ton sérieux, devint comique, et Roquelaure fut le seul qui n'en rit point. On dit que Mme la Dauphine ne fut pas contente non plus de la liberté que M. de la Ferté avait prise de vouloir la faire donner dans le panneau. Cette princesse était fort sérieuse, et n'aimait pas qu'on se familiarise trop avec elle.

M. de Ventadour nous conta dernièrement quelque chose d'assez hardi que M. le duc de Roquelaure avait dit à Mgr le Dauphin. Il était un matin auprès de ce prince, qui, soit prévention, soit réalité, se plaignit que l'odorat souffrait quelque chose auprès de lui, et dit assez naturellement : « Eloignez-vous un peu, Roquelaure, car vous sentez bien mauvais. » L'autre, sans se troubler, lui répondit froidement : « Je vous demande pardon, Monseigneur, c'est vous qui sentez et non pas moi. » Monseigneur ne savait sur quel ton prendre cette réponse, lorsque Roquelaure la lui expliqua en lui faisant comprendre qu'effectivement ce n'est pas celui d'où vient la mauvaise odeur qui en est incommodé, et que c'est seulement ceux qui sont auprès, qui peuvent la sentir.

Ce même duc, qui fait toujours briller son esprit aux

dépens du prochain, déconcerta bien un jour, M. d'Hermenonville au Palais Royal. M. d'Hermenonville a pris l'habitude, lorsqu'il fait compliment à quelqu'un, de dire toujours : « Je vous baise les mains » ; si bien, que trouvant M. le Prince (1) au Palais Royal, qui lui fit honnêteté, il n'eut garde de manquer à répondre par son compliment circulaire. Quelque temps après, M. le Prince étant sorti, Monseigneur, qui était aussi au Palais Royal, demanda où il était passé. « Il ne tardera pas à revenir, dit le duc de Roquelaure, il est allé seulement laver ses mains que M. d'Hermenonville a baisées. » On rit beaucoup de cette saillie, excepté le pauvre M. d'Hermenonville, qui n'avait pas les rieurs de son côté.

Mgr le Dauphin eut, ces jours passés, une espèce d'apoplexie, d'autres disent que ce n'était qu'une indigestion. Quoiqu'il en soit, il fut longtemps sans connaissance, et l'on craignit beaucoup pour sa vie. Ce fut environ minuit que cet accident le prit, lorsqu'il voulut se relever de son prie-Dieu. Il n'y avait en ce moment qu'un valet de chiens dans la chambre, et ce fut celui qui lui sauva la vie, car, comme il vit que le prince était près d'étouffer, il lui ouvrit les dents avec son couteau, et, dans le moment, Monseigneur vomit beaucoup. On dit que, sans ce prompt secours, il était mort. Le valet de chiens eut soin de lui tenir la bouche ouverte, au hasard de le blesser un peu. Il appela en même temps du monde et toute la Cour fut bientôt sur pied. On fit lever le roi qui courut tout effrayé auprès de ce cher fils. Il l'appela plusieurs fois tendrement. L'on a remarqué que Sa Majesté ne l'a appelé son fils qu'alors et à Sceaux, lorsqu'il l'empêcha de suivre le roi d'Espa-

(1) De Condé.

gne. Enfin Monseigneur revint à lui, fut saigné et resaigné pendant la nuit, et le lendemain il était hors de danger.

Cet accident a servi à lui faire connaître combien il était aimé. Vous ne sauriez croire toutes les alarmes que l'on a eues ici sur son chapitre. On courait en foule à Versailles pour demander des nouvelles de sa santé. Il n'y a pas jusques aux harengères qui n'aient témoigné leur zèle en cette occasion. Ce corps, si redoutable du temps de la minorité, vient à présent de se rendre célèbre ; car, dès qu'elles eurent appris le mal de Monseigneur, après avoir tenu conseil, elles députèrent quatre de leur troupe à Versailles pour lui faire compliment sur sa convalescence. Ces ambassadrices de la Halle se présentèrent à son appartement, mais l'huissier ne jugea pas à propos de les faire entrer ; ainsi elles s'en retournèrent fort mécontentes. Le soir on rendit compte au roi du concours de monde qui était venu pendant le jour, et on ne manqua pas de lui parler des harengères. Sa Majesté dit qu'on avait eu tort de leur refuser la porte, et que leur zèle méritait qu'on leur fît voir Monseigneur. Les harengères surent le lendemain ce que le roi avait dit. Le conseil fut encore assemblé, et les quatre Excellences députées de plus belle. Dès qu'elles furent arrivées à Versailles et qu'elles se présentèrent à la porte de Monseigneur, on les introduisit dans les appartements et l'on fut avertir le roi, qui s'y rendit pour entendre leur harangue. Sa Majesté les trouva à genoux devant Monseigneur, qui était debout en robe de chambre ; l'une lui baisait les pieds, l'autre le bord de sa robe. Le prince souffrait cela patiemment, mais il craignait fort que, par un excès de tendresse, il ne leur prît envie de le baiser au visage. Heureusement pour lui, il en fut quitte pour la peur. Pendant que les unes lui baisaient les pieds, une autre disait fort élégamment : « Que serions-nous devenues si notre cher Dauphin fût mort? Nous aurions tout perdu. — Oui, répliqua la quatrième, nous aurions tout perdu, car notre bon roi n'aurait jamais pu survivre à son fils, et il serait sans doute mort de douleur. » On admira la politique de cette femme, qui redressait sa compagne, de peur que le roi ne fût jaloux de l'affection qu'elle témoignait à Monseigneur.

Sa Majesté ordonna qu'on leur donnât un de ses carrosses pour les promener partout, et qu'on leur fît voir tout ce qu'il y a de beau à Versailles. Elles souhaitèrent d'aller entendre vêpres à la chapelle, et on les plaça toutes quatre dans un banc de duchesses. Monseigneur leur fit donner vingt louis et le roi autant; après quoi, comblées de biens et d'honneur, le carrosse du roi les ramena à Paris. On leur fit traverser la ville d'un pas d'ambassadeurs, on les conduisit de ce train-là à la Halle, où elles furent rendre compte à tout leur corps de l'heureux succès de leur voyage. On les conduisit ensuite chacune dans sa maison. Le lendemain, elles s'assemblèrent encore pour voir ce qu'elles feraient des quarante louis, et décidèrent de les employer à faire chanter un *Te Deum* pour la convalescence de Monseigneur, qui a été exécuté dans l'église de Saint-Eustache. Il y eut une fort belle musique.

Cependant la santé de Monseigneur est tout à fait rétablie, mais on dit que cette dernière attaque lui a fait un peu penser à sa conscience et qu'il a promis à son confesseur de quitter entièrement la Raisin, de laquelle il a déclaré avoir deux enfants.

Il a paru ici, il y a quelque temps, une personne qui n'a pas besoin d'emprunter au secours de l'art et qui est venue de sa province effacer toutes les beautés de ce pays. C'est la belle Coulon, qu'on appelle aussi la Beauté de Vienne, et que des affaires ont attirée à Paris avec sa mère. Elle a été si fort courue ici, que la pauvre fille en était toute honteuse. On lui a fait déserter les Tuileries; elle a eu beau se réfugier dans les jardins du Luxembourg, dès qu'on a su qu'elle s'y promenait, on a abandonné les Tuileries pour la suivre, et cela la déconcertait si fort qu'elle ne savait où se mettre. Une dame lui disait : « Voilà ce que c'est, mademoiselle, que d'être plus belle qu'une autre; on court après vous et cela vous fatigue : mais il faut avoir les charges avec le bénéfice. — Hélas! madame, répondit la belle Coulon, je ne crois pas que je doive m'en applaudir; c'est sans doute mon air de province et non mon mérite qui fait qu'on se récrie sur moi. Je m'aperçois qu'on n'a pas tort de traiter les Parisiens de badauds, car enfin il me semble que je suis à peu près comme tout le monde et qu'on me devrait laisser passer parmi la foule. » Quoique dans le fond il n'y eût rien d'extraordinaire et que Mlle d'Armagnac fût de beaucoup plus belle, cette grande réputation de beauté lui attira l'envie et la haine des autres femmes. On a fait des satires contre elle, qu'on débitait quatre sols à l'Opéra et à la Comédie et dans les autres lieux publics. *A quatre sous la Beauté de Vienne, à quatre sous!* Tout cela n'a pas empêché que le marquis de Martel, qui en était devenu fou, ne l'ait épousée. Mais on fit si bien, qu'avec tous ses charmes et beaucoup de sagesse, on la calomnia si fort, que soit par cette raison, soit par son inconstance, le marquis l'a abandonnée le lendemain de ses noces. Il l'a reléguée dans une petite Communauté de la rue Cassette, où il la fait vivre à juste prix. C'est quelque chose d'effroyable que la jalousie des femmes sur le chapitre de la beauté. La belle Coulon en est victime; on l'a trouvée belle à la Cour et à la Ville : c'est un crime que les dames ne pardonnent pas, et qui, comme vous le voyez, ne reste pas impuni.

Je ne crois pas qu'on puisse avoir l'esprit plus présent en Gascogne que l'avait feue Mme la Dauphine, ni qu'on pût répondre plus juste. On dit que lorsqu'elle était en couches de M. le duc de Bourgogne, Mme la princesse de Conti entra dans sa chambre avec quelques autres dames ; mais comme Mme la Dauphine paraissait assoupie, elles n'osèrent s'avancer, et Mme de Conti dit en s'en retournant aux dames qui l'avaient suivie : « Voyez Madame la Dauphine, elle est aussi laide en dormant qu'éveillée. » Quoiqu'elle eût dit cela assez bas, Mme la Dauphine, qui ne dormait pas sans doute bien profondément, l'entendit, et, sans hésiter un moment, elle répondit : « Madame, si j'étais fille de l'Amour, je serais aussi belle que vous. » Mme de Conti entendit ce que cela voulait dire, et s'en plaignit au roi, qui l'obligea encore d'aller demander pardon à Mme la Dauphine, qui était dans ce temps-là plus à la mode qu'elle ne l'a été dans les suites. Un jour le roi disait à cette princesse : « Vous ne m'aviez pas dit, madame, que vous aviez une sœur qui était très belle ? » Il parlait de Mme la grande-duchesse de Toscane. « Il est vrai, sire, répondit Mme la Dauphine, j'ai une sœur qui a pris toute la beauté de la famille ; mais j'en ai eu tout le bonheur. » On dit qu'on pourrait faire un fort joli recueil de tout ce que cette princesse a dit de spirituel pendant le peu de temps qu'elle a vécu.

La tendresse un peu outrée qu'elle a eue pour le duc de Bavière, son frère, a été cause qu'elle a passé assez désagréablement les dernières années de sa vie et qu'on n'a pas eu beaucoup de regrets à sa mort. Je ne saurais assez admirer ici la bizarrerie du sort qui l'a fait ennemi

La Maupin.

de la France, dans le temps que Mme la Dauphine vivait et qu'elle sacrifiait tout aux intérêts de ce cher frère. On sait à combien de chagrins elle s'est exposée, en lui faisant donner des avis importants, et qu'elle a été victime de la tendresse qu'elle avait pour lui. Elle meurt, et l'Electeur (1) s'avise de se joindre à la France, lorsqu'il en a le moins raison. N'est-ce pas se déterminer à contre-temps et prendre mal son parti? Et l'on voit bien à sa mine que s'il osait, il avouerait de bonne foi qu'il a fait une grande faute en s'alliant avec nous; mais il a des ménagements à garder, et l'asile qu'il est obligé de chercher à Namur, tout triste qu'il est, lui est pourtant nécessaire. Quel fâcheux revers pour un prince qui a vécu avec tant d'éclat à Bruxelles et dont la cour était si magnifique et si galante! On ne parle que des dépenses qu'on faisait dans ce pays, où il était adoré. Ses galanteries fourniraient matière à plusieurs romans; car outre Mlle Popuel, qu'il fit comtesse d'Arcos, à condition qu'elle ne le serait que de nom, la belle chanoinesse et tant d'autres maîtresses qu'il avait en titre, outre cela, dis-je, il a eu une infinité de bonnes fortunes dans le Brabant, que ses belles manières et sa libéralité lui procurèrent. Mlle de B... (2), jeune et charmante, valut à madame sa mère cent mille écus, et on lui en compta cent autres à elle, lorsqu'elle épousa le comte de R... et que l'Electeur la quitta pour plaire à Mlle de Montigny.

Tant de dépenses et de générosité lui avaient gagné le cœur des Brabançons, qui ne juraient que par lui. Quoiqu'il jouât souvent de mauvais tours à plusieurs maris, le mécontentement de quelques particuliers n'em-

(1) Maximilien-Emmanuel de Bavière s'était déclaré pour la France dans la guerre de la succession d'Espagne.

(2) Mlle de Bavons.

pêchait pas que le public ne fût pour lui. Il y avait même des gens assez débonnaires pour se faire un honneur de ce qu'il voulait bien prendre la peine de les déshonorer. J'ai ouï dire qu'une bonne bourgeoise de Bruxelles, dont il voyait la fille, contait un jour à une de ses voisines, que Maximilien — c'était ainsi qu'elle appelait le prince — était le meilleur enfant du monde. « Voyez, disait-elle, comme il est peu fier ! Il vient chez nous sans façon et ne fait pas de difficulté de coucher dans ce lit avec ma fille comme si elle était de condition. » Pendant qu'elle exagérait ainsi les bontés de l'Electeur, il entra en tapinois avec un manteau sur son nez, sans suite, au grand contentement de cette mère imbécile, qui fut charmée que sa visite certifiât ce qu'elle venait de dire.

De tout cela on peut conclure que le prince menait une vie fort délicieuse à Bruxelles, et je ne sais comment il pourra s'accommoder du changement de sa fortune ; car, bien loin de pouvoir fournir à l'entretien de ses plaisirs, il n'a pas, au pied de la lettre, de quoi fournir à l'entretien de ses domestiques, dont la plupart ont été obligés de prendre parti ailleurs. Les uns sont entrés à l'Opéra et les autres se sont déterminés selon leurs petits talents. Il me tomba l'autre jour une lettre que cet infortuné prince écrivait à Mlle de Montigny, lorsqu'elle vint ici aux noces de son frère, qui, comme vous savez, a épousé la fille du duc de Rohan, l'une des plus belles personnes de la Cour.

Lettre de l'Electeur de Bavière à Mlle de Montigny.

« Il faut être aussi persuadé que je le suis, ma Princesse, de la bonté de votre cœur, pour oser prétendre d'y avoir encore la même part que vous avez bien voulu m'y donner autrefois. Je m'en flatte pourtant et je vous crois trop généreuse pour que le changement de ma fortune puisse en causer chez vous à mon désavantage, puisque je ne ressens ce changement que par rapport à vous et parce qu'il me met hors d'état de vous marquer toujours, par les services les plus essentiels, combien je vous suis dévoué. Qu'il est triste, ma chère, pour un prince dépouillé qui vous adore, de se voir errant, dépouillé de ses Etats, obligé de chercher un asile chez les étrangers, et de ne pouvoir vous marquer sa tendresse que par des vœux impuissants, mais en revanche très ardents et très sincères. Si nous n'avions couru une même fortune, mon frère et moi, il y en aurait présentement un des deux qui pourrait aider l'autre. Mais par malheur nous sommes dans le même cas. Il faut cependant espérer que ce sera un orage qui passera, après lequel nous entrerons dans le calme, et vous pouvez rétablir entièrement celui de mon cœur, en m'assurant que vous êtes assez bonne pour aimer la vertu toute nue. Adieu, ma chère enfant, songez un peu, au milieu de vos plaisirs, qu'il est un prince au monde qui n'en saurait trouver qu'auprès de vous.

« M. D. D. B. »

Cette lettre de l'Electeur fait en peu de mots un portrait assez juste de son état. Je ne sais pas si celui de son cœur y est aussi bien peint, car il me semble que ces beaux sentiments dont il paraît se piquer ne s'accordent guère avec cette humeur coquette dont il a fait jusqu'ici profession. Il est vrai que, depuis quelque temps, Mlle de Montigny avait trouvé le secret de le fixer, car, quoiqu'il donnât toujours incognito dans l'aventure, elle était la sultane favorite et n'avait pas de concurrente déclarée.

Le règne de la comtesse d'Arcos n'avait pas été aussi beau. L'Electeur avait eu, pendant son bail, plusieurs attachements d'éclat ; l'on avait vu la Maupin se poignarder pour lui sur le théâtre, faisant le rôle de Didon dans l'opéra d'*Enée*. Cette fille, dont les passions avaient toujours été violentes, voyant que la danseuse appelée la Merville la supplantait dans le cœur de ce prince, se voulut tuer à ses yeux et donna une scène assez extraordinaire aux spectateurs. La blessure ne fut pas mortelle, mais après un pareil coup d'éclat, l'Electeur ne voulut plus qu'elle restât à Bruxelles ; ainsi il fallut qu'elle laissât le champ libre à la Merville, qui, par l'infidélité qu'elle fit quelque temps après au duc en faveur du comte de Dohna, le punit de celle qu'il avait faite à la Maupin. Mais elle fut aussi punie à son tour ; car ayant été atteinte et convaincue d'avoir fait infidélité à l'Electeur, elle fut enfermée entre quatre murailles, et ce ne fut qu'après cinq ans de pénitence que l'Electeur consentit à ce qu'on lui donnât la clé des champs, à condition qu'elle s'éloignerait des lieux où il commandait. C'est cette même Maupin qui, se piquant d'une belle passion pour le comte d'Albert, un jour que la duchesse de Luxembourg entendait la messe à Saint-Roch, s'approcha de son prie-Dieu pour lui dire d'un ton menaçant que si elle s'avisait encore d'écouter les raisons du comte d'Albert, elle pouvait compter d'avoir la cervelle brûlée d'un coup de pistolet. Tous ceux qui connaissent la Maupin sont persuadés qu'elle l'aurait fait tout comme elle le disait. La duchesse de Luxembourg en prit l'alarme, et cette algarade de la Maupin fit causer la Cour et la Ville et toujours sur le compte de cette pauvre dame.

Ce qu'il y a de sûr, c'est que voilà une sanglante guerre (1) qui va se rallumer et qui va traîner à sa suite

(1) Guerre de la succession d'Espagne.

des impôts dont on achèvera bientôt de nous accabler. Pour moi, je vous réponds que je n'en serai plus la dupe ; bien loin de retrancher mon train et ma cuisine, comme je faisais autrefois en pareil cas, je suis résolue d'augmenter l'un et l'autre et d'aider le roi à manger mon bien, afin que ce soit plus tôt fait. A quoi bon languir? Tôt ou tard on nous tirera notre dernier sou ; ainsi faisons bombance tant que cela durera, sauf à entrer de meilleure heure à l'hôpital.

Lettre de province.

Je suis fort aise, Madame, que M. Roquelaure se soit trouvé quelquefois avec des gens qui lui aient un peu rabattu le caquet, et j'en ai ri avec M. de Montbel, qui m'a conté que l'évêque du Puy avait trouvé à qui parler à son tour dans ce pays-ci, et que feu M. de Cons, évêque de Nîmes, lui avait donné son reste dans l'Assemblée des Etats. C'était un des plus beaux esprits de son temps, mais homme d'une fort basse naissance et qui ne devait qu'à son mérite le rang où il était monté. Cet évêque disputait contre celui du Puy, qui, fier du nom de Béthune qu'il porte, et chagrin de ce que l'évêque de Nîmes l'emportait sur lui par son éloquence, se retrancha sur l'invective et lui reprocha, en pleins Etats, la bassesse de son extraction. M. l'évêque de Nîmes, sans se fâcher, lui répondit d'un ton de mépris : « Si vous aviez été le fils de mon père, vous garderiez les cochons. » Tous admirèrent cette réponse, qui remplit l'évêque du Puy de confusion. En effet, il n'est rien de si ridicule que ces gens qui, pour se rendre recommandables, sont obligés de fouiller dans le tombeau de leurs aïeuls.

CHAPITRE VI

Duel de femmes. — Mort de Monsieur. — Mlle de Seri, maîtresse du duc d'Orléans. — La Desmare. — Loison dite Tontine. — Chanson de la Duchesse pour le mariage du duc de Vendôme. — Lyon. — Mort du Dauphin. — Les leçons de luth du marquis de Ségur et de l'abbesse de la Joye. L'auteur des *Lettres Portugaises*. — La reine Christine et Monaldeschi.

On dit qu'il va venir du Bas-Languedoc au Parlement de Toulouse un assez plaisant procès : c'est un duel de femmes. Une dame de Beaucaire ayant trouvé, dans une assemblée, une fille de condition qui avait été autrefois la maîtresse de son mari et qu'elle soupçonnait peut-être de l'être encore, lui dit des choses si piquantes que la demoiselle, qui n'était pas d'humeur endurante, après lui avoir répondu quelques duretés, lui jeta un chandelier à la tête. Comme tout le monde était occupé au jeu, on n'avait d'abord pas fait attention à cette querelle, mais, dès qu'on s'aperçut qu'on la poussait au delà de l'invective, on fit tout ce qu'on put pour la terminer. Le chandelier n'avait porté que contre une muraille et par conséquent avait fait moins de mal que de peur. On obligea les dames à s'embrasser, et l'on crut que cela serait fini ; mais on se trompa, car la demoiselle envoya le lendemain un cartel à son ennemie pour lui dire de venir à dix heures dans un jardin où elle la trouverait avec deux épées pour vider cette querelle en tête-à-tête.

La dame n'eut garde de manquer au rendez-vous ; la demoiselle lui donna le choix des deux épées, et, après avoir fermé la porte du jardin, elles commencèrent leur combat avec l'adresse que peuvent avoir deux dames plus accoutumées à l'exercice de la quenouille qu'à celui de l'épée. Elles se chamaillèrent fort longtemps et firent tant de bruit qu'on les entendit d'un jardin voisin ; on crut que c'étaient des hommes qui étaient aux prises, et on courut d'abord pour les séparer. Il fallut rompre la porte ; on entra, et on fut bien étonné de voir deux femmes qui se portaient des bottes à tort et à travers. La chaleur du combat les avait empêché de sentir leurs blessures ; mais dès qu'on les eut désarmées et qu'elles virent couler leur sang, elles tombèrent toutes deux évanouies ; on les emporta chez elles, et on trouva que la femme avait un coup d'épée dans le téton gauche et la demoiselle dans la cuisse. Elles ont été toutes deux très mal, et pendant qu'on travaillait à leur guérison, les parents ont fait de part et d'autre de grandes procédures ; mais on croit que M. de Baville accommodera cela. Il dit qu'il fallait que le roi établît à l'avenir des juges pour décider du point d'honneur entre les femmes et de leurs querelles, et que celle-ci, à laquelle il veut donner un tour comique, n'est pas du ressort des maréchaux de France. Il en a écrit en Cour de manière à faire rire le roi plutôt qu'à l'irriter contre des femmes si déterminées. Voilà pourtant qui fait honneur à notre sexe et qui fait voir que si l'on nous employait, nous serions bonnes à quelque chose ; et, franchement, je crois que quand messieurs les hommes nous empêchent d'aller à la guerre, c'est bien moins pour ne pas nous

Vue de la Saône à Lyon.
Dessin de Lallemand, gravé par Née

faire partager le péril que pour n'être pas obligés de partager avec nous leur gloire.

De Paris.

La Cour est présentement occupée à pleurer la perte de Monsieur (1), frère du roi, et M. de Chartres est à présent duc d'Orléans, honneur que le roi s'était engagé de lui continuer en faveur de son mariage (2). Ce bon prince est mort subitement d'un sang échauffé au lansquenet qui lui a causé une espèce d'apoplexie. Il y avait longtemps qu'on lui prédisait que le jeu lui jouerait un mauvais tour, mais il ne pouvait pas se résoudre à le quitter. Le roi a paru fort touché de sa mort. Madame prend le parti de la retraite et M. le duc d'Orléans se console avec Mlle de Seri, fille d'honneur de Madame, dont il a fait présentement sa maîtresse déclarée. C'est une fort jolie personne qui apparemment le fixera et lui fera oublier la petite Desmare. Vous savez que cette comédienne avait succédé dans son cœur à la Florence, danseuse de l'Opéra. Mais vous ne savez peut-être pas qu'elle faisait infidélité à ce prince en faveur du petit Baron (3). La chose a été avérée ; elle n'en a pas disconvenu, et M. le duc d'Orléans lui a ôté le fils qu'il lui avait fait et tous les présents dont il l'avait comblée. Elle a tout rendu avec joie, s'estimant trop heureuse de ce qu'on lui laissait la liberté de se donner tout entière à son cher Baron ;

(1) Philippe, premier duc d'Orléans. Epousa d'abord Henriette d'Angleterre, et ensuite Charlotte-Elisabeth de Bavière.

(2) Il avait épousé une des filles de Louis XIV et de Mme de Montespan.

(3) Le comédien.

prétendant, par des sentiments aussi désintéressés, donner à corps perdu dans l'héroïsme. M. le duc d'Orléans l'a quittée avec regret, mais la charmante Seri le console de tout.

La brune Loison, autrement dite Tontine, dont je vous ai déjà parlé, a épousé, pour se donner du relief dans le monde, un vieux gentilhomme nommé M. Cornu de la Boissière. Ce nom paraît fait exprès et convient parfaitement bien au sujet. La demoiselle était belle, et comme elle a su mettre à profit ses attraits, elle avait ramassé de grands biens dont elle a ébloui le bonhomme. Ce mariage a donné lieu à bien des plaisanteries. Dans la suite, on lui a fait des affaires à la Cour, parce qu'on prétend qu'il a toléré les complaisances que sa femme a eues pour M. le duc de Berry. Ce prince la convoita dans un bal où le chevalier de L... l'avait menée. Il pria ce seigneur de lui faciliter un tête-à-tête avec elle. Le temps et le lieu étaient fort propres, mais le chevalier s'en excusa fort prudemment, disant qu'il était trop jeune pour un pareil emploi. Il se trouva des gens plus hardis qui, au hasard de tout ce qui pouvait en arriver, servirent la passion du prince. Ils ont même été assez heureux pour qu'à la considération de leurs parents, le roi ne s'en soit pas pris à eux et que toute sa colère soit tombée sur le mari commode.

Il faut que je vous régale d'une chanson que la Duchesse a faite en l'honneur du mariage de sa belle sœur avec M. le duc de Vendôme (1). Vous savez que Mme la Duchesse est femme de M. le Duc, fils de M. le Prince (2), et frère de Mlle de Condé, que le duc de Vendôme vient d'épouser. Or, écoutez la chanson. La

(1) Fils du duc de Vendôme et de Marie Mancini.
(2) De Condé.

poésie en est un peu gaillarde, mais c'est la faute à l'auteur et non pas la mienne.

Préparons dessus nos musettes
Pour Vendôme nos chansonnettes.
Il donne dans le sacrement,
L'épouse sera bien baisée
S'il est sur elle aussi souvent
Qu'il est sur sa chaise percée.

Encore un coup, Madame, *honni soit qui mal y pense,* comme dit la devise d'Angleterre. Si quelque fausse prude condamne la liberté que je me donne de parler des choses qu'elle se contente de penser, parce qu'il n'est peut-être pas en son pouvoir de faire mieux, ou pour mieux dire pis, tant pis, deux fois tant pis pour elle. Le mariage du duc de Vendôme a été fort approuvé, la Cour et la Ville y ont applaudi, et il y a tout lieu d'en être content, puisqu'il n'aurait jamais pu prendre une femme de meilleure maison, ni d'un mérite et d'une piété plus solides. Ils tiennent leur cour au Temple qui est, comme vous le savez, la maison du Grand-Prieur de France, frère du nouveau marié. Les vers de Mme la Duchesse ne sont pas les seuls qui ont été faits sur ce mariage ; vous en trouverez bon nombre d'autres dans le *Mercure Galant,* où nos beaux esprits ont eu soin de mêler les myrtes avec les lauriers et de chanter la valeur de l'époux et les vertus de l'épouse.

Cette princesse a eu aussi l'occasion de versifier sur le compte de la marquise de *** qui, pendant que son mari cacochyme ne s'occupe que de médecins et d'apothicaires et devient le second tome du *Malade imaginaire,* songe de son côté à passer son temps du mieux qu'elle peut. Comme le tempérament décide sur le choix des plaisirs, le sien l'a déterminée en faveur de l'amour, qui est celui pour lequel Mme la Duchesse a le moins d'indulgence. Elle prétend que le vin doit l'emporter sur tout, comme chez elle, et ne saurait souffrir qu'on préfère la galanterie au plaisir de boire. La marquise a encouru sa haine par des sentiments opposés et en a ressenti les effets par un sonnet qui a été envoyé à son mari, sur des rimes connues :

Du plus grand des cocus, tu peux prétendre au Buste.
Ta femme, dont le cœur n'eut jamais des Glaçons,
Dans le champ de Vénus rassemblant ses Moissons,
Ainsi que ses amants, t'a rendu moins Robuste.

Plus savante en amour que la fille d'Auguste,
Aux belles de la Cour elle fait des Leçons.
Dans son cœur les vertus passent pour des Chansons,
Et pour elle l'hymen n'eut jamais de loi Juste.

On dirait à la voir paraître avec Orgueil,
Qu'à toi seul dans son lit elle a fait bon Accueil,
Que de ses passions tu fus la forte Digue.

Mais on sait que... par de secrets Ressorts,
Des dernières faveurs la rendit si Prodigue,
Que qui veut, peut chez elle assouvir ses Transports.

Au reste, je vous ai parlé du mariage du duc de Vendôme, et je ne vous parlerais pas de celui du duc de Berry? Ce ne serait pas bien. Il vient d'épouser, par ordre du roi, une jeune et belle princesse. Vous comprenez bien qu'il aura obéi sans peine à un ordre de cette nature. Le roi l'a marié à Mademoiselle, fille de M. le duc d'Orléans et d'une princesse née des amours de Sa Majesté, et qui ne peut par conséquent qu'être très jeune. Quelle joie pour la pauvre Mme de Montespan si elle avait pu regarder cela de quelque coin et voir ainsi son sang approcher toujours plus près du trône! C'était beaucoup que sa fille eût épousé le neveu du roi, mais c'est bien plus de voir sa petite-fille mariée au fils d'un Dauphin et à un prince qui fait les délices de la France. Il est jeune aussi et c'est un très joli assemblage où les jeux et les amours ont tout l'air de bien tenir leur partie. Nous avions besoin d'une nouvelle Cour aussi brillante que celle-là pour ramener les plaisirs que la dévotion et le sérieux avaient éloignés. J'espère que le duc de Berry les fera revivre, car il m'a toujours paru d'un tempérament à aimer la joie. On leur a donné le Palais du Luxembourg, dont le jardin va être aussi fréquenté à présent que les Tuileries.

Le duc de Berry est un prince autant aimé qu'il est aimable, et madame son épouse est toute charmante et a été élevée avec tout le soin imaginable. Ainsi, par la naissance et par l'éducation, elle ne peut qu'être très accomplie, et elle n'a pour cela qu'à ressembler à Mme la duchesse d'Orléans (1), sa grand'mère, qui a fait l'admiration du roi. On écrit de Rome que le pape se dispose à donner le bouquet à Mme la duchesse de Berry. Je ne prétends pas dire qu'il ait dessein de lui donner le bal, car outre que le carnaval est passé, on sait bien qu'une galanterie d'éclat ne conviendrait pas à Sa Sainteté. Il ne s'agit donc ici simplement que d'un bouquet, mais qui n'est rien moins que simple, puisqu'il est composé d'une rose d'or que le Saint-Père a pris la peine de bénir en cérémonie et à laquelle il a attaché un très gros diamant et quantité d'autres. Je sais bien qu'à sa place je recevrais avec plaisir un présent aussi précieux.

Il serait à souhaiter que le même printemps qui fait éclore de si belles fleurs à la France, n'en menaçât pas les Lys par les approches d'une campagne qui, selon toutes les apparences, leur donnera une terrible atteinte

(1) Marguerite de Lorraine.

en approchant les ennemis de nos portes. Nous faisons ici de notre mieux pour leur en défendre l'entrée, et le roi a de nombreuses armées sur pied avec lesquelles il prétend les arrêter et les obliger même à retourner sur leurs pas. Nous verrons ce qui en sera. En attendant, nous voici à cette heure obligés de donner au roi la dîme des biens qui nous restent. Je voudrais de tout mon cœur être huguenote pour que quelque motif de religion m'eût fourni un prétexte de passer dans les pays étrangers, car je crains tout de bon de mourir de faim dans celui-ci. Il faut, pour satisfaire au nouvel édit, faire son inventaire de son vivant, chose très désagréable. Aussi se soulève-t-on terriblement contre cet impôt, et si fort, qu'on est obligé de se servir des troupes qui sont dans les provinces pour forcer les peuples à se soumettre aux ordres du roi, et c'est presque une seconde Dragonnade. En vérité, si ceci dure, je ne sais pas ce que nous deviendrons.

De Lyon.

Je trouve, Madame, le mariage du duc de Berry le mieux assorti du monde, et je défie la muse égrillarde de Mme la Duchesse de pouvoir en faire la critique, ni de donner de certaines idées de l'époux, qui est d'un âge et d'une tournure à n'avoir pas besoin de caution sur les devoirs matrimoniaux qu'il a tout l'air de bien remplir.

Je suis dans une des plus belles villes du royaume, qui, selon moi, l'emporte sur Toulouse, quoiqu'elle n'ait pas un Parlement. On prétend que c'est par politique qu'on n'a pas voulu en mettre un, de peur de déranger le commerce, qui est ici florissant et qui serait bientôt détruit si messieurs les marchands se mettaient la vanité dans la tête et achetaient des charges à leurs enfants, au lieu de les élever dans le négoce. La situation de cette ville est très belle ; on voit, avant d'y arriver, quantité de maisons de campagne. Le château de Pierre-Encise, séjour des criminels d'Etat, bâti sur des rochers escarpés, paraît un lieu de défense en cas de besoin. La rivière de Saône traverse la ville et s'y perd dans le Rhône, qui en baigne les murailles. Il y a de très belles rues et des quais magnifiques, mais ce qui m'en plaît le plus, ce sont ces montagnes qui forment le plus bel aspect du monde, sur lesquelles on voit de très belles églises, des couvents d'hommes et de femmes, des arbres et de la verdure, et où, sans sortir de la ville, on trouve tous les agréments de la campagne.

C'est là qu'est cette miraculeuse église de Fourvières, célèbre par les fréquents pèlerinages qu'on y fait ; celle de Saint-Irénée, autrefois évêque de Lyon, le tombeau des Deux-Amants tant vanté par M. d'Urfé dans son *Astrée*. Ce que j'ai pu apprendre sur ce tombeau des Deux-Amants, qu'il ne faut pas confondre avec celui qui est sur le bord de la Seine, entre Paris et Rouen, c'est que celui-ci renferme les corps d'Hérode et d'Hérodiade, qui furent relégués par Caligula quelque temps après la mort de Notre-Seigneur. Comme cette princesse voulut suivre son époux dans son exil et qu'elle se donna là-dessus des airs de belle passion, on lui a fait l'honneur de lui donner le beau nom d' «amante», que celui de « femme » détruit ordinairement, et elle le garde encore jusque dans le tombeau. Voilà ce que la tradition m'a appris et que je vous donne comme on me l'a donné. Ce qu'il y a de sûr, c'est que Pilate et Hérode ont été exilés presque en même temps sur les bords du Rhône, et que ces malheureux, qui avaient eu part à la mort de Notre-Seigneur, y ont fini leur triste destinée. Il ne me manque plus, après avoir vu tout ceci, que de passer par les

Madame de Maintenon.

lieux où Judas s'est pendu, et je suis si ambulante que, du train dont je vais, je ne désespère pas d'arriver un jour en Palestine.

Lyon est une espèce de petit Paris; je n'ai point encore vu de ville qui lui ressemble mieux. J'ai vu cette horloge dont vous avez entendu parler, qui est dans l'église des comtes de Saint-Jean et qui est si merveilleuse, qu'on fit crever les yeux à l'auteur, après qu'il en eut fait une pareille à Strasbourg, pour l'empêcher d'en faire davantage. Je me suis promené dans une très belle place qu'on appelait Belle-Cour, qui est d'une grandeur extraordinaire, et lorsqu'on y fit dresser la statue équestre du roi, on lui donna le nom de place Royale. C'est dans cette place que s'assemble journellement le beau monde pour se promener en carrosse ou autrement et où se donnent toutes les fêtes de ce pays en carnaval. Il y a des tilleuls qui y forment une belle allée qui aboutit sur le rempart qui en est tout garni. Le Rhône coule au pied, et c'est là que se fait l'assemblage du Rhône et de la Saône; l'air et la vue y sont enchantés. C'est dans cette enceinte que loge le prince d'Harcourt et tout ce qu'il y a de noblesse et de gens d'affaires. A l'autre bout de cette place, la Saône y coule; on la passe sur un grand pont de bois où il y a des bancs des deux côtés sur lesquels on va le soir respirer au frais et où la vue a de quoi s'arrêter agréablement, car on découvre de là les deux côtés de la ville et les montagnes qu'elle renferme, et on voit passer une infinité de petits bateaux, qu'on appelle des *bèches*, que des femmes habiles en l'art de ramer conduisent de la manière du monde la plus plaisante, se disputant ceux qui veulent traverser l'eau par leur moyen.

Outre les promenades de la place Royale, il y a celle de la place des Terreaux; la Maison de Ville y est bâtie : c'est un des plus beaux édifices de ce genre. Le couvent des Dames de Saint-Pierre, qui est une abbaye royale, et d'autres belles maisons forment le reste du carré où le beau monde de ce quartier se promène ordinairement le soir. On ne sait ici ce que c'est que gens de qualité. Excepté chez les comtes de Saint-Jean et les abbayes royales, où la naissance est nécessaire, on n'en fait presque partout ailleurs aucun cas, et ce sont les banquiers qui brillent ici ; ils possèdent les premières charges ; leurs femmes sont sans dispute appelées madame, et disputeraient, en cas de besoin, le haut du pavé aux duchesses. Elles ont de beaux carrosses, elles sont magnifiques dans leurs habits, dans leurs meubles et dans le nombre de leurs domestiques. Elles ont du goût, de la politesse, et sont d'une société très charmante ; elles jouent gros jeu et font de belles dépenses.

Je trouvai l'autre jour chez Mme Poilicourt, trésorière de France, le duc de Ventadour, qui me conta mille particularités, entre autres que le roi avait été voir deux fois le cabinet de M. de Servières, qu'on ne visite plus maintenant, et après qu'il lui en eut fait admirer toutes les raretés, M. de Servières avait tiré un rideau et dit à Sa Majesté, en lui montrant de très beaux petits enfants qu'il avait fait cacher derrière : « Il est juste, Sire, puisque vous avez vu mes ouvrages du jour, que Votre Majesté voie aussi ceux de la nuit. » Le roi fronça les sourcils, trouvant quelque chose d'un peu trop libre là-dedans, et ne fit point de présent à ces petites personnes. Ainsi M. de Servières se frustra par là du succès de son imagination.

De Paris.

Je suis obligée, Madame, de commencer ma lettre par un endroit bien triste, et la mort de Mgr le Dauphin, que les gazettes vous ont sans doute déjà apprise, me fournit un sujet bien douloureux de vous entretenir. Vous savez combien ce cher Dauphin était aimé et vous pouvez juger combien on est affligé de sa perte. C'est un deuil général dans Paris ; on doute même que Sa Majesté puisse y survivre, quoique sa piété lui ait fait prendre cela avec beaucoup de fermeté. On fait ce qu'on peut pour le dissiper, et vous croyez bien que Mme de Maintenon ne s'oublie pas dans cette occasion et qu'elle fait de son mieux pour le consoler. Il n'y a personne qui soit plus propre à cela qu'elle l'est.

Il est mort le dixième d'avril sur les onze heures du soir. Quelques médecins prétendent que ce n'est pas à la petite vérole seule que la France doit imputer ce malheur et qu'une attaque d'apoplexie, dont le Dauphin avait déjà été menacé, s'est jointe de surcroît à son mal. Quoi qu'il en soit, le venin était si fort, que deux heures après, on ne pouvait pas durer dans sa chambre et qu'on fut obligé d'aller chercher les Sœurs Grises pour l'ensevelir. Quel sujet d'humiliation pour la nature humaine ! Il n'y a pas eu moyen, non plus, de l'exposer dans un lit de parade et il fut porté de nuit à Saint-Denis sans pompe, comme si ce n'avait été qu'un simple particulier. Il n'y avait même aucun de ses aumôniers dans le carrosse où l'on mit son corps, car la mauvaise odeur ne leur aurait pas permis d'y entrer. On l'a mis en dépôt dans cette église, le rendez-vous de toute la famille royale, et dans quelque temps on lui fera des obsèques convenables.

La princesse de Conti n'a rien ménagé dans cette occasion, et voulant partager le péril auquel ce cher frère était exposé, elle a toujours resté auprès de lui et lui a rendu les soins les plus tendres et les plus affectueux jusques à son dernier soupir. On croit qu'elle suivra le Dauphin au tombeau, et l'on dit déjà que le venin a fait impression sur elle et qu'elle a actuellement la petite vérole, quoiqu'elle l'eut eue assez cruellement dans le temps qu'elle fut funeste au prince de Conti, son époux. Elle fut même, en quelque manière, funeste à sa beauté, et l'on n'aurait pas cru, à voir comment elle en avait été marquée, qu'elle eût dû l'avoir une seconde fois. On dit que cette princesse a paru inconsolable de la mort de cet aimable frère. Le duc de Berry en est aussi extrêmement touché ; il en a même été malade.

Le roi a nommé dans le moment M. le duc et Mme la duchesse de Bourgogne, Dauphin et Dauphine de France. Le Dauphin a fait en mourant un testament verbal, c'est-à-dire qu'il a prié le roi de partager sa succession entre les trois princes ses fils, voulant que le roi d'Espagne, qui avait toujours été son enfant chéri, ne fût pas exclu du partage. Son intention a été exécutée ; on a envoyé un million à Philippe, il y en a eu un pour le duc de Berry, et le Dauphin, qui, en faveur de son droit d'aîné, eut le choix des portions, a pris pour sa part Meudon et toutes les terres qui en dépendent. Voilà à quoi s'est monté l'inventaire du fils unique du roi et l'héritier présomptif de la couronne. Je crois que la dépouille de Bourvalais ou de quelque autre maltôtier serait plus considérable. C'était un prince accompli, vertueux, équitable. S'il ne s'est pas mêlé des affaires du gouvernement, c'est parce qu'il n'a pas voulu avoir part aux injustices qui se sont commises depuis un certain temps par les mauvais conseils qu'on a donnés à notre monarque.

Ce qui augmente la douleur des Français, c'est qu'on a des préventions contre M. le duc de Bourgogne. On s'est imaginé, je ne sais sur quoi, que ce prince, suivant le même esprit et le même caractère qui domine à présent, son règne n'apporterait rien d'avantageux. Je crois pourtant qu'on a une fausse idée de ce prince; il ne serait pas possible qu'un élève de l'archevêque de Cambrai et du duc de Beauvilliers n'eût pas des sentiments équitables. D'ailleurs, il a paru, dès la plus tendre enfance de ce prince, qu'il avait beaucoup d'esprit et de raison, et il y a bien des diamants qui augmentent de prix lorsqu'ils sont mis en œuvre.

Lettre de province.

On dit que M. le prince de Conti, passant dans son voyage de Pologne, par une ville d'Allemagne dont je ne sais pas bien le nom, s'y trouva fort incommodé, et que, sur ce qu'on lui vanta la science d'un médecin qui passait dans le pays pour un second Esculape et qui guérissait, à ce qu'on disait, de toute sorte de maux et autres, il voulut bien le faire appeler. Le mal n'était pas dangereux, il était causé par la fatigue du voyage, et, comme il pouvait l'accrocher au milieu de sa course, le prince était bien aise d'y remédier promptement. Le médecin allemand y travailla avec le même succès qu'il avait fait dans toutes ses cures et mit bientôt Son Altesse en état de continuer son voyage. Le prince en fut très content, et, un jour qu'il regardait attentivement notre médecin : « Sortez, » dit-il à toutes les personnes qui étaient dans sa chambre; après quoi, se tournant vers lui : « Mon ami, continua-t-il, il me semble que je vous ai vu quelque part. N'avez-vous pas été autrefois à moi? — Oui, mon prince, dit alors le pauvre médecin; je supplie Votre Altesse de ne pas me perdre. On a ici de la confiance en moi; j'y ai fait une espèce de fortune, et tout cela serait renversé, si on savait que c'est dans vos écuries que j'ai étudié en médecine; car, Monseigneur, puisque Votre Altesse m'a fait l'honneur de se rappeler mon idée, elle se souvient sans doute que j'ai été un de ses palefreniers. Je voyais là comment on traitait les maladies des chevaux, quels étaient les remèdes qui opéraient le mieux sur eux, et, m'imaginant qu'ils pourraient faire le même effet sur les humains, je me résolus à m'ériger en médecin, et je m'en donnai moi-même la licence ; mais comme il fallait, pour exercer une profession aussi différente de la première, se dérober à ceux qui m'avaient vu l'étrille à la main, je crus que je devais me dépayser, et je vins m'établir ici, où j'eus le bonheur de réussir. Ce succès m'a fait faire un mariage avantageux et je n'ai à désirer présentement que la continuation de ma bonne fortune. Ainsi, Monseigneur, comme dans la profession que j'ai embrassée tout roule sur la prévention et qu'on pourrait en prendre à mon désavantage, je supplie très humblement Votre Altesse de vouloir bien me garder le secret là-dessus. — Je vous le promets, dit alors le prince, je loue votre ambition et je suis fort aise qu'elle ait bien réussi. Vous avez fort bien fait, voulant vous élever au-dessus de votre première condition et prendre un métier honorable, de vous déterminer pour celui où la science est le moins nécessaire et où l'on peut être ignorant impunément ; songez seulement à ne pas traiter toujours les hommes en chevaux et ne pas risquer des remèdes trop violents : je suis très content de ceux que vous m'avez donnés. » Après cela il le récompensa à sa manière, c'est-à-dire en prince très généreux.

Ce n'est pas toujours la vertu des grands, et le comte de D... vient de donner un exemple bien opposé sur un sujet beaucoup plus délicat. Ce seigneur était amoureux de Mme X..., jeune et belle, et, après bien des soins et des assurances de tendresse, il avait été assez heureux pour qu'elle lui donnât son portrait. Faveur dont il paraissait charmé et qu'il devait conserver jusques au tombeau et même l'y faire descendre avec lui. Tous ses rivaux étaient au désespoir de l'avantage qu'il remportait sur eux, mais voici comment il en a profité. Il eut envie, la campagne dernière, d'un cheval qui était à un officier amant de Mme X..., mais amant malheureux. Le comte fit tout ce qu'il put pour engager cet officier à le lui vendre ; mais il n'y eut pas moyen ; il eut beau lui offrir beaucoup plus qu'il ne valait, tout cela ne servit de rien. « Vous n'aurez point mon cheval, dit l'amoureux officier au comte, à moins que vous ne vouliez le troquer contre le portrait que vous avez de Mme X... ; vous m'avez ôté son cœur et je veux me prévaloir de l'envie que je vois que vous avez de ce cheval. Voyez si cet échange vous convient, sinon point de marché. Et, après tout, que perdrez-vous à celui-là ? Si vous aimez toujours Mme X..., il vous sera aisé de lui persuader que son portrait vous a été pris par les ennemis dans quelque détachement et vous n'aurez pas de peine à vous en faire donner un autre ; si vous ne l'aimez plus, qu'avez-vous à faire de cette peinture ? — Vous avez, ma foi, raison, dit le comte ; le voilà, faites mener votre cheval à mon quartier. » Ce qui fut dit fut fait, et les deux messieurs se séparèrent, fort contents de leur échange. Vous comprenez bien sans doute le profit que l'officier tira du sien ; il en fit sa cour à la dame et tâcha de s'établir dans son esprit aux dépens du comte qui, de son côté, ne s'est pas fort prévalu de l'échange. Le cheval fut tué peu de jours après et l'aventure fut sue de toute l'armée. Le comte a essuyé les railleries de tous ses amis là-dessus et, pour comble de disgrâce, quand à son retour il a voulu revoir Mme X... et chercher des prétextes pour s'excuser auprès d'elle, il a été reçu comme vous pouvez vous l'imaginer et comme en pareil cas vous recevriez un amant qui serait si peu de vos faveurs. Ne croyez pas pourtant qu'il soit allé se pendre de désespoir. Point du tout ; il cherche à faire de nouvelles conquêtes pour se dédommager de cette perte.

Les amants de ce temps-ci ne savent ce que c'est que d'aimer, la constance ne passe plus pour vertu chez nous et ils disent comme à l'Opéra : *Plus de fois on est infidèle, plus on goûte de plaisirs.* Et l'on pourrait bien s'écrier là-dessus : O temps ! ô mœurs ! à l'exemple de Mme Deshoulières, et regretter les Bellegarde et les Bussy. On suit présentement toutes autres maximes, et celles de M. Pavillon, qui autorisent l'inconstance, sont tout à fait du goût d'à-présent.

Lettre de Paris.

Vous avez raison, Madame, le siècle est extrêmement perverti et c'est avec justice que vous vous récriez là-dessus. Vous le faites de la meilleure grâce du monde et j'aime ce noble courroux. Troquer le portrait d'une maîtresse contre un cheval, comme a fait votre comte D..., ou l'attacher derrière une chaise de poste, comme fit le chevalier de Bouillon, tout cela sont des choses sur lesquelles on peut justement dire : *ô temps ! ô mœurs !* Les faux airs que MM. les amants se donnent sur le chapitre des femmes, est aussi quelque chose de bien impertinent ; et je dirai comme le *Cocu imaginaire* : « Les gens de police devraient bien donner des règlements là-dessus, » et je ne doute point que M. d'Argenson songeât à réformer ces abus, s'il était moins occupé du soin des lanternes, et de celui d'empêcher qu'on ne joue au pharaon.

Il me souvient d'une aventure que le comte de Suze

me conta lorsque j'étais à Avignon. Il me dit que dans un des voyages qu'il a fait autrefois à Paris, il avait rencontré, peu de jours après y être arrivé, un gentilhomme provençal, appelé le marquis de Maillane, et que, s'étant allés promener ensemble aux Tuileries et causant de choses et d'autres, il lui avait demandé comment il se divertissait dans ce pays où il était déjà depuis quelques mois. « Comment je me divertis? Le mieux du monde, répondit le marquis. Je suis en intrigue avec une des plus jolies femmes de Paris. Tu es de mes amis, comte, ajouta-t-il en lui frappant sur l'épaule, et je vais te dire son nom, afin que tu juges si je suis de bon goût. C'est la comtesse de N.... — La comtesse de N...? Vraiment, si cela est, tu es l'homme du monde le plus heureux. — Si cela est! dit notre Provençal, cela est si bien, que j'ai une clé de son appartement, où j'entre tous les soirs par un escalier dérobé. Juge par là des termes où nous sommes. » Il allait conter encore d'autres circonstances, lorsqu'une dame, belle et magnifique, suivie de quelques autres, traversa l'allée où ces deux messieurs s'entretenaient et interrompit leur conversation. Le marquis s'était reculé pour la laisser passer, et le comte, qui la connaissait, s'était avancé pour la saluer. Elle lui fit mille honnêtetés et continua ensuite sa promenade. Le marquis, qui s'était retiré par civilité, rejoignit le comte. Dès qu'il le vit seul, il lui demanda avec le plus grand empressement qui était la dame avec qui il venait de causer. « Qui elle est? répondit le comte, te moques-tu de moi? c'est ta bonne fortune, c'est la comtesse de N.., avec laquelle tu es en si bonne intelligence; c'est donc ainsi que tu la connais? Je vois bien, ajouta-t-il, que le Ciel a permis qu'elle ait passé par là afin de te confondre. »

Il lui dit encore mille autres choses là-dessus, qui devaient le faire mourir de confusion, et, pour le mieux confondre, il conta l'aventure partout.

Le baron de C... me disait l'autre jour, à propos de ces hommes soi-disant à bonne fortune, que le comte lui avait fait une confidence à peu près de même nature que celle dont je viens de parler, et que, pour mieux appuyer son dire, il avait tiré une lettre de sa poche et lui avait demandé s'il connaissait cette écriture. « Oui, dit le baron, elle est de la dame dont vous venez de me parler ; mais je ne saurais croire qu'elle s'adresse à vous. — Voyez », dit le comte, en montrant le dessus, où il y avait : *à Monsieur le comte de...* Le baron, que toutes ces preuves ne persuadaient pas, demanda à voir sur quel ton la dame écrivait. Le comte s'y opposa, contrefaisant le discret. Mais le baron, qui comprenait qu'il y avait quelque chose là-dessous, arracha la lettre, moitié plaisanterie, moitié sérieux, malgré les efforts du comte, qui faillit à mourir de chagrin lorsque le baron lut tout haut :

Je ne sais, monsieur, à propos de quoi vous vous donnez des airs de parler de moi. Je vous ai défendu ma maison ; je vous avertis encore que, si vous êtes assez hardi pour y venir, je vous ferai donner des coups de bâton par mes gens.

« Peste, dit alors le baron, ce sont donc là vos bonnes fortunes ? Ho ! gardez-les pour vous, je n'ai nulle envie de les partager. » Il plaisanta encore quelque temps là-dessus, sans que le comte osât s'en fâcher ; car il voyait bien qu'il s'était attiré cette plaisanterie par sa faute. Il l'essuya du mieux qu'il put et ne s'est pourtant pas corrigé.

Il faut encore que je vous conte une aventure assez plaisante. Un homme de ma connaissance poussait la fleurette auprès d'une fort jolie fille appelée Carbonnel. Le cavalier poussait vivement la belle, qui, n'ayant pas le plus grand esprit du monde, lui dit pour réponse à ses douceurs : « Fi donc! Monsieur, vous me faites rougir. — Il n'y a pas de mal à cela, répondit l'autre, au contraire, cela fait voir que vous avez de la pudeur. — De la pudeur! dit-elle, vous êtes un insolent; personne ne m'en a jamais accusée, et je pourrais bien vous faire repentir d'un pareil discours. » Le pauvre amant ne savait d'abord ce qu'elle voulait dire; mais il comprit enfin que la pauvre petite personne prétendait qu'il l'accusait d'être puante. Cette idée le fit rire et ce rire acheva de gâter ses affaires. Il fut chassé indignement, sans qu'on voulût lui donner le temps de se justifier et sans qu'il ait pu se raccrocher depuis avec cette spirituelle maîtresse.

D'Aix-la-Chapelle.

En quittant Lyon, je vis assez près de Chaumont la source de notre fameuse Seine, que les fourmis pourraient passer à la nage sans beaucoup de risque. Je vis, dans ce pays, les lieux que la dévotion de saint Bernard rendit recommandables, mais je ne pouvais m'empêcher de lui savoir mauvais gré des chagrins qu'il a faits au pauvre Abailard, dont je lisais alors les malheurs et les tendres lettres de sa chère Héloïse. De là nous passâmes en Champagne; vous voyez que nous suivons les bons vins. On dit que lorsque le roi passa à Beaune, on lui en envoya, et, lui ayant entendu dire qu'il trouvait le vin excellent, les magistrats lui répondirent : « Ah! Sire, nous en avons encore de meilleur. » Si j'avais été là, j'aurais voulu demander pour qui ils le gardaient. Dans un endroit qu'on appelle Val-de-

Suzon, il y a des précipices et une descente fort droite d'où, si un carrosse versait, on ferait, à la lettre, le saut périlleux. Le roi demanda pourquoi on n'y avait pas mis de garde-fou. « C'est, Sire, lui répondit-on bonnement, parce qu'on n'a pas su que Votre Majesté devait y passer. » Ces pauvres Bourguignons n'y entendaient pas plus de finesse que ces orateurs à Dijon qui, pour s'excuser de n'avoir pas fait tirer le canon à l'arrivée de M. le Prince, lui dirent qu'ils ne l'avaient pu pour vingt raisons. « La première, parce que nous n'en avons point... — Je vous dispense des dix-neuf autres, » dit le prince en leur imposant silence.

Le roi a donné une lieutenance générale de la province de Champagne au marquis de Ségur, autrefois si connu sous le nom de « beau mousquetaire ». C'est encore un homme très bien fait, quoiqu'il ait une jambe de moins, car il en perdit une dans la dernière guerre, à la bataille de la Marsaille. Son aventure a fait trop de bruit pour que vous n'en ayez pas entendu parler; cependant je m'en vais vous la conter. Le marquis de Ségur était un cadet de Gascogne de fort bonne maison, mais beaucoup plus fourni de vieux parchemins et titres de noblesse que de louis. Ses parents l'envoyèrent tout jeune à Paris; il entra dans les mousquetaires, et comme sa bonne mine était tout son apanage, il songea à la mettre à profit, donna dans la galanterie, fit mille conquêtes, autant ou plus d'infidélités, et il ne fut bientôt d'autre bruit que du beau mousquetaire. Lorsque la Cour fut à Fontainebleau, comme il était obligé de rester à Nemours avec la compagnie, il chercha à se faire un amusement dans ce quartier, et fut voir l'abbesse de la Joye, dont le nom était de véritables armes parlantes, car c'était une jeune nonnette, belle et charmante, qui ne respirait que la joie et le plaisir. Le beau mousquetaire ne manqua pas d'être de son goût ; elle le reçut le mieux du monde, le pria de revenir et l'intrigue fut bientôt formée.

Le cavalier s'entendait à merveille à inspirer de l'amour et s'avisait rarement d'en prendre ; car c'était un vrai héros à la moderne, qui n'était pas assez fou pour suivre les traces des Amadis et des Céladons. Outre les agréments de sa personne et de son esprit, il avait eu soin de joindre beaucoup d'acquit à un très beau naturel ; il avait mille belles qualités, savait danser, chanter, et jouait si divinement du luth, que l'on peut dire que ç'a été l'instrument de toute sa fortune. Ce fut par là principalement qu'il gagna le cœur de la jeune abbesse ; elle voulait qu'il en jouât continuellement auprès d'elle, et ensuite elle souhaita d'en jouer aussi. Il s'offrit fort obligeamment à le lui montrer, et ne manquait pas de se rendre tous les jours au parloir pour lui donner leçon. La dame ouvrait une petite grille pour pouvoir faire passer le luth et le beau mousquetaire tâchait de lui faire entendre, de sa place, la manière dont elle devait s'y prendre ; mais comme ces choses s'apprennent bien mieux par démonstration que par raisonnement, il dit un jour à la belle abbesse que s'il avait pu lui montrer de plus près, elle en aurait appris bien plus vite et la pria de permettre qu'il fût aussi heureux que son luth et qu'il lui fût permis de passer par la petite grille. La belle crut d'abord la chose impossible, parce qu'il n'y avait place que pour faire entrer quelques livres, ou quelques boîtes ou des choses à peu près de cette grosseur ; mais le cavalier, qui avait la taille fine et le corps très souple, trouva le secret de passer sans beaucoup de peine. Il plaçait alors lui-même les doigts de la dame sur les cordes du luth et se donnait tous les soins imaginables pour en faire une bonne écolière. S'ils s'en fussent tenus là, il n'y aurait eu que plaisir, mais l'écolière étant devenue maîtresse, leurs tendres accords eurent bientôt des suites embarrassantes. Le beau mousquetaire ne s'en embarrassa pas beaucoup : il revint à Paris lorsque la Cour partit de Fontainebleau et laissa à la dame le soin de se tirer d'affaire comme elle le pourrait. Elle prit le seul parti qu'elle pouvait prendre, qui était de feindre quelque maladie pour se faire ordonner des eaux. Notre abbesse prit la route de Versailles, pour de là aller au lieu qu'elle avait choisi pour mettre son petit embryon au monde, et où elle comptait pouvoir parfaitement bien se cacher. Mais il se trouva qu'elle n'avait pas bien compté ; il y eut erreur de calcul, et Versailles fut le théâtre où cette scène se passa ; la dame y fut prise par les douleurs et il ne lui fut pas possible de porter son paquet plus loin ni d'empêcher que son aventure ne fût sue. Le duc de S.-A..., qui ne croyait pas y avoir autant de part qu'il y en avait, fut le premier qui vint la conter au roi, charmé de trouver l'occasion de divertir Sa Majesté. Mais la Feuillade, qui était venu dans la même intention, et qui était fâché que le duc de S.-A... l'eût prévenu, trouva bientôt le moyen de s'en venger et de lui rabattre son caquet en lui apprenant le nom de la religieuse. Le duc de St-Aignan n'eut pas les rieurs de son côté, dès qu'il sut que c'était sa fille ; sa confusion et son embarras étaient encore plus propres à réjouir le roi que l'histoire qu'il venait de lui faire. Comme il avait été lui-même le premier à découvrir la honte de sa fille, il n'y eut plus moyen de la cacher et il fallut qu'elle subît la peine. On lui ôta son abbaye et elle fut enfermée pour le reste de ses jours dans un couvent où tout ce qu'elle a pu emporter pour sa consolation a été le portrait de M. de Ségur qu'elle aime toujours ; il est peint en sainte Cécile jouant du luth. On dit que c'est à cette dame que l'on doit ces lettres si passionnées qui ont paru dans le monde sous le nom de *Lettres Portugaises*. On prétend que c'est l'abbesse de la Joye qui les a écrites à M. de Ségur et que c'est pour dépayser la scène qu'on a supposé qu'elles venaient de Portugal.

Quoi qu'il en soit, comme ce qui fait le malheur de l'un fait quelquefois le bonheur de l'autre, la disgrâce de l'abbesse de Joye causa la fortune de M. de Ségur. Le roi voulut voir ce beau mousquetaire, il le trouva à son gré, lui fit mille biens en faveur de sa bonne mine, et, au lieu d'être puni pour avoir profané un couvent et pour toutes les autres circonstances de cette galanterie, il en a au contraire été récompensé, puisque, outre la faveur du roi, que son aventure lui a procurée, elle lui a encore fait faire un mariage très avantageux ; car la fille d'un fermier général, qui avait de grands biens, eut la même curiosité que le roi avait eue et cette curiosité eut à peu près le même succès. M. de Ségur plut à la demoiselle qui l'épousa bientôt après et le fit grand seigneur par la quantité de biens qu'elle lui apporta en mariage ; elle voulut surtout avoir ce luth si célèbre dans l'histoire de son époux, et je le vis encore l'autre jour chez elle. Voyez, Madame, ce que c'est que les caprices du sort et si l'on n'a pas raison de dire que le gibet n'est jamais que pour les malheureux ! Une pareille aventure aurait entraîné tout autre que M. de Ségur dans le précipice et l'aurait fait périr sous la rigueur des lois ou par le ressentiment des parents de l'abbesse, mais, au contraire, il est fort triomphant, et elle ne lui a procuré que des biens et des honneurs. Après cela je défie les politiques les plus habiles, de pouvoir prendre des mesures justes sur leur fortune !

Christine, reine de Suède.

Et le plus court est de se laisser mener en aveugle par cette aveugle déesse.

Un seigneur suédois me disait un jour que le trône de

Suède avait toujours été dignement rempli, témoin le grand Gustave-Adolphe et la reine Christine, sa fille. Je convins du premier et je pris la liberté de lui dire que l'autre avait un peu dégénéré des vertus de son illustre père par une conduite qui n'avait pas été fort approuvée. Je lui citai là-dessus la mort de Monaldeschi. Mais il me dit que j'étais mal informée, car Monaldeschi, continua-t-il, est un exemple de l'ingratitude du monde la plus monstrueuse. Cette reine l'avait comblé de bienfaits et ce traître la déchirait par les calomnies les plus atroces et cela parce que c'était la mode de tirer sur cette pauvre princesse qu'on croyait pouvoir offenser impunément. Ce fut pour cela que, sans différer, quoiqu'elle fût dans ce temps-là à Fontainebleau, elle le fit mourir après lui avoir reproché l'horreur de son crime. Le roi de France prétendant être seul maître dans ses Etats et y avoir seul pouvoir de vie et de mort, ce différend obligea la reine d'en sortir. « Mais, dis-je alors, ce Monaldeschi n'était-il pas l'amant de Christine? — Nullement, me répondit-il, et si vous saviez bien la carte, vous n'auriez garde de donner dans ce sentiment populaire. Elle aimait un jeune seigneur appelé Lagardie, de famille française et même gasconne, car son père ou son grand-père était originaire de Narbonne en Languedoc, où il a encore des parents qui portent son nom. Il avait mille bonnes qualités, et Christine l'aurait jugé digne du trône, si les ordres de son père ne l'avaient obligée d'y placer un prince de son sang, qu'il lui avait destiné pour époux. Ainsi, ne pouvant se résoudre à sacrifier son amant à ce cruel devoir, moins encore de sacrifier son devoir à cet amant, cette âme grande et généreuse forma le dessein de se sacrifier elle-même et de céder à ce cousin le trône qu'elle était obligée de partager avec lui, afin que son entière possession le dédommageât de la perte d'un cœur qu'elle n'était plus en état de donner. Aux yeux de son peuple, sous un riche dais, avec cette grâce et cette majesté que donne l'éclat du diadème et les agréments de la plus brillante jeunesse, elle se défit de l'autorité royale et en revêtit le prince son cousin (1), qui parut moins sensible à cet avantage qu'à celui dont il se voyait privé en perdant l'espérance de la posséder.

« Il aurait été aisé après cela à la reine de satisfaire son inclination en épousant Lagardie, mais comme cette démarche aurait pu diminuer le mérite de la première, elle n'eut garde de le faire, et, ne voulant pas qu'on pût lui reprocher la moindre faiblesse, elle voulut triompher de celle de son cœur, en s'éloignant de celui qui la causait et résolut pour cela de voyager dans une partie des Cours de l'Europe. Il n'y eut point de souverain qui ne se fît un plaisir de voir une princesse si magnanime et elle se vit admirée partout. Son cœur et ses sentiments la mettaient autant au-dessus des personnes de son sexe, qu'elle l'était par son rang et par sa naissance, et si elle s'exposait souvent à leur critique, c'était bien moins par sa faute que par le manque de discernement de ceux qui la critiquaient.

— Mais, dis-je, il me semble avoir ouï dire que sa conduite n'avait pas été la plus régulière à Rome, et certain livre, que les uns traitent d'histoire et les autres de roman, intitulé *La Vie du Signor Roselli*, ne donne pas une idée fort avantageuse de cette princesse.

— C'est, Madame, répliqua le Suédois, parce que l'auteur de ce livre ne la connaissait pas et parlait peut-être de ce qu'il n'avait jamais vu ; car on ne pouvait reprocher à cette reine que son changement de religion, et, à cette action près, toutes celles de sa vie ont été

(1) Charles-Gustave.

héroïques, car il lui aurait été aisé, si elle avait été capable des faiblesses qu'on lui a imputées, de se marier avec son cousin et de le placer sur le trône, sans chasser Lagardie de son cœur. Elle avait sans doute assez d'esprit pour pouvoir se ménager une intrigue, si sa vertu et sa conscience ne lui eussent imposé des lois plus austères. »

J'étais bien aise qu'il justifiât la mémoire d'une princesse que je voudrais pouvoir estimer. Je demandai de quelle manière la reine avait fait son voyage et par quelle route elle était sortie de Suède.

« Je puis, me dit-il, vous parler savamment là-dessus, car j'avais l'honneur d'être son page. Ce n'est pas un titre de jeunesse pour moi ; mais si je ne suis plus assez jeune pour mériter la tendresse des dames, je peux prétendre à leur confiance et à cette espèce de considération qu'on est obligé d'avoir pour les cheveux gris, et je vais vous apprendre un incident de la vie de cette princesse qui n'a pas été su de ceux qui se sont ingérés de l'écrire.

« Après donc qu'elle eut abdiqué la couronne, elle fit équiper un certain nombre de vaisseaux pour elle et tout son train. On y embarqua ses équipages et ses domestiques et on fit accroire aussi qu'elle s'y était embarquée. Mais ne voulant pas s'exposer aux incommodités et aux incertitudes de la mer, elle résolut d'aller *incognito* par terre et de ne prendre qu'un très petit nombre de personnes avec elle. Je fus le seul page qu'elle choisit. Nous traversâmes le Danemark ; et comme elle n'était pas trop bien avec le roi, elle ne voulut pas qu'il sût qu'elle traversait ses Etats ; et le comte de Dohna, maréchal de la couronne de Suède, fut chargé de demander comme pour lui qu'on ouvrît un chemin qui était ordinairement fermé et réservé aux personnes de la Cour. La reine y passa en habit de cavalier et sous le nom du fils du comte de

Dohna. Mais quelque soin qu'on eût pris de cacher sa marche, on ne put éviter que le roi de Danemark n'en fût instruit et qu'à la première journée il ne se rencontrât sur sa route, sous prétexte d'une partie de chasse. Le comte de Dohna descendit promptement du carrosse où il était avec la reine et fut saluer ce monarque. Il lui demanda pardon pour son prétendu fils, qu'il supposait hors d'état de rendre ses devoirs à Sa Majesté, parce qu'il venait de prendre une entorse au pied. Le roi de Danemark reçut ses excuses et feignit de croire ce qu'on voulait qu'il crût, quoiqu'il sût bien à quoi s'en tenir. Pendant ce temps-là, la reine, appuyée sur la portière, tâchait de se couvrir le visage avec son chapeau qu'elle tenait à la main ; et jamais conversation ne lui parut aussi longue. Dès qu'elle fut finie, le comte remonta dans son carrosse et à peine était-on hors de cette embuscade qu'on donna dans une seconde.

« La reine de Danemark, instruite de l'endroit où Christine devait dîner, et curieuse de voir cette princesse, s'y était rendue en habit déguisé pour pouvoir l'examiner avec plus de loisir. Elle s'était travestie en servante de cabaret et, pendant tout le dîner, elle fut auprès de la table de notre reine, qui, n'ayant garde de se défier du tour, parlait avec une entière liberté du roi de Danemark et de la manière dont il l'avait ennuyée ; du chagrin qu'elle avait eu de sa rencontre et de cent choses de cette nature qui n'étaient pas les plus obligeantes du monde. La reine remonta ensuite dans son carrosse, et comme je sortis le dernier de ce cabaret, je fus surpris de voir cette même servante, à laquelle j'avais dit mille plaisanteries quelques moments auparavant, de la voir, dis-je, parée en reine, suivie de ses pages et de ses filles d'honneur, et de l'entendre traiter de Majesté. Je voulus me jeter à ses pieds pour lui demander pardon des fautes que mon ignorance m'avait fait commettre; mais bien loin d'en être en colère, elle me dit qu'elle m'était bien obligée de ce que je lui avais appris à ranger des corbeilles de fruits, et, pour m'en remercier, elle me fit présent d'une bourse où je trouvai deux cents louis, et elle partait en me disant : « Mon ami, dites à la reine votre « maîtresse, que ses ambassadeurs l'ont mal servie et « qu'elle ne rend pas justice au roi de Danemark. » Dès qu'elle fut partie, je courus au galop joindre le carrosse de ma reine et lui conter mon aventure. Elle en fut d'abord surprise; mais comme elle avait l'esprit fort, elle repartit là-dessus : « Quoi! dit-elle, cette servante de cabaret que j'ai toujours vue pendant le « dîner, était la reine de Danemark! Il lui est arrivé « ce qui arrive à la plupart des curieux; ils font sou« vent des découvertes qui ne leur sont pas agréables; « c'est sa faute; et comme je n'ai pas le don de deviner, « je n'avais garde de la chercher sous un habit si indigne « d'elle. »

« La reine continua sa route de cette manière, jusques à l'endroit où elle avait donné rendez-vous à ses équipages. Et comme l'habit d'homme lui parut plus commode pour le voyage, elle le garda, et y joignit par bienséance une jupe : ainsi elle était comme sont à présent les dames de la Cour de France, lorsqu'elles vont à la chasse, et cette manière d'ajustement passa dans l'esprit de certaines gens pour indécent, et pour un effet du dérèglement de cette princesse. »

CHAPITRE VII

Amours de l'Electeur de Bavière et de Mlle de Montigny. — Cent mille francs pour la vertu d'une dame champenoise. — M. Huguetan, créancier du Roi, attiré à Paris et menacé de la Bastille, fausse compagnie à ses gardes. — Mort de la Dauphine, du Dauphin et du duc de Bretagne. — Jésuites et jansénistes. — Le comédien Baron et le prince de Conti.

Vous ne savez peut-être pas encore que pour dédommager l'Electeur de Bavière de ce qu'il perd en se joignant à nous, le roi, conjointement avec Philippe V, son petit-fils, lui a donné en propriété le duché de Luxembourg, le comté de Namur et tous les Pays-Bas conquis et à conquérir ; c'est-à-dire que s'il peut prendre Bruxelles, il en sera le souverain, au lieu qu'autrefois il y commandait pour autrui. J'avoue que la donation est un peu chimérique et que c'est vendre la peau de l'ours avant de l'avoir mis par terre ; mais il y a quelque chose de réel là-dedans, puisque ce prince est déjà en possession de Namur et de Luxembourg. C'est dans cette dernière place qu'il va établir son domicile : savoir s'il y restera longtemps, et si la rapidité des conquêtes de nos ennemis ne l'en fera pas bientôt déloger. Il est si charmé de ses nouveaux Etats, qu'il en oublie la perte des anciens, et, au lieu d'aller les recouvrer à la tête d'une nombreuse armée, comme il en était bruit dans le monde, il restera tranquille à Luxembourg. On disait même que les plaisirs devaient l'y suivre et qu'il avait déjà mandé ses comédiens et donné ordre à tout ce qui pouvait rendre sa cour agréable et brillante; mais on croit à présent qu'il prendra un parti tout différent, et que, pour marquer sa reconnaissance à notre monarque, il se conformera à sa manière de vivre et deviendra dévot comme lui.

On dit même qu'il lui va faire un très grand sacrifice, en renonçant à Mlle de Montigny, qu'il a tendrement aimée, et qu'il songe à marier avec le comte d'Albert, qui était le plus joli seigneur de la cour, lorsque vous êtes partie d'ici. Quelques blessures qu'il a reçues l'ont un peu changé, mais il est toujours fort aimable. La demoiselle l'est aussi, et l'on joint à ses agréments celui d'une grosse dot que l'Electeur lui donne, sans compter ce qu'elle peut avoir par devers elle, de bijoux et autres effets.

Il me souvient avoir ouï conter que, dans un bal que l'Electeur avait donné à Mons et dans lequel toutes les dames eurent des bouquets, on affecta de l'oublier. Cette distinction désavantageuse la choqua et l'obligea à prétexter un grand mal à la tête, afin de sortir de l'assemblée. L'Electeur en parut inquiet, et, pendant qu'il s'empressait auprès d'elle, il s'écria tout d'un coup : « Eh! d'où vient que vous n'avez pas de bouquet? — On n'a pas jugé à propos de m'en donner, répondit-elle froidement. — Oh! dit l'Electeur, vous ne sortirez pas d'ici sans en avoir un; attendez un moment, je m'en vais le chercher. » Il courut et revint avec un bouquet où il y avait pour deux mille pistoles de diamants et dont l'odeur guérit d'abord la belle de la migraine. De pareilles galanteries doivent l'avoir mise en bijoux.

Vous croyez, Madame, que Paris doit toujours fournir

quelque nouvelle aventure et vous prétendez que je dois vous en conter, mais c'est ce qui vous trompe. La saison est des plus stériles : nos petits-maîtres sont sur les frontières ; les abbés ont leurs raisons pour éviter l'éclat de leurs intrigues, et le public n'a pas toujours le bonheur de s'en réjouir. Il y a pourtant ici, depuis peu, une dame champenoise dont l'aventure aurait fourni matière à de bons contes, si on n'avait eu soin de la cacher autant qu'il a été possible. Cette dame champenoise vint ici solliciter un procès dont son époux lui avait confié le soin et dans lequel il s'agissait de cent mille francs, somme très considérable par toute la terre et surtout chez un gentilhomme campagnard. Celui-ci, sachant qu'une jolie femme est d'un grand secours pour le gain d'un procès, et comptant sur la vertu de la sienne, résolut de l'amener ici ; et ses affaires ne lui permettant pas d'y faire un si long séjour, après avoir mis l'affaire en train et bien fait comprendre à sa femme que de ce procès dépendait leur bonne ou leur mauvaise fortune, il la chargea de le poursuivre, et retourna dans ses terres. La dame resta à l'hôtel de *** où ils avaient pris un appartement et où M. de *** était aussi logé. Ce riche financier, sachant qu'il avait une jeune et aimable voisine et persuadé que rien ne pouvait échapper au brillant de son or, jeta d'abord ses plombs de ce côté et crut la conquête fort aisée ; il y trouva pourtant plus de difficulté qu'il ne se l'était imaginé. La belle plaideuse, tout occupée de requêtes, ne faisait nulle attention à celles que le maltôtier lui présentait tous les jours : elle donnait la matinée à ses juges et à peine trouvait-il le moyen de l'engager l'après-midi à faire une partie d'hombre ; il lui proposait toutes celles qu'il croyait propres à lui procurer du plaisir. L'Opéra, la Comédie, promenades à la ville et à la campagne, tout cela était offert et refusé, et la dame n'acceptait de lui que son carrosse ; secours très utile quand on a à voir des juges et des avocats. M. de *** l'accompagnait chez les conseillers de sa connaissance, les priait de rendre bonne justice et faisait prier les autres par de bons amis qu'il avait. Tous ces bons offices engageaient la dame à la reconnaissance, mais cela ne passait pas les bornes du plus austère devoir. La provinciale n'avait point encore pris les manières dégourdies de nos habiles Parisiennes ; tout lui paraissait crime, et l'absence de son époux la rendait si timide, si réservée, que le financier ne pouvait pas trouver le moyen de lui parler en particulier et ne se voyait pas plus avancé au bout de six mois qu'au premier jour. Cette résistance le piquait si fort que, si la dame avait eu l'âme intéressée, il lui aurait été aisé de le dépouiller, sans qu'elle y eût rien mis du sien : mais elle était de bonne foi et n'en savait pas encore assez long. Son train s'entretenait à peu de frais, on attendait le gain du procès pour faire un fracas convenable et s'en retourner en carrosse à six chevaux. Mais la marquise vit un beau matin ses espérances renversées par la perte de ce procès. Jamais il n'y eut de désolation pareille à la sienne. Elle était ruinée, sa famille à l'hôpital, les terres du marquis lui seraient enlevées et lui mis à la porte. Il n'y avait point de grâce à attendre là-dessus, car les esprits étaient extrêmement aigris : c'était une affaire de famille et chacun sait que la haine est toujours plus forte entre les proches, et ce qui augmentait encore la douleur de la pauvre dame, était la crainte que son mari ne lui imputât la perte de ce fatal procès et ne l'accusât de négligence.

La désolée marquise ne savait de quel côté se tourner : elle n'osait écrire à son mari, ni lui annoncer une si fatale nouvelle. Les exhortations des moines ne purent jamais calmer son désespoir, et il l'aurait sans doute portée aux dernières extrémités, si M. de P***, plus heureux, n'eût trouvé le secret de le faire cesser. « Madame, dit-il, j'ai toujours ouï dire que dans les maux extrêmes, il faut se servir des remèdes violents ; depuis six mois que je vous aime, mes soins ni mes respects n'ont rien pu gagner sur votre esprit, et, malgré toutes vos manières honnêtes, vous me rendez l'homme le plus malheureux du monde. Mais, Madame, ces malheurs que vous me causez, ne m'empêchent pas de sentir les vôtres ; je vous aime trop pour ne pas les partager et l'amour vient de m'inspirer le moyen de les terminer. Mais il faut aussi finir les miens et que nous soyons heureux en même temps : cela dépend de vous, faites mon bonheur, et je ferai le vôtre. J'irai trouver la partie adverse, je lui compterai les cent mille francs qu'elle demande, et nous ferons d'intelligence donner un arrêt qu'on appelle d'expédient, par lequel il paraîtra que vous gagnez votre procès avec dépens ; je paierai tous les frais de justice, et, munie de cet arrêt, vous retournerez triomphante auprès de votre époux et vous recevrez de lui des remerciements au lieu des reproches que vous craignez. Pensez-y, Madame, la chose mérite réflexion, je vous donne vingt-quatre heures pour cela ; mais songez que votre arrêt n'est pas levé et que si vous attendez qu'on en sache la teneur, il n'y aura plus rien à faire. »

La marquise l'interrompit : « Vous me faites sentir tout le poids de ma mauvaise fortune. Si j'étais moins malheureuse, vous ne vous hasarderiez pas à me faire une proposition de cette nature. Mais que pouvez-vous craindre de moi dans le triste état où je suis ? Vous croyez pouvoir m'insulter à coup sûr. Le procédé n'est pas fort généreux. — Quoi ! Madame, s'écria le financier, ce n'est pas être généreux que de vous offrir cent mille francs !

S'il m'était permis de plaisanter, je pourrais vous dire ici ce que dit Arlequin à Lucrèce, que c'est acheter bien cher des faveurs qu'on peut avoir ailleurs pour quinze francs. Croyez-moi, c'est être bien persuadé de ce que vous valez que de mettre vos bontés à un si haut prix ; il est peu de vertus qui y résisteraient. Mais la situation de vos affaires vous fera faire des réflexions plus sérieuses là-dessus et je vais vous en laisser le loisir. »

Il se retira aussitôt, sans attendre de réplique, et la pauvre marquise resta dans le plus grand accablement. Elle se mit au lit sans souper et passa toute la nuit à pleurer ses malheurs que la proposition du financier aggravait. « Quoi ! disait-elle à sa femme de chambre, est-il possible qu'on ait osé me tenir un pareil discours et que je sois hors d'état d'en tirer raison? » et les larmes et les sanglots redoublaient. La femme de chambre, qui était peut-être gagnée, ou qui avait des sentiments conformes à la bassesse de sa naissance, lui dit qu'elle avait tort de rebuter le financier, que ce qu'il lui proposait n'était pas si injurieux et qu'il fallait qu'il l'aimât bien pour lui offrir une si grosse somme et qu'elle se sacrifierait elle-même au bien de la famille.

Un discours si pathétique ne persuadait pas la marquise et sa vertu aurait triomphé, si une lettre qu'elle reçut le lendemain de son époux, ne l'eût entièrement ébranlée. Il lui recommandait son procès, lui faisait entendre que si elle y avait donné tous ses soins, il serait déjà fini et que si la chose tournait mal ce serait à coup sûr par sa faute et qu'elle avait à craindre tout son ressentiment. La visite de son procureur, qui lui portait la liste des dépens, acheva de l'accabler. Elle était dans cet état lorsque le financier entra dans sa chambre pour lui demander le résultat de ses réflexions. Il ne pouvait pas mieux prendre son temps. La femme de chambre lui aida à en profiter et la marquise se livra à lui avec désespoir et avec des sentiments d'horreur qui faisaient bien voir que le crime ne lui était pas familier. Le financier tint exactement ce qu'il avait promis et en moins de vingt-quatre heures on publia que la marquise avait gagné son procès avec dépens. Mais lorsqu'après avoir tout payé notre financier voulut la revoir sur le même pied, elle lui dit qu'il n'y avait rien à faire. Il eut beau parler et pleurer, offrir de l'argent, il n'en fut pas plus avancé.

La marquise partit, son mari la reçut en triomphe, mais ses remords l'empêchaient de sentir la joie qu'elle aurait eue si elle l'avait acheté moins cher et elle tomba dans une mélancolie qui l'aurait conduite au tombeau, si son époux, qui l'aimait tendrement et qui avait encore redoublé ses tendresses depuis le gain du procès, n'avait mis tout en usage pour l'en tirer. Aussi, voyant que toute la médecine et la pharmacie y avaient travaillé en vain, il crut que le mal était au cœur et que sa femme avait quelque inclination à Paris. Il lui parla là-dessus en ami plutôt qu'en mari. La dame, pressée par le reproche de sa conscience et se voyant mourante, lui fit, avec larmes, le honteux aveu de ce qui s'était passé. Mais quelle fut sa surprise, lorsqu'au lieu des reproches auxquels elle s'attendait, elle vit cet époux l'embrasser tendrement, la remercier même de ce qu'elle s'était sacrifiée pour lui. Il lui dit qu'il connaissait sa vertu, que son repentir et l'effet qu'il avait eu sur sa santé, en étaient des preuves assez convaincantes ; qu'il ne lui en ferait de sa vie un reproche, qu'après tout, cette aventure lui faisait moins de peine que si elle avait eu quelque attachement de cœur. La dame, charmée des bontés de son mari, se jeta à ses pieds et lui jura une fidélité inviolable. Il ne fut plus question que de recouvrer la santé. Le repos de sa conscience, qu'une pareille confession avait beaucoup soulagée, y contribua beaucoup, et elle est présentement tout à fait rétablie. Son mari l'adore et c'est le meilleur ménage du monde.

On dit que notre monarque veut rompre commerce avec les Hollandais et les empêcher de boire de nos vins ; mais je ne sais si, avec le secours de la bière, ils ne s'en passeront pas plutôt que nous ne nous passerons de leur argent. La levée du dixième denier n'en produira pas autant qu'on se l'était imaginé, car outre que le monde crie contre et que cela pourrait bien causer quelque fâcheuse révolution, tel paysan à qui on prendra son bœuf ou sa vache pour payer cette imposition, n'ayant pas le moyen d'en acheter un autre, laissera sa terre en friche, et nos champs, autrefois si fertiles, ne produiront que des épines et des chardons. Où prendra-t-on après cela les dîmes, les tailles et autres droits? Le roi ne régnera plus sur les hommes qu'à la manière d'Espagne, c'est-à-dire sur des ombres, et tout le royaume ne sera plus qu'un vaste cimetière. Voilà l'état où nous réduisent les mauvais conseils qu'on a donnés à Sa Majesté.

Les peuples crient si fort là-dessus, qu'on a emprisonné depuis peu dix à douze imprimeurs, libraires ou colporteurs qui débitaient sous mains des libelles contre le gouvernement et des livres défendus. Le premier président de Bretagne a eu ordre de partir d'ici en diligence pour se rendre à Rennes, afin de soumettre la province à l'établissement du dixième denier, à quoi elle ne paraît pas fort disposée. La Bretagne n'est pas la seule rebelle, et les Intendants des autres provinces ont tous écrit en Cour qu'ils voyaient fort peu de dispositions à obliger les peuples à supporter patiemment ce nouveau fardeau. On a même semé des billets à l'Opéra et à la Comédie contre cet impôt. On a fait tout ce qu'on a pu pour découvrir les auteurs de ces libelles, mais il n'y a pas eu moyen. Pendant qu'on les cherche, il y a peut-être quelqu'un qui dit : « Tu n'en sauras rien, grand Louis, car j'étais seul quand je le fis. »

On a déjà commencé à enregistrer, à l'Hôtel de Ville, les déclarations des particuliers touchant leurs revenus, sur le pied desquels ils doivent être taxés. Les Intendants en font autant dans leurs provinces, et cette obligation où l'on est réduit, de faire son inventaire de son vivant, a quelque chose de si rude, que personne ne peut s'en accommoder. Il y en a pourtant qui ont subi cette dure nécessité, et il paraît une liste de gens qui ont été taxés les premiers, entre lesquels M. Crozat est marqué sur le pied de trois millions. J'avoue que, pour ces messieurs les maltôtiers que la fortune a si bien traités en aînés, il y a quelque espèce de justice à leur demander un peu compte de leur administration, mais il faudrait que ce fût pour dédommager tant de gens qu'ils ont ruinés et pour conserver l'équilibre, en faisant circuler l'argent. Cependant c'est ce qu'on n'a garde de faire, et, par un aveuglement le plus grand du monde, il semble qu'on ne travaille tous les jours qu'à mettre les peuples hors d'état de secourir le roi dans ses pressants besoins. A ce sujet, parlez-moi un peu de cet Huguetan, dont il est si fort question d'une manière fâcheuse, et mandez-moi comment est Aix-la-Chapelle, selon votre promesse.

D'Aix-la-Chapelle.

Voici donc qu'il faut vous satisfaire sur la ville où je me trouve. On y rencontre des occasions de se divertir et d'y jouer tout aussi gros jeu que l'on veut. Il vient même, de tous côtés, de ces chevaliers d'industrie dont les revenus ne sont fondés que sur leur adresse à duper les étrangers. La promenade et la liberté que l'on a en prenant les eaux, favorisent souvent les amants, et font naître les aventures amoureuses. On se rencontre à la fontaine, on s'y donne aussi quelquefois des rendez-vous et il arrive ici les plus plaisantes histoires du monde.

Quant à votre curiosité sur M. Huguetan, de tout ce que j'en ai appris, je conclus que vous n'avez écouté que ses ennemis. La manière seule dont vous l'annoncez marque cette prévention, car bien loin que M. Huguetan soit de ces gens que le hasard produit impromptu, il est au contraire d'une des meilleures familles de Lyon et de ces familles qui, par leur ancienneté, croient pouvoir se passer de ces titres de noblesse qu'on achète à présent à si bon marché et dont on fait très peu de cas à Lyon. Outre cela, M. Huguetan était très bien allié ; il était parent du Père de La Chaise, de M. de Nosant, du marquis de Saint-Maurice et de quantité d'autres personnes de considération ; de très grands biens qu'il avait de son patrimoine, achevaient de mettre le comble à l'agrément de sa situation. Mais cette félicité commença à être un peu troublée par la révolution qui obligea les huguenots à changer de religion ou à sortir du royaume. La famille de M. Huguetan prit ce dernier parti, et il resta seul pour tâcher de ramasser ses effets. Il fut pourtant obligé d'en abandonner beaucoup, entre autres plusieurs maisons qu'il avait ; mais, ayant sauvé le reste, il vint joindre ses proches en Hollande, et la guerre s'étant allumée entre la France et les pays étrangers, il se joignit avec ses frères, qui avaient de très grands biens dans les fonds d'Angleterre, et ils firent ensemble une partie des remises dont ce pays-là avait besoin pour l'entretien de leurs troupes en Flandres.

Au commencement de cette dernière guerre, le banquier du roi l'engagea à fournir au paiement de nos troupes en Flandres, et cela monta à quinze cent mille livres par mois, sans compter d'autres sommes qu'il avait fournies en divers endroits. Le commerce dura jusqu'en 1703, où les Etats de Hollande ayant défendu le négoce avec la France, ledit sieur Huguetan, se trouvant engagé et voulant s'en retirer, fut à Genève, où, bien loin de trouver moyen de se débarrasser de ses affaires, il fut encore contraint d'entreprendre le paiement de l'armée d'Italie qui allait à deux millions et demi par mois. Il s'en acquitta pendant tout ce temps avec beaucoup d'exactitude. Mais les finances commençaient alors à s'épuiser; cela retarda les paiements qu'on était obligé de lui faire, et l'augmentation des espèces acheva de déranger les choses, car les louis valurent tout d'un coup quatre livres de plus et les écus dix sols de plus qu'à l'ordinaire. C'est-à-dire qu'au lieu de trois francs et dix sols, ils furent à quatre livres, et les louis montèrent de douze livres à seize.

On voulut payer ce qu'on devait à M. Huguetan sur ce pied-là, et on ne voulait encore lui faire ce paiement qu'en papier. Il fit là-dessus ses plaintes à M. de Chamillard, qui lui fit écrire à Genève que s'il voulait venir à Paris, on lui donnerait toute la satisfaction qu'il pourrait souhaiter, à condition qu'il continuerait les paiements d'Italie et de Flandres, et on lui donna parole positive qu'il serait en pleine sûreté. Il partit sur cette confiance, après avoir encore fourni quatre millions avant son départ. Mais à son arrivée à Paris, on l'honora de six gardes qui ne le quittaient point, et on lui promit de fort bonne grâce un logement à la Bastille. Tant de courtoisie ne l'accommodait guère, il s'en serait fort bien passé, et il commença, mais trop tard, à connaître le péril dans lequel sa trop grande crédulité l'avait précipité. Il fut question de l'en tirer, et pour cela il fallut qu'il donnât pour sept millions de lettres de change qu'on lui fit signer sur-le-champ à Versailles, et qu'il en fit même payer deux avant qu'on lui ôtât ses gardes. Mais aussi, dès qu'il en fut débarrassé, il ne jugea pas à propos de rester plus longtemps à la merci de gens qui lui avaient si mal tenu la parole qu'on lui avait donnée, et, ne se croyant pas plus obligé à leur garder la sienne, il prit le parti de se retirer en Hollande. L'événement fit voir qu'il avait bien fait de profiter du premier moment favorable, car, comme on n'avait voulu que l'amuser en feignant de lui ôter ses gardes, on voulut les lui redonner, et deux heures après son départ, on les posta tout de nouveau devant la porte de sa maison, croyant qu'il était encore dedans. Voilà sur quoi on a tant crié *tolle* contre lui. Or, dites-moi si, à sa place, vous n'en auriez pas fait autant? Il en est de cela comme des billets que des voleurs feraient faire le pistolet à la gorge dans une forêt; on les signe pour sauver sa vie, mais on n'est point obligé par aucune loi divine et humaine à les payer.

Les papiers que M. Huguetan avait reçus en France furent négociés à des pertes très considérables; il dut y joindre une partie de ses biens pour payer ses correspondants des pays étrangers, et quoiqu'il ne se crût pas obligé à la même chose à l'égard de la France, il voulut retirer les engagements qu'il avait avec elle et se procurer du repos pour le reste de ses jours. Mais ses Mémoires contre nos finances l'avaient rendu si criminel aux yeux des ministres, qu'on trouva plus à propos, pour finir tous les différends qu'on avait avec lui, d'envoyer des gens à La Haye pour l'enlever. Le Ciel, toujours ennemi de l'injustice, empêcha l'exécution de projets aussi barbares. La mine fut éventée dans le temps qu'elle était prête à jouer, et cet attentat, dans lequel le droit des gens était entièrement violé, ne fit pas trop bon effet pour nous chez les étrangers, où M. Huguetan a trouvé le secret de s'établir d'une manière très avantageuse par son mariage avec une comtesse de Nassau, proche parente du roi Guillaume et fille de cet illustre M. d'Odyck qui a tant brillé dans votre Cour après la paix de Ryswick. On lui a donné le titre de baron de l'Empire et des emplois très considérables en Allemagne, et il est prêt à abandonner le fruit de vingt-cinq ans de travail pour terminer les affaires qu'il a en France.

Ainsi vous voyez, Madame, que ce n'est pas sans raison que le Ciel nous a donné deux oreilles et qu'il est très dangereux de n'écouter que d'un côté, car il est très aisé à la malignité de donner un mauvais tour à la conduite la plus raisonnable et la plus juste. Notre chère nation a beaucoup de penchant à défigurer par la calomnie ceux à qui nous voulons du mal.

On avait cru ici que la levée du dixième denier exempterait d'une partie de la taille : le roi s'en était expliqué, mais il vient de s'en dédire par une nouvelle déclaration, par laquelle il donne commission de lever les tailles de l'année 1711, comme on a fait les précédentes : il remet au Ciel le soin de dédommager ses peuples par une abondante récolte dont il les flatte par avance. Ainsi, voilà charge sur charge et mal sur mal. Il ne faudra plus dire à l'avenir : parole de roi — quand on voudra que les gens comptent sur quelque chose, car depuis longtemps Sa Majesté a eu le malheur d'être dans la nécessité de manquer à la sienne, et c'était ce qui avait obligé le prince d'Orange de dire au comte d'Avaux (1) qu'il ne voulait point traiter avec le roi, à moins qu'il ne lui donnât caution bourgeoise. Ses sujets n'oseraient pas faire de pareilles propositions quand ils lui prêtent leur argent.

De Paris.

Je n'ai pas pu goûter longtemps le plaisir que m'a causé votre lettre, Madame, et, en échange, j'ai de bien tristes nouvelles à vous donner. La colère du Ciel n'a pas été pleinement satisfaite par la mort de Mgr le Dauphin, en voici des suites et des efforts bien funestes. Notre charmante Dauphine, l'ornement de la Cour et l'amour de tous les Français, au plus beau de ses jours et grosse de deux mois, est morte le douze de février en quatre ou cinq jours. Les uns disent que c'est de la rougeole et les autres d'une indigestion causée par un pain de blé de Turquie pétri à l'huile, régal de carême dont on s'était malheureusement avisé dans une partie de campagne. Quoi qu'il en soit, cette aimable princesse n'est plus ; mais ce que je ne puis vous dire sans larmes et ce que vous ne pourrez pas lire d'un œil sec, cette perte, qui n'était déjà que trop grande, a été suivie de celle de Mgr le Dauphin, qui est mort le dix-huitième du même mois, c'est-à-dire six jours après, exemple aussi admirable que rare et miracle de l'amour conjugal. Ce prince n'a pu survivre (2) à une aussi chère épouse ; la mort, qui rompt les liens les plus forts, n'a pu désunir leurs deux cœurs, qui ont été portés en même temps et dans le même carrosse, au

(1) Ambassadeur en Hollande.
(2) Il mourut du pourpre.

Val-de-Grâce. Leurs corps ont été exposés dans la même chambre et portés ensuite dans le même chariot à Saint-Denis où, après avoir été servis selon l'usage, ils ont été inhumés tous deux à la fois.

Spectacle bien triste et bien touchant, que le roi a pourtant soutenu avec une fermeté héroïque et digne de son courage, et sa constance a empêché ses peuples de tomber dans l'accablement. Mgr le duc de Bretagne, prince de très grande espérance, qui, en devenant orphelin, était devenu Dauphin, et qui était le plus joli du monde, est mort peu de jours après et a été mis en tiers dans le tombeau de son père et de sa mère. Tout cela cause une consternation dont on ne saurait revenir. Il ne nous reste qu'un petit Dauphin de deux ans presque moribond et sur la vie duquel on compte si peu, qu'on prend déjà des mesures pour assurer les successions d'Espagne et de France qui, ne pouvant jamais être réunies en une même personne, exigent que Philippe renonce à l'une des deux. On voudrait fort qu'il cédât au duc de Berry son droit à la couronne de France en cas de mort du petit Dauphin, et c'est à quoi l'on dit qu'il a bien de la peine à se résoudre. Il faudra pourtant qu'il s'y détermine, car la paix ne pourra se faire sans cela.

Maintenant, je m'en vais contenter votre curiosité sur le chapitre de la *Bulle Unigenitus* (1). C'est pourtant une matière très délicate à traiter et il est dangereux de dire tout ce que l'on pense là-dessus. Plusieurs personnes ont été arrêtées et exilées pour en avoir parlé un peu trop librement. Voici une chanson qui vous fera voir que, malgré les défenses, on se donne encore la liberté

(1) Qui condamnait cent une propositions dans le livre du Père Quesnel, *Réflexions morales sur le Nouveau Testament.*

de raisonner là-dessus et de dire son sentiment à tort et à travers :

On dit qu'un Bref solennel
Défend le livre de Quesnel :
Ce n'est qu'une médisance.
On dit que cette défense
Vient de la Société (1)
Pour mâter Son Eminence (2) :
C'est la pure vérité.

On dit que le Parlement
Reçoit ce Bref librement :
Ce n'est qu'une médisance.
On dit que Sa Révérence
Y soumet Sa Majesté
Par esprit de pénitence :
C'est la pure vérité.

On dit que Sa Sainteté
Aime la Société :
Ce n'est qu'une médisance.
On dit qu'en reconnaissance
Ces Pères ont projeté
De lui soumettre la France :
C'est la pure vérité.

Les esprits sont si aigris que lorsqu'on se querelle à présent, la grande menace est de dire : « J'irai te dénoncer comme janséniste », comme on pourrait dire : « J'irai t'accuser d'avoir été au prêche. » Il me paraît cependant, qu'il y a un parti assez fort dans notre clergé, et je ne sais si ceux qu'on traite de jansénistes ne pourront point, si on les pousse à bout, augmenter le nombre des mécontents et faire chorus avec les huguenots auxquels on les compare.

C'est une erreur de penser que la fureur du jeu soit

(1) Des Jésuites.
(2) Le cardinal de Noailles.

renfermée dans la France, elle règne sur presque toutes les nations de l'Europe, mais cependant avec cette différence que la plupart n'adoptent point le proverbe des Français : *Le jeu rend toutes les conditions égales.* Je me rappelle à cette occasion, d'avoir ouï dire à un gentilhomme de feue Madame, que le duc d'Orléans, son mari, ayant été passer quelques jours à sa belle maison de Saint-Cloud, Madame, qui était restée à Versailles avec Louis XIV, voulut aller lui rendre visite et qu'elle le trouva jouant au lansquenet avec dix à douze personnes, dont elle ne connut que deux. Après la partie, ayant demandé à Monsieur qui étaient les gens avec lesquels il jouait, ce prince lui répondit : « Ce sont de bons marchands de Paris, qui jouent gros jeu et noblement. »

Il n'y avait pas longtemps que Madame était en France, me dit le gentilhomme, elle fut si choquée de voir son mari en pareille compagnie, qu'elle ne put s'empêcher de lui en faire des reproches ; mais Monsieur ne fit qu'en rire et lui répondit : « Vous avez là, Madame, un reste de fierté allemande qui vous passera avec le temps. »

Il est pourtant vrai de dire que la liberté qu'ont prise toute sorte de gens de carabiner, les rend quelquefois insolents. Il faut être beaucoup pour oser comme Saint-Remi proposer au roi sa carte contre celle de Sa Majesté. Cela me fait souvenir de ce qu'on dit de Baron, ce célèbre comédien, mais le plus fat de tous les hommes. Etant un soir chez M. le prince de Conti, celui qui fut élu roi de Pologne, où l'on jouait au lansquenet, il s'approcha de la table et tirant nonchalamment sa bourse : « Dix louis, mons de Conti, au valet, » dit-il au prince. Son Altesse lui répondit : « Tope, Britannicus », rôle que Baron avait joué ce jour, et un moment après le valet ayant été fait, le prince de Conti prit les dix louis, et les redonnant à ce comédien, il lui dit : « Tiens, Baron, voilà pour boire. » Il ne comprit pas d'abord ce que le prince de Conti voulait dire, ou du moins il n'y faisait pas attention ; un des seigneurs qui jouait avec le prince le lui fit entendre en lui donnant une carte et lui disant : « Baron, tu seras peut-être plus heureux ailleurs. »

J'étais il y a deux jours aux Tuileries, j'y vis avec peine une petite scène qu'une dame du palais donna au public. Cette dame, que je ne vous nommerai point et qui a titre de marquise, est fort jeune. Elle est en habitude de mettre sur son visage quantité de blanc, de rouge et de mouches, et le tout fort bizarrement. Elle s'était ce jour-là surpassée. C'est une de nos plus grandes coquettes de Paris et elle était venue aux Tuileries pour s'y faire admirer ; mais nos petits-maîtres, qui apparemment n'étaient pas ce jour-là d'humeur à coqueter, ne l'eurent pas plutôt aperçue, qu'ils la huèrent et la suivirent en troupe, en sorte que cette dame fut obligée de se retirer. Etant à la porte du jardin, elle ne trouva point son carrosse ; le cocher, qui comptait que sa maîtresse serait pour le moins une heure ou deux aux Tuileries, avait été faire un tour ailleurs ; la marquise fut obligée de l'attendre et d'essuyer encore les huées des laquais qui étaient à cette porte.

Vous ne serez pas fâchée, Madame, d'apprendre que le neveu du comte de Dohna, notre ancien ami, a fait fortune. Il la doit à une vieille femme. Quoi qu'il soit d'une grande naissance, il est cadet et n'avait qu'une modique pension. Il plut à la marquise de N..., âgée de soixante-dix ans. Le chevalier, qui n'en avait que vingt, voyant une ressource dans cette femme, ne s'en fit pas beaucoup prier. Quoique de la plus jolie figure du monde, il n'aurait jamais pu se flatter de trouver une femme avec cinquante mille écus de rente comme avait cette marquise. En revenant de Saint-Sulpice, où ils furent mariés, la marquise conduisit son époux chez elle et, l'ayant mené dans un appartement : « Vous n'en aurez que la peur, lui dit-elle, ne vous imaginez pas que je vous ai épousé pour la bagatelle. Voici votre appartement. C'est ici que vous coucherez ; pour moi, je ne quitte point mon lit. J'ai voulu vous faire du bien à cause de votre mérite ; je n'aurais pu le faire sans vous épouser, et j'aime mieux passer dans le monde pour une vieille folle en vous épousant, que de donner lieu à la médisance de dire que je vous entretiens. Il me paraît plus honorable, pour vous et pour moi, que nous soyons mariés. Je puis à présent vous faire tout le bien que mon inclination exigera sans que le monde y trouve à redire. Tout ce que je possède sera un jour à vous, je ne vous demande en reconnaissance que votre estime, et je vous crois trop honnête homme pour ne pas avoir de bonnes manières pour moi. »

Jugez, Madame, de la surprise du chevalier à ce discours. Il voulut se jeter aux pieds de sa femme, mais elle le repoussa : « Point de ces choses extraordinaires, dit-elle, vivons en amis, tout le reste est superflu. » Elle lui fit connaître qu'elle voulait qu'il ne pensât jamais qu'elle fût sa femme et il a été obligé de s'y conformer. Ils ont vécu longtemps ensemble dans la plus parfaite intelligence ; la dame est enfin morte et le chevalier a été son légataire universel.

CHAPITRE VIII

Aventure de M. d'Herville avec une fille d'Opéra. — Le marquis de Léri enivré et marié par surprise. — M. de Curvalle se fait musulman par jalousie.

VOICI maintenant une petite aventure assez drôle et fâcheuse arrivée à un petit nouveau partisan avec une fameuse actrice de l'Opéra.

N'espérez point, Madame, entendre une histoire amoureuse, des billets doux, des larmes, des soupirs ; ce n'est pas la manière de MM. les partisans ; un bon contrat, c'est leur méthode : tant tenu, tant payé, les parties fatiguées l'une de l'autre, le bail se rompt, et chacun se pourvoit où bon lui semble. D'Herville, voilà le petit partisan de nouvelle fabrique, entré depuis peu dans la Sous-ferme des fourrages, ne manquait pas un jour d'aller à l'Opéra ; il ne put y supporter le brillant de tous les appas d'une fameuse actrice sans en devenir éperdument amoureux.

Vous savez, Madame, que cette charmante a épousé un bon gentilhomme dont la jeunesse a mis un grand désordre à sa fortune ; au surplus, homme de bien : pourvu qu'il boive, mange, dorme et qu'il ait quelques pistoles pour aller tenter fortune au jeu, il s'embarrasse fort peu des affaires domestiques.

Madame son épouse, d'un autre côté, est une des meilleures ménagères qui soit au monde : qu'elle rencontre quelqu'un qui puisse être utile au ménage, elle ne le laisse point échapper.

D'Herville, comme je vous l'ai dépeint, fort amoureux, bien instruit, après quelques informations, du caractère de l'un et de l'autre, jugea que, moyennant quelques offres honnêtes, il pourrait joindre au nouveau bail qu'il venait de passer des fourrages celui sinon du cœur au moins du corps de cette belle. Ces sortes de dames ne sont pas de difficile accès. D'Herville, sans beaucoup de façons, lui écrivit un petit billet ; sa tournure m'a paru assez extraordinaire ; autant que je puis m'en souvenir, le voici :

Si votre cœur, Madame, et tous vos appas se trouvent vacants, je vous offre deux cents pistoles par an. Je n'ignore point que cette somme est modique pour une personne de votre mérite ; mais considérez que dans un temps de guerre l'argent est rare ; j'aurai soin de payer tous les quartiers d'avance. Je ne suis point homme à filer le parfait amour ; j'attends une réponse juste et décisive. Et je suis, Madame, votre très humble et très obéissant serviteur. D'HERVILLE.

Cela s'appelle une déclaration d'amour. Ecoutez la réponse :

Les personnes de votre caractère, Monsieur, me plaisent infiniment, je suis l'ennemie mortelle des compliments. Trouvez-vous ce soir à la sortie de l'Opéra ; faites-vous connaître, nous prendrons temps et lieu de convenir de nos faits. Je suis, Monsieur, votre très humble et obéissante servante...

D'Herville ne manqua pas de se trouver au rendez-vous, il se fit connaître, il invita cette dame à monter dans son carrosse, la conduisit chez lui, et, après l'avoir bien régalée, le contrat, comme il avait été proposé, fut passé, le premier quartier payé d'avance, vingt pistoles de pot-de-vin de surplus pour fasciner les yeux de l'époux et avoir le champ libre. Les articles de part et d'autre furent très bien exécutés; mais soit que d'Herville ne fût plus du goût de la belle, ou qu'elle se repentît d'avoir donné sa ferme à si bas prix, lorsqu'il voulait aller chez elle, c'était une fois la migraine, une autre la colique; madame n'était point visible qu'elle ne fût incommodée.

D'Herville, qui n'est pas homme à prendre aucun bail sans en retirer émoluments, se douta qu'il y avait quelque rival en campagne. Il examina les choses de près; il ne se trompait point : il apprit que le marquis de Nangi lui avait damé le pion. Il résolut cependant de n'en être point dupe et d'achever ses trois mois; il en usa en habile homme, ne marqua aucun ressentiment, il attendit la belle lorsqu'elle sortait de l'Opéra, il lui offrit de la mener chez elle; elle monta dans son carrosse, il avait donné ordre à son cocher d'aller droit chez lui.

« Où me menez-vous, lui dit-elle? J'ai un mal de tête affreux, je veux m'aller coucher. — Je vous tiens, lui dit d'Herville lorsqu'elle fut chez lui, vous êtes une p..., une malheureuse. A qui croyez-vous avoir affaire? Je vous ai bien payée, j'ai su vos intrigues, et pour ce soir vous ne souperez point avec votre marquis. — Quel marquis? lui répondit-elle. Apparemment vous êtes fou. Quoi! je ne puis pas recevoir un honnête homme chez moi? C'est pousser la jalousie à un point extraordinaire; me croyez-vous capable de vous faire une infidélité? Je ne suis point de ce caractère, mais je veux voir qui bon me semble, et si cela ne vous accommode point, vous êtes votre maître.

— Non, Madame, je ne suis point jaloux, lui repartit

d'Herville, j'ai toute la confiance imaginable en vous, mais faites-moi le plaisir de rester ici cette nuit ; il n'y a rien au monde que je ne fasse pour vous, tout ce que je possède est à votre service. »

La belle, croyant la feinte passion de d'Herville effective et par conséquent en tirer quelque somme considérable, consentit non seulement à rester cette nuit, mais même quinze jours de suite, après lesquels il la congédia ou plutôt la chassa comme la dernière des malheureuses.

Jamais femme ne fut mieux dupée et plus irritée contre un homme que cette actrice, et, pour comble de malheur, elle s'aperçut peu de temps après de quelques indices de grossesse.

Comme c'est le meilleur petit ménage du monde, et que l'homme et la femme n'ont rien de caché, elle lui déclara l'état où elle se trouvait. « Il faut prendre patience, lui dit son époux, et se souvenir bien du temps. » Il se trouva juste ; elle accoucha d'un gros garçon. « Quoi ! dit l'époux à sa femme sans se fâcher (il ne l'a jamais été en pareil cas contre elle), M. d'Herville vous fera des enfants et il n'en payera pas la façon ? N'y a-t-il pas ici un almanach ? Je vais le trouver. » Ce bon mari alla, son almanach à la main, chez d'Herville, le trouva en robe de chambre, fort surpris de cette visite. Il demanda à ce digne époux ce qu'il y avait pour son service : « Savoir si vous savez compter, lui repartit l'époux. — Vous jugez bien, lui repartit d'Herville, que du métier dont je suis, c'est la première chose que j'ai dû apprendre. — J'en suis ravi, lui répliqua l'époux, je vous avais apporté un almanach, mais je prévois que nous n'en aurons pas besoin. Vous vous souvenez donc bien des quinze jours que vous avez gardé ma femme chez vous. — Si je l'ai gardée, ç'a été de votre consentement et en bien payant, s'entend, dit d'Herville. —

Il ne s'agit point de cela, répondit l'époux, il suffit que vous savez compter ; vous savez quel jour il est aujourd'hui ; elle est accouchée ce matin, vous n'avez qu'à calculer le temps que vous l'avez eue, et vous verrez que cet enfant vous appartient. Vous ne pouvez pas dire qu'un autre s'en soit mêlé, vous l'avez toujours tenue renfermée ; je vous crois trop honnête homme pour ne pas faire les choses de bonne grâce ; pour moi, je ne suis nullement dans le dessein de m'approprier le bien d'autrui. Je sais qu'en justice réglée, il me restera sur les bras ; ainsi c'est à vous de qui je la demande ; vous savez l'état de nos affaires, c'est tout ce que j'ai à vous dire. — Cela est juste, reprit d'Herville, tel cas ne m'est jamais arrivé que je n'aie eu soin de mes enfants ; j'ai encore même ici une petite fille que j'élève comme la mienne propre ; je suis honnête homme, et dès cet après-midi j'irai chez vous vous en donner des marques. — Fort bien comme cela, répondit l'époux, je vous attendrai. » Et s'en alla.

D'Herville, un peu trop religieux à tenir sa parole, alla, comme il l'avait dit, se chargea d'une trentaine de pistoles qu'il crut suffisantes pour contenter l'époux et sa femme ; il les offrit en entrant. « Comment, lui dirent-ils tous les deux, vous vous imaginez apparemment, mon ami, d'entrer dans quelque hôpital pour faire ces charités ! Trente pistoles, ce n'est point ce qu'on vous demande ; une bonne dot pour cet enfant, ou songez à ne point sortir d'ici sinon par la fenêtre. »

Le marquis de Nangi entra dans ce moment ; rien n'était secret pour lui, ils lui content au long toute l'affaire. Le marquis se rangea de leur côté et leur conseilla de ne point laisser sortir d'Herville qu'il n'eût assuré une bonne pension à l'enfant et donné une bonne somme comptant à la mère.

D'Herville, se voyant pris au trébuchet, tourna toutes ses poches ; il ne s'y trouva que les trente pistoles et une montre d'or qu'il laissa sur la table, promit tout ce qu'on voulut, mais ne prétendit point écrire et parla un peu haut. Le marquis aussitôt fit appeler ses valets, monter quatre bons bâtons, mit d'Herville au milieu de l'époux, de ses valets et de lui, lui demanda s'il voulait signer les billets, et, au refus que d'Herville en fit, ils le chargèrent d'une si terrible manière qu'il tomba par terre et qu'ils le crurent mort. Ils envoyèrent aussitôt chercher un fiacre, ses valets le descendirent, l'empaquetèrent dedans et ordonnèrent au cocher de le conduire chez lui.

Le roulement du carrosse rendit la connaissance à d'Herville, il se remit le mieux qu'il put et dit au cocher d'aller chez un commissaire pour dresser sa plainte. Le cocher le mena chez le plus proche ; il fallut que le commissaire vînt au fiacre pour le prendre : le pauvre d'Herville était si moulu de coups qu'il ne put descendre. Le commissaire lui demanda s'il y avait des témoins ; il ne pouvait en produire d'autres que tous ses pauvres membres affligés. Ce ne fut point assez pour intenter un procès ; ainsi l'époux et la belle ont gardé de leur côté l'enfant, la montre et les trente pistoles ; d'Herville, du sien, les coups, dont il a resté quatre bons, grands et longs mois sur le grabat, sans pouvoir mettre un pied devant l'autre. Aux coups de bâton près, cette aventure m'a paru assez singulière : il se trouve des cocus de toutes les manières, mais je n'en ai jamais entendu parler d'un si docile.

Nous avons ici Mme la marquise de Girardin, veuve du marquis de Léri, que vous avez connu autrefois. Il faut que je vous conte de quelle manière se fit son mariage, cela est assez particulier. Elle est fille de condition d'une des meilleures maisons de Lorraine. Le marquis de Léri, qui était dans ce pays, lui conta ses raisons ; elle fit tout ce qu'elle put pour le bien engager, le trouvant un très bon parti : mais il n'avait garde de vouloir donner dans le sacrement. La demoiselle n'avait que sa naissance et son mérite personnel pour toute dot, et il faut autre chose en ménage ; ainsi l'affaire ne se serait jamais faite, si d'habiles gens ne s'en étaient mêlés. On fit boire le marquis : c'était son faible ou plutôt son fort ; car j'ai ouï dire, qu'ayant été envoyé pour quelque négociation à Cologne, il avait triomphé des Allemands le verre à la main ; qu'on l'avait déclaré vainqueur des vainqueurs ; et que, lui ayant encore proposé, lorsqu'il monta à cheval pour revenir en France, de boire le vin de l'étrier, il n'avait point refusé de prêter le collet, et avait dit que le vin de l'étrier devait se boire dans une botte ; on lui en apporta en même temps une toute pleine qu'il vida de la meilleure grâce du monde. On garde encore cette botte dans l'hôtel de ville de Cologne où on l'a érigée en trophée à l'honneur du marquis de Léri. Ainsi je n'ai pas tort de dire que c'était son fort que de boire.

Cependant il fut pris par là ; sans doute que l'amour aida au vin à remporter cette victoire. Dès que le marquis en eut pris autant qu'on le souhaitait, et qu'animé par la présence de la demoiselle on lui eut fait dire qu'il voulait se marier avec elle, on ne lui laissa pas le temps de s'en dédire. Un prêtre, qu'on avait aposté exprès, prononça au plus vite le fatal *Ego conjungo vos*. Tout cela se fit en présence de bons témoins. On continua ensuite à boire jusques à perdre la raison ; et quand celle du marquis fut tout à fait troublée, on le mit dans un bon lit, où la demoiselle se plaça un moment après. Il n'eut garde de s'apercevoir de cela et il dormit tout d'une pièce jusques au matin. Mais quand, à son réveil,

Le financier en danger.

et lorsque les fumées du vin furent un peu apaisées, il se vit couché auprès de sa maîtresse, il crut que cela s'était fait par enchantement, et lui dit d'un ton de surprise : « Hé ! mon Dieu ! mademoiselle, hé ! Que faites-vous là ? — Mon devoir, » répondit-elle. Le marquis, que cette réponse intriguait terriblement, et qui croyait qu'elle s'éloignait au contraire de son devoir par une démarche aussi cavalière, la pria de s'expliquer plus clairement, et elle lui dit alors qu'elle était sa femme et qu'ils s'étaient mariés la veille. Il n'en crut rien ; mais cependant les attraits de la belle et l'occasion l'obligèrent d'agir tout comme s'il l'avait cru, et par là il rendit le mariage indissoluble. Les parents de la belle vinrent le féliciter dans la chambre ; et ce qu'il avait regardé comme un jeu se trouva une affaire si sérieuse, qu'il n'a jamais été en son pouvoir de la rompre.

On aurait cru qu'après que le vin lui avait joué un pareil tour, il aurait dû le haïr; mais point du tout, le marquis n'a point eu de rancune contre lui; il en a bu jusqu'à sa mort, et l'on prétend que le grand usage qu'il en a fait l'a hâtée. Sa veuve est venue briller ici quelque temps, logée à l'hôtel de Brissac, dans la rue des Deux-Écus, et se donnant de grands airs de marquise.

Un gentilhomme de Montpellier, qui est revenu autrefois de Constantinople avec l'abbé de Girardin, m'a rendu ces jours passés une grande visite à votre occasion. C'est un nommé M. de Curvalle dont la femme a été, à ce qu'il m'a dit, de vos bonnes amies à Montpellier. J'avais ouï parler confusément de son histoire, et dès qu'il m'eut dit son nom, j'eus grande envie qu'il me la contât, et, pour avoir l'occasion de l'y engager, je le retins à dîner chez moi. Il était venu me voir justement à ma toilette; ainsi je ne fis pas de façon pour l'arrêter et il n'en fit pas pour rester. Je lui fis boire du vin de champagne tel que vous savez qu'on en boit chez moi, et je lui demandai, pour entrer en matière, s'il en avait bu d'aussi bon en Turquie. Il me répondit que non. Une réponse aussi laconique ne m'accommodait point; je redoublai la dose, et dès la seconde bouteille, M. de Curvalle commença à se mettre en train; il me dit qu'il était d'une des meilleures familles de Montpellier et qu'il avait épousé par inclination une très jolie personne. Il m'apprit qu'il était extrêmement jaloux et que plusieurs années de mariage ni une nombreuse famille n'avaient pu diminuer cette tendre délicatesse qu'on ne trouve que dans les amants et qui lui causait toutes ces jalousies; il n'en témoignait rien à sa femme qui, de son côté, n'apportait aucun soin pour guérir un mal qu'elle ne connaissait pas. Les dames de ce pays ont, dit-on, des manières fort galantes, ainsi elles donnent aisément matière à la jalousie ; celle de M. de Curvalle devint si forte que, ne pouvant plus y tenir, il prit le parti de s'éloigner et s'en alla en Turquie.

Il arriva à Constantinople et trouva le secret de plaire au grand-visir, qui lui promit d'être son patron, à condition d'arborer le turban et de subir les autres cérémonies auxquelles la loi de Mahomet engage. M. de Curvalle sentit d'abord de la répugnance à cela ; mais l'ambition la lui fit surmonter, et l'envie de faire une fortune éclatante et de se venger par là des sujets qu'il croyait avoir de se plaindre de sa femme le détermina à se faire renégat. On le promena en pompe par toute la ville de Constantinople et tous les bons Musulmans se réjouirent de l'acquisition de ce nouveau prosélyte de l'Alcoran. On lui donna le commandement d'une frégate ; le visir le prit sous sa protection et il avait tout l'air de faire une grande fortune, si ce malheureux ministre de la Porte Ottomane n'avait pas été étranglé devant Bude. C'est ainsi que périssent ordinairement tous les visirs. Les espérances de M. de Curvalle périrent avec celui-là, et il ne lui restait plus que le regret d'avoir abandonné le christianisme, lorsqu'un nouvel ambassadeur de France arriva. Il avait auprès de lui des gens qui crurent faire une bonne œuvre en tâchant de le ramener de son égarement : pour y parvenir ils lui exagérèrent l'affliction que sa femme avait eue de son départ et quand elle avait appris ce qu'il avait fait ; on lui persuada qu'elle avait pensé en mourir, et enfin, à force de lui parler de l'amour qu'on prétendait que sa femme avait pour lui, on ralluma tout celui qu'il avait eu pour elle ; on l'engagea à rentrer dans son devoir et dans le giron de l'Eglise. Cette résolution prise, il ne fut pas malaisé de l'exécuter. L'abbé Girardin partait pour ramener sa belle-sœur et le corps de son frère en France. M. de Curvalle fut reçu sur son vaisseau et y fut en sûreté jusques à son départ, malgré tout le vacarme que vint faire une petite turquesse qu'il avait épousée dans le pays et qui criait comme une enragée, disant qu'elle voulait qu'on lui rendît son *aga*. On n'eut point d'égard à ses cris ; M. de Curvalle n'en fut nullement touché, il était trop enflammé pour son ancienne femme. Il arriva à Montpellier plus enflammé que jamais et n'eut pas de peine à faire sa paix avec sa femme et avec l'Eglise ; l'une et l'autre le reçurent à bras ouverts. Mais ses inquiétudes le reprirent quelque temps après et il a fait depuis un voyage à Siam. On prétendait qu'il y avait embrassé le paganisme ; mais c'est de quoi il ne convint pas. Je lui demandai s'il n'avait pas de regret à sa femme de Turquie et comment elle était faite ; il me répondit qu'elle était très jolie, qu'elle avait pour nom Fatima, âgée d'environ quatorze ans, mais qu'il n'avait jamais pu l'aimer et ne s'était déterminé à l'épouser que parce qu'elle lui avait apporté une maison en dot, chose très considérable dans ce pays, où on a de la peine à acquérir des maisons.

Je m'imagine que les voyages ajoutent bien des nouvelles connaissances à celles que l'on a déjà. Mais moi, qui me plais dans mon ignorance et qui suis extrêmement paresseuse, j'ai tout l'air de ne point bouger de Paris, et quand je serais née avec toute la curiosité des plus fameux voyageurs, je croirais qu'il suffirait, pour la satisfaire, d'aller à Versailles. J'y mettrais pied à terre, et, après avoir attaché mon cheval à la porte d'un cabaret, ou plutôt dans une écurie, j'irais voir toutes les raretés et les merveilles de cette huitième merveille du monde, après quoi je remonterais sur ma bête et retournerais chez moi, comptant avoir tout vu et bien plus commodément que si je me donnais la peine de courir les mers et d'arpenter tout l'univers pour cela. Car où pourrais-je trouver un Roi comme le nôtre et une Cour aussi polie et aussi magnifique que la sienne? Ironsnous à Rome pour admirer les ouvrages de Michel-Ange ou de Raphaël? Nous ne saurions y trouver de plus belles peintures qu'à Versailles. Tout ce que les Indes et le vaste empire de la Chine ont de plus curieux est rassemblé dans le cabinet de Monseigneur, où j'ai vu jusqu'à des pendules de porcelaine. La ménagerie du roi renferme des animaux de toutes les espèces; il semble que l'Afrique ait payé un tribut de tout ce qu'elle produit. Ainsi, comme tout ce qu'on serait obligé d'aller chercher tantôt sous la zone torride, et tantôt sous la glaciale, se trouve rassemblé avec la dernière perfection à Versailles, je conclus qu'il vaudrait beaucoup mieux y passer les trois ans et demi que, selon les géographes, on emploie ordinairement à faire le tour du monde, sans s'exposer aux naufrages si fréquents sur toutes ces sortes de mers différentes et à l'esclavage chez les Turcs, aux courses des Arabes et aux sables de la Lybie; inconvénients auxquels on n'a garde d'être exposé en restant à Versailles et en y consumant le temps et l'argent destinés à un voyage aussi périlleux et aussi fatigant, et au bout duquel on n'est pas plus avancé. Comme je suis d'une humeur à ne pas aller chercher les pardons à Rome, lorsque je puis les trouver plus près, je vous avoue que je bornerais toutes mes courses à Versailles et que si vous n'aviez pas d'autres raisons de voyager que celles dont je viens de parler, je condamnerais fort votre vie ambulante.

FIN

TABLE DES MATIÈRES

Mémoires de Mme et M. Du Noyer

Lettres historiques et galantes

TABLE DES GRAVURES

Imp. Paul Dupont, 4, rue du Bouloi. — Paris. — 600.5.10 (Cl.).

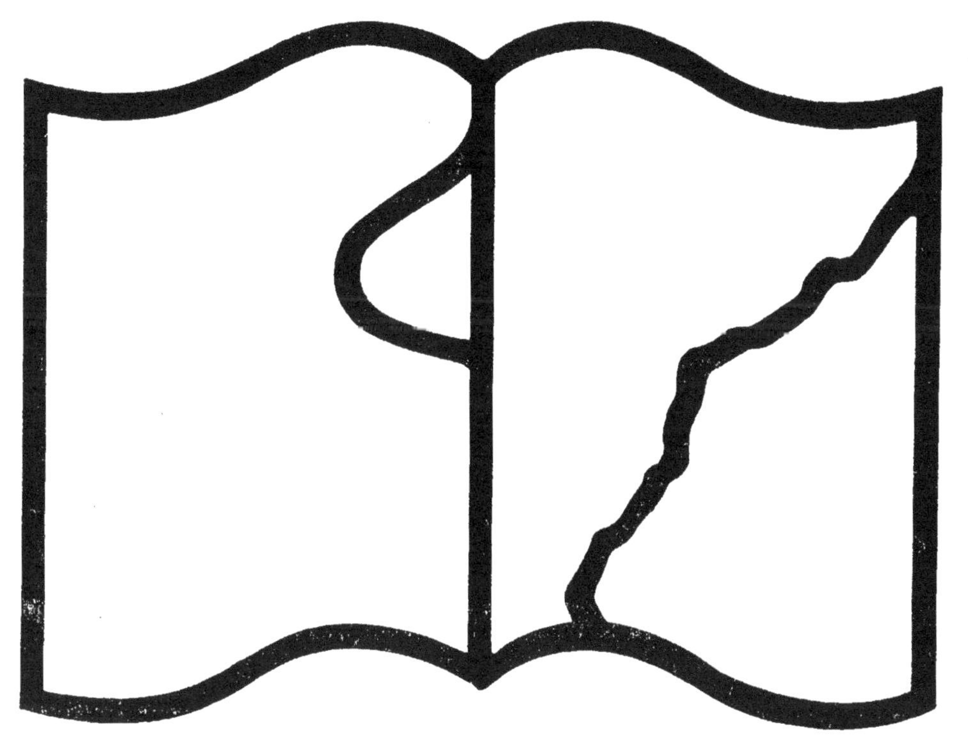

Texte détérioré — reliure défectueuse

NF Z 43-120-11

Contraste insuffisant

www.ingramcontent.com/pod-product-compliance
Ingram Content Group UK Ltd.
Pitfield, Milton Keynes, MK11 3LW, UK
UKHW012200240726
13966UKWH00002B/481